COORDENAÇÃO EDITORIAL
Ivana Moreira

MANUAL DA INFÂNCIA

© LITERARE BOOKS INTERNATIONAL LTDA, 2022.
Todos os direitos desta edição são reservados à Literare Books International Ltda.

PRESIDENTE
Mauricio Sita

VICE-PRESIDENTE
Alessandra Ksenhuck

DIRETORA EXECUTIVA
Julyana Rosa

DIRETORA DE PROJETOS
Gleide Santos

RELACIONAMENTO COM O CLIENTE
Claudia Pires

EDITOR
Enrico Giglio de Oliveira

ASSISTENTE EDITORIAL
Luis Gustavo da Silva Barboza

REVISORES
Ivani Rezende

CAPA
Victor Prado

DESIGNER EDITORIAL
Lucas Yamauchi

IMPRESSÃO
Gráfica Paym

Dados Internacionais de Catalogação na Publicação (CIP)
(eDOC BRASIL, Belo Horizonte/MG)

M294m	Manual da infância: os desafios dos pais / Coordenadora Ivana Moreira. – São Paulo, SP: Literare Books International, 2022. 320 p. : il. ; 15,8 x 23 cm
	ISBN 978-65-5922-288-9
	1. Pais e filhos. 2. Parentalidade. 3. Famílias – Brasil. I.Moreira, Ivana.
	CDD 306.874

Elaborado por Maurício Amormino Júnior – CRB6/2422

LITERARE BOOKS INTERNATIONAL LTDA.
Rua Antônio Augusto Covello, 472
Vila Mariana — São Paulo, SP. CEP 01550-060
+55 11 2659-0968 | www.literarebooks.com.br
contato@literarebooks.com.br

SUMÁRIO

7   PREFÁCIO
Ivana Moreira

9   DESENVOLVENDO EDUCAÇÃO EMOCIONAL E FLEXIBILIDADE PSICOLÓGICA NA INFÂNCIA
Ada Trindade

15   COMO O USO DOS ELETRÔNICOS PODE IMPACTAR O DESENVOLVIMENTO DO SEU FILHO
Aline Anginski

23   O PAPEL DA ESPIRITUALIDADE NA PRIMEIRA INFÂNCIA
Aline Friedrichs de Souza

29   TRANSFORME BIRRA EM EDUCAÇÃO OU PAGUE A CONTA
Anibal Teixeira

35   MOVER-SE PARA AUTONOMIA
Bibiana Caldeira Monteiro e Eugênia Casella Tavares de Mattos

43   PORQUE A OBEDIÊNCIA NÃO É UMA BOA IDEIA
Brenda de Pina Campos Medeiros

49   A IMPORTÂNCIA DO AUTOCONHECIMENTO NA FORMAÇÃO DO OUTRO
Bruna Barbist

59   DESENVOLVIMENTO EMOCIONAL E O PAPEL DOS PAIS
Bruna Oliveira

67   PARENTALIDADE, AMOR E OS DIREITOS DAS CRIANÇAS
Carla Danyele M. Guimarães

73   BRINCAR É O MELHOR REMÉDIO
Carol Primo

81	OLHAR SENTINELO **Claudio Cunha Pediatra**
89	O AMOR NÃO MORRE **Cynthia Barros**
95	EDUCAÇÃO FINANCEIRA NA PRIMEIRA INFÂNCIA **Daniele Bicho do Nascimento**
101	FAMÍLIA EM CONSTRUÇÃO A PARTIR DO NASCIMENTO DE UM(A) FILHO(A) **Danielly Araújo**
107	A ARTE DE EDUCAR OS FILHOS NA PÓS-MODERNIDADE **Divina Leila Sôares Silva**
115	ONDE COMEÇA O AMOR PARA A VIDA **Edna Souza**
123	OS SINTOMAS DAS CRIANÇAS COMO MENSAGEIROS **Érica Ribeiro**
131	LIMITES: O NÃO E A SUBJETIVIDADE INFANTIL **Gabriel Arruda Burani**
139	CRIANÇAS E ANIMAIS: BENEFÍCIOS DA INTERAÇÃO **Gabriela A. Cruz e Karen Thomsen Correa**
147	LIMITES RESPEITOSOS: POR QUE E COMO DÁ-LOS? **Gislaine Gracia Magnabosco**
155	A ARTE DE SE COMUNICAR COM HARMONIA, BELEZA E LÓGICA **Giulia Dalloglio**
163	BIRRA OU TRANSTORNO MENTAL? UM OLHAR HUMANIZADO **Jucilene Oliveira Silva**
169	POR QUE EDUCAR SEM PUNIÇÃO? **Juliana Viero**
175	PARA BOM ENTENDEDOR, MEIA PALAVRA (NÃO) BASTA: ESCUTA ATIVA E DIÁLOGO NA INFÂNCIA **Kauanne Braga**
183	PARENTALIDADE POSITIVA: UM DIÁLOGO NECESSÁRIO **Késsia Oliveira**

191   UM JEITO MÁGICO DE NUTRIR OS NINHOS
Lilian Custodio

197   ESTUDAR PARA EDUCAR, VAMOS JUNTOS?
Lorena Menezes de Castro Rassi

205   FILHOS DA PANDEMIA: A PANDEMIA DA COVID-19 E OS PREJUÍZOS NO DESENVOLVIMENTO INFANTIL
Luciana Garcia de Lima

211   MEU BEBÊ VAI PARA A CRECHE, E AGORA?
Luciane Farias

219   A CULPA MATERNA NÃO É CULPA DA MÃE
Manu Benigno

225   CRIANDO FILHOS PARA O PROTAGONISMO E A CRIATIVIDADE DESDE A PRIMEIRA INFÂNCIA
Manuela Oliveira

233   O BRINCAR E AS HABILIDADES SOCIOEMOCIONAIS
Marcella S. Belmonte

239   ESTILOS E PRÁTICAS PARENTAIS NO DESENVOLVIMENTO DA CRIANÇA
Maria Carmela Ciampi

247   O QUE TODOS OS PAIS PRECISAM SABER SOBRE VIOLÊNCIA SEXUAL INFANTIL
Miriam Dias

255   O LÚDICO E O CORPO EM MOVIMENTO
Natália Morales

261   CÉREBRO DA CRIANÇA: MANUAL PARA UMA VIDA FELIZ. COMO USÁ-LO?
Nerinha Lago

269   OS ESQUEMAS DO BRINCAR: O CONHECIMENTO PARA ENSINAR E APRENDER BRINCANDO
Paula Borges

277   NUTRINDO EMOÇÕES: A CHAVE PARA SE CONECTAR COM OS FILHOS
Rita de Kacia Parente

285   A INFÂNCIA PRECISA REAPRENDER A BRINCAR
Roberta Alonso

293 CRIANDO UMA NOVA GERAÇÃO DE FILHOS
Roberta Alves

299 AMAMENTAÇÃO E SEUS IMPACTOS NA PRIMEIRA INFÂNCIA
Roberta Garcia de Lima

307 MEU QUINTAL É O MUNDO: A IMPORTÂNCIA DO BRINCAR NA PRIMEIRA INFÂNCIA
Roberta Soares e Sílvia Faveri

313 POR QUE SER FIRME MAS COM GENTILEZA?
Vania Souza

PREFÁCIO

Você acha que criar filhos é um ato intuitivo?

A maior parte das pessoas ainda acredita que criar filhos é um ato intuitivo, que homens e mulheres já nascem com essa habilidade nata de educar crianças. Mas não é bem assim – ou os consultórios dos terapeutas não estariam cheios de pessoas que precisam de ajuda profissional para lidar com questões mal resolvidas com seus pais desde que usavam calças curtas.

A psicologia e a neurociência já provaram que as vivências na infância, entre pais e filhos, definem características que os pequenos vão carregar para a vida adulta. Mas se não têm conhecimento sobre como suas atitudes impactam no desenvolvimento dos próprios filhos, como pais e mães vão conseguir contribuir positivamente?

Um estudo realizado no Brasil por duas pesquisadoras da Universidade de São Paulo (USP), as psicólogas Maria Beatriz Linhares e Elisa Altafim, mostrou que filhos de pais que passam por programas de educação parental têm 53% menos desvios de comportamento. Ou seja: crianças educadas por pais que têm consciência sobre o efeito de suas atitudes se comportam melhor ao longo da vida. E o mais importante: se relacionam melhor com as outras pessoas.

Este é apenas um dos dados que comprovam a importância de obras como este *Manual da Infância*. É preciso oferecer, cada vez mais, informação de qualidade sobre o desenvolvimento das crianças para os pais. Afinal, se a gente estuda por quatro anos numa faculdade para poder exercer uma profissão, por que não teríamos de estudar para sermos bons mentores para nossos filhos?

Nas páginas a seguir, você encontrará profissionais experientes compartilhando informações muito úteis sobre diferentes temas relacionados à infância. Leia do início ao fim, ou dê uma folheada para encontrar os assuntos que mais o desafiam pessoalmente neste momento. De um modo ou de outro, tenha a certeza de que este "manual" é bibliografia preciosa para pais e mães que estão decididos a fazer a diferença na vida de suas crianças, permitindo que elas se tornem adultos emocionalmente saudáveis no futuro.

Como jornalista, costumo dizer sempre que informação salva vidas. E pais bem informados sobre como educar seus próprios filhos salvam vidas para o bem de toda a sociedade. Eles criam filhos melhores para o mundo!

Ivana Moreira é jornalista, educadora parental e mãe de dois meninos, Pedro e Gabriel. Passou por alguns dos maiores veículos de comunicação do país: jornal O Estado de S. Paulo, jornal Valor Econômico, rádio Bandnews FM, tevê Band Minas, jornal Metro e revista Veja. Em 2015, fundou a Canguru News, plataforma de conteúdo sobre infância. Tem três certificações internacionais como educadora parental: pela The Parent Coaching Academy (Inglaterra), pela Escola da Parentalidade e Educação Positivas (Portugal) e pela Discipline Positive Association (Estados Unidos).

1

DESENVOLVENDO EDUCAÇÃO EMOCIONAL E FLEXIBILIDADE PSICOLÓGICA NA INFÂNCIA

O objetivo deste capítulo é apresentar aos pais e cuidadores a relevância da educação emocional para o desenvolvimento saudável do indivíduo. Ao longo do capítulo, você será apresentado às principais emoções e à mensagem que cada uma delas transmite. Verá que todas elas desempenham papel relevante em nossa vida. Outro aspecto importante apresentado neste capítulo é o treino da flexibilidade psicológica.

ADA TRINDADE

Ada Trindade

CRP: 22/02624 – Psicóloga graduada na PUC-Goiás (2005), pós-graduada em TCC Infantojuvenil (Universidade Cambury – Goiás). Facilitadora certificada do Método Friends (2017). Facilitadora do Programa de Qualidade na Interação Familiar (PQIF). Educadora parental certificada em Disciplina Positiva (2018).

Contato
www.adatrindade.com.br
adasitna@gmail.com
Instagram: @psi.adatrindade

> *As emoções são como ondas, elas passam pelo nosso corpo e as sentimos como um barco que é sacudido no mar. O importante é sabermos que a onda passa e o barco fica. Nós somos o barco e não a onda.*
> CAMINHA & CAMINHA

Todo pai deseja o mesmo para os filhos, que sejam saudáveis e felizes. Um dos grandes desafios da vida atual para os pais e cuidadores tem sido as dificuldades em lidar com as emoções dos filhos, em especial as que geram desconforto.

Há uma tendência natural de grande parte dos pais de quererem evitar que seus filhos sofram. Se você que está lendo é pai, mãe ou cuidador com esse perfil, seja bem-vindo. Acredito que você deseja o melhor para suas crianças e, por isso, quero que se sinta acolhido e receba com muito carinho e respeito as informações que serão compartilhadas por aqui.

Qual problema ou dificuldade envolvida em desejar o melhor para os filhos? Nenhuma. Todos nós desejamos o melhor para nossas crianças: eu também. A dificuldade está no que acreditamos ser o melhor e o que fazemos com isso.

Se você acredita que o melhor é poupar a criança de emoções desagradáveis, eis um grande "problema". À medida que vai crescendo e se desenvolvendo, ela terá mais dificuldade em lidar com os desafios naturais que surgirão ao longo da vida. É claro que não estamos falando com certo sadismo, a saber, deixar uma criança sofrer para aprender a dar valor à vida. Não, não é disso que estou falando. Refiro-me a ajudarmos as crianças a desenvolverem o que chamamos de regulação emocional e, para tal, é preciso conhecer primeiro a respeito das emoções e a importância de cada uma delas.

As crianças não nascem sabendo sobre emoções, muito menos como lidar com elas. Somos nós, cuidadores, que desempenhamos o papel de ensiná-las ao longo do seu desenvolvimento, porém muitas vezes essa dificuldade também está presente no adulto.

O **primeiro** passo para ajudarmos nossas crianças é estarmos bem em sentido emocional. Se você percebe que tem dificuldades em entrar em contato com suas emoções de maneira gentil, avalie como pode receber essa ajuda e busque por ela.

O **segundo** passo para ajudarmos as crianças é ensiná-las sobre as emoções (educação emocional), que são reações a situações sentidas no corpo. Todos nós sentimos as emoções e elas têm o objetivo de comunicar algo: não existe emoção ruim, o que existe são emoções que geram desconforto e, mesmo as que geram desconforto físico, servem para nossa proteção (CAMINHA & CAMINHA, 2017).

Vamos entender um pouco a respeito do que cada emoção comunica. A *alegria* quer dizer que nos sentimos valorizados, satisfeitos, aceitos e prestigiados. Ela serve para mostrar acontecimentos agradáveis e reforça laços sociais, além de equilibrar as emoções desagradáveis; o *amor* comunica que nos sentimos acolhidos, amparados, protegidos e queridos, ele faz com que o bebê (e os adultos) se sinta seguro e confiante; o *medo* comunica que nos sentimos ameaçados, desprotegidos, expostos e inseguros: o medo existe para preservar nossa vida, pois sem ele ficaríamos facilmente expostos ao perigo (exemplo: diante de um animal feroz, o medo preserva nossa vida nos preparando para lutar ou fugir do local).

O *nojo* faz com que nos sintamos repugnados e isso nos protege de consumirmos algo contaminado e colocarmos nossa saúde em risco. Sentir *raiva* significa que fomos injustiçados, desrespeitados, violados e ofendidos, serve para colocarmos limites e nos proteger de quem nos ataca ou nos desrespeita, a emoção é legítima, porém não nos autoriza machucar a nós ou aos outros. Outra emoção comum é a *tristeza*: ela comunica que estamos perdendo algo, nos sentimos desvalorizados, deixados de lado e incapazes, serve para nos ajudar a refletir sobre nossos comportamentos e nossas escolhas; na dose certa, ela nos ajuda a reavaliar e modificar atitudes que nos afastam de quem gostaríamos de ser. (CAMINHA & CAMINHA, 2017)

> Importante: o objetivo é que você compreenda que todas as emoções servem para nossa proteção. O excesso ou a falta delas é que trará prejuízos. Até mesmo as emoções agradáveis de sentir podem gerar prejuízos quando vivenciadas em excesso. (exemplo: dar gargalhadas em um funeral).

O **terceiro** passo é ajudarmos a criança a identificar a emoção que está sentindo e nomeá-la. As crianças estão aprendendo a reconhecer em seu corpo essas emoções e cabe a nós, cuidadores, o papel de ajudá-las. Crianças pequenas (menores de 4 anos) têm descargas emocionais chamadas comumente de birras. Sim, as birras são descargas emocionais: a criança não sabe identificar e nomear o que está sentindo, então ela tende a reagir para manifestar sua contrariedade, raiva e mesmo a tristeza. Como ajudar?

O **quarto** passo é acolher as emoções da criança e o **quinto** passo é *validar* o que ela está sentindo. A invalidação emocional faz com que a criança/adolescente se sinta incompreendida(o) e que seus pensamentos e sentimentos não são importantes ou levados a sério, fazendo com que passe a não confiar em suas próprias experiências emocionais.

Exemplo: a criança chorou ("ou deu birra") ao ir embora da casa da vovó. Pegue-a no colo ou se coloque na altura dela e diga que você compreende o que está sentindo (ela pode estar com raiva ou triste por desejar ficar mais um pouco brincando com os priminhos, porém não consegue identificar e expressar verbalmente o que está acontecendo com ela naquele momento nem teria como, pois seu cérebro ainda está em construção para elaborar algo tão complexo), sabe que ela gostaria de ficar mais um pouco e já está na hora de ir. Faça isso com gentileza, carinho e dê espaço para que ela sinta essa emoção e não tente impedi-la de sentir. Imagine que está se divertindo e, de repente, dizem que você tem que ir embora, certamente não ficaria feliz.

> Importante: queridos pais e cuidadores, não pensem que seguir esses passos seja fácil, pois não é. Não quero passar a ideia de que seja simples. Pelo contrário, exige muito de cada um de nós, inclusive que desenvolvamos autoconhecimento. Meu desejo é que vocês entendam o ponto principal e ajudem os pequenos a desenvolverem uma relação saudável com as emoções, o que não significa não vivenciar o desconforto ao longo da vida, e sim saber identificar o que o desconforto está comunicando e fazer a melhor escolha.

Uma vez que já estamos familiarizados com as emoções e com o que elas comunicam (essas são as principais emoções, existem variações de cada grupo), vamos entender como podemos dar espaço para elas, desenvolvendo flexibilidade psicológica, a saber, a capacidade de estarmos atentos ao que está acontecendo, observando, sentindo, descrevendo o contexto e fazendo escolhas mais próximas de quem queremos ser.

Em sua maioria, os pais apresentam dificuldades em vivenciarem o presente, pois eles estão sempre à frente, preocupados com o que pode acontecer e não permitem que as crianças aprendam a deliberar espaço para reconhecerem o que acontece no mundo interno delas. Claro que a intenção é boa e foi assim que aprenderam, mas está funcionando? A luta constante em fazer com que o filho não entre em contato com o desconforto gerado por algumas emoções o torna mais resiliente? Em geral, a resposta é não.

Lopes (2020) sugere algumas ações para desenvolvermos flexibilidade psicológica com as crianças. Vale reafirmar que a criança precisa se sentir amada incondicionalmente, importante e conectada a você. Diante de um dilema vivenciado pela criança, a autora sugere que ensinemos a criança a PARAR, identificando o que aconteceu, onde estava, com quem estava e quando aconteceu a situação relatada; em seguida, convide-a para OBSERVAR: ajude a criança a perceber (sem julgamentos) o que ela está sentindo no momento, quais emoções estão presentes, o que consegue ver, ouvir, quais pensamentos estão presentes (ajude a criança a perceber quão legítima é a emoção) e, posteriormente, o processo de ESCOLHER, ajude-a a identificar o que é importante para ela, o que pode fazer no momento e quais ajudas estão disponíveis.

Uma ressalva, isso não significa ser permissivo: não quer dizer que a criança decidirá sozinha o que fará. Não! Você como pai/mãe ou cuidador funciona como a "regulação emocional" externa da criança/adolescente e seu/nosso papel é conduzir esse processo que envolve reconhecimento das emoções, nomeação e como podem dar espaço para elas (PARAR, OBSERVAR E ESCOLHER). Dar espaço é olhar com curiosidade para o que está acontecendo, é reconhecer que as emoções estão ali e permitir que elas transitem com folga "dentro de você". Exemplo: a criança ficou *triste* por perder o cachorrinho de estimação, diga que você também sente muito, que ela tem motivo para ficar triste, afinal o cachorrinho fazia parte da família. Se ela disser que está sentindo desconforto físico, peça para ela descrever em qual parte do corpo sente tal desconforto, isso a ajudará a reconhecer em que parte do corpo a tristeza se manifesta. Além disso, pode ensiná-la que é natural sentir-se assim quando ficamos muito tristes e perdemos algo ou alguém importante para nós. Pergunte como você pode ajudá-la, o que ela gostaria de fazer naquele momento e coloque-se à disposição. Talvez precise apenas de uma escuta ativa e acolhimento, não ceda à tentação de querer resolver o problema ou evitar que a criança vivencie o sentimento que, no exemplo, é legítimo para o momento.

Certamente acolher, validar, dar espaço para o desconforto presente no momento não isentará a criança do sofrimento, porém desenvolverá uma relação mais saudável quando a mesma se deparar com futuras dificuldades. O papel dos pais consiste em fortalecer os filhos emocionalmente (ajudando-os a reconhecer suas emoções, por exemplo) e não livrá-los das emoções desagradáveis (algo impossível).

Vale lembrar que você é imperfeito, então seja muito gentil consigo e com o processo. Talvez essas informações sejam novas para você, tenha paciência, coerência e constância. Treine o exercício PARE. Diante de uma situação conflituosa, PARE, dê ATENÇÃO ao que está acontecendo com seu corpo e seus pensamentos nesse momento (dê espaço, ou seja, investigue com curiosidade e gentileza), RESPIRE por alguns instantes de forma pausada e EXECUTE, perceba o que te aproxima dos seus valores nesse momento e aja de maneira coerente (VERONEZ & VALDIVIA, 2018).

Pais, deem espaço para ouvirem a vocês e aos seus filhos com muita gentileza e amor. Assim, as chances de você se aproximar da criação que deseja dar para seus filhos tenderão a aumentar. Seja aliado de você mesmo e não seu inimigo, não se julgue, dê espaço para o desconforto e decida pelo que faz sentido em sua vida.

Desejo uma relação amorosa, respeitosa e gentil com você mesmo e com seu bem mais precioso: seus filhos.

Referências

CAMINHA, R. M & CAMINHA, M. G. *Emocionário*. Novo Hamburgo: Sinopsys, 2017.

LOPES, J.B. *Treinamento da flexibilidade psicológica*. Novo Hamburgo: Sinopsys, 2020.

VERONEZ, L. F. & VALDIVIA, L. Práticas meditativas na família. In: FAVA, D. C.: ROSA, M.; OLIVA, A. D. *Orientação para pais, o que é preciso saber para cuidar dos filhos*. Belo Horizonte: Artesã, 2018.

2

COMO O USO DOS ELETRÔNICOS PODE IMPACTAR O DESENVOLVIMENTO DO SEU FILHO

Neste capítulo, pais e cuidadores de crianças de 0 a 6 anos encontrarão informações importantes sobre os benefícios e os prejuízos do uso de eletrônicos na primeira infância. A ideia é ampliar o repertório dos responsáveis para que possam tomar as melhores decisões para seus filhos diante desse tema muitas vezes tão controverso.

ALINE ANGINSKI

Aline Anginski

Jornalista graduada em 2004 pela Universidade Federal do Paraná (UFPR), com especialização em Marketing, pela FAE Business School. Atuou no mercado corporativo de comunicação por mais de 15 anos até que, durante a gestação de sua primeira filha, em 2018, teve um despertar para a educação e o desenvolvimento infantil. De lá para cá, se tornou educadora parental pela Positive Discipline Association (PDA/USA), consultora de sono pelo método Sosseguinho e especialista em Educação infantil – Anos Iniciais e Psicopedagogia, pela Faveni. Além de capacitações e atualizações em Programação Neurolinguística (PNL), antroposofia, criatividade, neuropsicologia, atividades sensoriais e método Montessori. Hoje atua com consultorias para famílias que buscam uma relação mais respeitosa e leve entre pais e filhos.

Contatos
www.alineanginski.com.br
aanginski@gmail.com
Instagram: @alineanginski
Facebook: aline.anginski
41 99978 5275

Este capítulo não tem como objetivo impor para nenhuma família qual é a melhor forma de lidar com os eletrônicos dentro de suas casas. O que se busca aqui é trazer, de forma clara e breve, informações que possam ajudar pais e cuidadores a encontrar um equilíbrio na equação crianças e eletrônicos. A escolha de como esse balanço se dará é o estilo de vida e os valores de cada família.

Adotaremos a nomenclatura "eletrônicos" para os aparelhos de televisão, celulares, *tablets*, videogames, computadores etc. Portanto tudo o que for abordado sobre o tema aponta o uso de qualquer um desses aparelhos; para os casos específicos, citaremos a tela em questão.

Malefícios do excesso

Quando falamos sobre o reflexo do uso excessivo de eletrônicos, muitos pais até percebem comportamentos que estranham em seus filhos. Reações que consideram exageradas, mas muitas vezes as interpretam como fases do desenvolvimento infantil e que devem passar com o tempo. E de fato, muitas das consequências que o uso demasiado de telas promove nas crianças são sim, em sua maioria, esperadas em alguma etapa do crescimento de nossos filhos. Entretanto, é preciso ter uma observação atenta às crianças para perceber quando esses comportamentos deixam de ser considerados normais. Um bom caminho é aquela sensação de mãe e pai que sente maior dificuldade no dia a dia com as crianças, que diz algo como: meu filho está "mais difícil" ultimamente. Por isso, trago algumas das características que podem indicar que seu filho está passando muito tempo na frente das telas:

- Mudanças bruscas de humor muitas vezes ao longo do dia. Em uma hora está muito feliz, e de repente, fica muito irritado, grita ou chora.
- A criança fica sem paciência e muito imediatista. Sabemos que na primeira infância a criança ainda não faz uma boa gestão de seus sentimentos, mas nesse caso específico a criança não consegue esperar para obter algo e fica irritada ou chorona rapidamente.
- Maior agressividade e irritabilidade nos relacionamentos com os adultos e outras crianças. Comportamento repetido também nos momentos fora dos eletrônicos.
- Dificuldades com o sono: demora demais para dormir ou, se dorme, tem diversos despertares noturnos em idade que já se esperava noites inteiras de sono.
- Não consegue brincar sozinho, pois falta paciência e imaginação para criar brincadeiras a partir de elementos da natureza e até mesmo brinquedos.

- Prejuízo ou atraso no desenvolvimento pleno da audição e da visão, pois nas telas tanto imagens quanto sons são reproduzidos de forma unilateral e não demandam desses sentidos seu uso completo, tornando-os menos eficientes. Exemplo: no mundo real, os sons se manifestam de diversas formas, alturas e lugares. Nossos ouvidos captam esses sons e precisam trabalhar para apurar, diferenciar ou prestar atenção a cada um deles. Isso é uma capacidade importante para a saúde auditiva. No uso de um eletrônico, a criança pode perder essa sensibilidade e passa a falar mais alto e até gritar para se comunicar o tempo todo.
- As brincadeiras são sempre imitações de personagens e de situações vivenciadas em jogos e desenhos. A criança não consegue criar novos repertórios de brincar.
- Problemas com a alimentação e obesidade (mais adiante aprofundamos este tema).
- Dificuldades no aprendizado em sala de aula.
- Atrasos no desenvolvimento geral da criança, principalmente na fala.
- Alterações hormonais, como na produção excessiva de cortisol que pode subir até 300% se uma criança for exposta a um conteúdo violento, por exemplo. Sem contar nos níveis de dopamina que podem subir rapidamente, dando uma falsa sensação de bem-estar por um mínimo de esforço do corpo, o que acaba "viciando" os pequenos no estímulo vindo das telas e, quando fora delas, ficam extremamente agitadas para manter esses níveis.

E por que isso acontece? Vamos relembrar que muitas das funções do nosso organismo terminam de se desenvolver depois do nascimento, principalmente nossas funções cerebrais. Nessa primeira etapa da vida, a atividade primordial do ser humano é se desenvolver e, para isso, precisa experimentar o mundo com todos os seus sentidos: olfato, paladar, audição, tato e visão.

A utilização desses recursos é que fará com que os sentidos se desenvolvam de forma plena e se consolidem. Nesse ponto, o movimento do corpo é fundamental para essa experimentação do mundo. A criança toca, aquilo gera uma sensação que traz um sentimento e gera um registro no cérebro: cria uma memória. A criança corre, exercita a conquista do espaço, fortalece seus músculos. A criança interage com o outro, dá significado para as coisas. A criança se conecta com o outro, olha nos olhos. Todas essas vivências acontecem enquanto seu filho está brincando, descobrindo. Todas elas estão construindo a personalidade e a inteligência emocional da criança. Isso não acontece quando seu filho passa horas em frente a uma tela, de forma passiva.

Benefícios no uso

Se muitos de nós estamos conseguindo trabalhar distantes de nossos escritórios, isso é porque a tecnologia e algumas das telas nos permitiram. Portanto, é inegável a importância dos eletrônicos em nossa sociedade. É possível encontrar um equilíbrio no seu uso com as crianças? A resposta é sim, mas você precisará estar presente.

Quando o adulto, seja a mãe, outro cuidador ou um professor, orienta e supervisiona o uso de eletrônicos das crianças, pode criar espaços importantes de aprendizado. Mais importante que restringir o uso de telas, é educar o seu filho sobre esse uso.

Nesse contexto, podemos destacar a utilização de jogos e programas educacionais para a alfabetização, para aprender cores, matemáticas, aquisição de novas línguas, culturas, conscientização ambiental. Você pode trazer para a sua casa a vivência real de uma experiência que viu em um programa científico, por exemplo, fazendo com que seu filho aplique no dia a dia algo que aprendeu por meio de uma tela. Assim, a criança passa a ampliar seu repertório, colocar aquele aprendizado em um contexto. O diferencial entre ficar inerte na frente da TV e utilizar seus recursos para o aprendizado será a presença e a atitude dos pais e cuidadores.

Outro aspecto que pode ser bastante positivo é um momento em família, de tranquilidade em que todos assistem a um desenho juntos. A famosa hora do sofá ou o cinema com pipoca em família. Pais podem se permitir voltar às suas infâncias por alguns minutos ao lado dos filhos e isso pode ser muito bom e saudável para todos.

Para que o uso de eletrônicos traga benefícios para seu filho, é preciso que você observe quatro pontos fundamentais.

1. Tempo de exposição

Segundo a Organização Mundial de Saúde e diversas sociedades de pediatria ao redor do mundo, incluindo a brasileira, existe um tempo indicado para cada faixa etária a ser observado:

- 0 a 2 anos: nenhuma exposição a qualquer tipo de eletrônico;
- 2 a 5 anos: no máximo, 1 hora por dia;
- 6 a 10 anos: entre 1 e 2 horas por dia;
- 11 a 18 anos: até 3 horas por dia.

Esses regimes ocorrendo sempre com a supervisão e aprovação dos pais. Vale ressaltar que, não importa a idade, não é recomendado que a criança tenha em seu quarto qualquer tipo de eletrônico a sua disposição para usar a qualquer momento e manusear sozinha. Essa disponibilidade de tela pode aumentar o tempo de uso, incentivar o uso depois das 18h, o que atrapalha o sono e ainda aumenta o risco de exposição a conteúdos não adequados, o que pode ser bastante perigoso e atrapalhar um desenvolvimento saudável.

2. Tipo de eletrônico

Para as crianças menores (até 5 anos), os eletrônicos menos indicados são os portáteis como *tablets* e celulares, pois – além de todas as implicações já citadas – ainda podem atrapalhar o desenvolvimento da coordenação motora fina, pois o uso indicado para esses aparelhos não é o adequado para esta idade. Portanto, a televisão e os computadores seriam as telas com menores prejuízos.

3. Horário

Existem dois horários que são os piores para o uso de eletrônicos: os das refeições e depois das 18h. A criança que se alimenta vendo celular ou TV tende a se alimentar pior, com a ingestão de alimentos de menor valor nutricional e podem desenvolver problemas com o peso, como a obesidade. Desliguem as telas e tornem as refeições oportunidades incríveis de troca entre as pessoas da família. Já utilizar tela depois das 18h, prejudica o sono, especialmente de crianças e adolescentes. Com isso, há outros efeitos colaterais como a perda de hormônios relacionados ao crescimento que se manifestam de maneira importante durante o sono noturno. Sem esquecer que a privação de sono pode prejudicar o desempenho escolar e manifestar diversos comportamentos desafiadores durante o dia.

4. Tipo de conteúdo

Para as crianças, os jogos eletrônicos podem aumentar a ansiedade, o estresse, a irritabilidade e o baixo no desempenho escolar de forma que fique muito difícil para os pais contornar algumas situações. Um fator que pode amenizar esses efeitos é o controle e a observação da classificação etária dos jogos e programas aos quais seus filhos estão expostos. Os piores tipos de conteúdo são:

- Violentos: estimulam a criança a ficar com os níveis de estresse mais altos e prejudicam a regulação emocional dos pequenos.
- Românticos/sensuais: podem fazer com que a criança fique mais propensa a comportamentos sexuais precoces na adolescência.
- Linguagens impróprias: a criança tende a ter um comportamento mais desrespeitoso com os pais e demais adultos de maneira geral. Igualmente, prejudica o relacionamento com as crianças da mesma faixa etária.

Para esses três tipos de conteúdo, também é importante identificar como está o seu consumo de eletrônicos. Por exemplo, você chega em casa, liga a TV e seu filho está brincando – nem repara no aparelho –, então você resolve ver um filme de ação, repleto de cenas explosivas e mortes. Pode parecer que seu filho não está prestando atenção, mas ele está absorvendo esse conteúdo. Por isso, deixe esses programas para quando você estiver sozinho ou apenas entre adultos.

Dicas práticas

Se ao chegar até aqui você percebeu que na sua casa alguns ajustes poderiam melhorar bastante o dia a dia, vamos a um passo a passo que poderá ajudar sua família a construir uma relação mais saudável com os eletrônicos.

1. *Decida e faça*

Uma vez que você decidiu que quer reduzir o uso de eletrônicos na sua casa, faça. Muitas vezes dizemos para nós mesmos que queremos, que tentamos e não deu certo, mas muitas vezes a verdade é que boicotamos um pouco o processo. A partir daqui, o caminho demandará um pouco mais da sua atenção e presença, principalmente no início da adaptação da criança. Você precisará de uma paciência extra, mas valerá a pena. Comece não oferecendo mais a tela. Muitas vezes esse é um recurso nosso para ter um tempo para fazer o almoço, terminar uma reunião, descansar uns minutinhos. Logo adiante, falaremos sobre alternativas.

2. *Crie combinados*

Com os seus filhos, faça combinados sobre os horários e o tempo permitido para os eletrônicos. Se preciso for, especialmente para as crianças menores de 5 anos, faça quadros de rotina, incluindo os horários de tela. Envolva a criança nessa construção, utilize fotos ou imagens que ajudam a ilustrar a cadência de atividades do dia.

Outro detalhe que ajuda: antes de desligar a TV quando o tempo estipulado estiver acabando, avise: filho, em 10 minutos acaba o tempo da TV e vamos desligar. Não espere que seu filho desligue a TV e saia sorrindo, é normal ele protestar. Você, como adulto, deve se manter gentilmente firme para que os combinados sejam cumpridos.

As rotinas podem ser diferentes para os dias de semana e os de fim de semana, quando você poderá avaliar uma flexibilização um pouco maior ou não.

3. *Ofereça alternativas*

Você como mãe não precisa entreter seu filho o tempo todo, mas é importante que neste processo crie alternativas aos eletrônicos. Vá brincar no parque ou deixe à disposição da criança lápis, desenhos, brinquedos que ela possa brincar ao desligar a TV. Mesmo que ela não queira brincar com nada naquele momento, lembre-se de que o tédio é importante para o desenvolvimento da criatividade, por isso também não há mal algum em uma criança que "não tem nada para fazer". É deste lugar que ela começará a criar novas brincadeiras e histórias.

4. *O principal*

Comece essa mudança por você. Seu filho age de acordo com o que vivencia. Será que esse vício em eletrônicos não é seu? Será que você não almoça todos os dias checando o celular? Será que a única forma que você se entretém é com a TV ligada? Não estamos falando de uma mudança radical de vida, mas se você trabalha, seu filho vai para a escola quanto tempo ficam juntos por dia? A ideia seria que nesse período vocês pudessem se conectar, jogar jogos de cartas ou tabuleiro, ler juntos, dar risada, brincar. Logo ele adormece e você retoma suas atividades. O tempo é veloz e é agora que seu filho está se desenvolvendo, aprendendo e construindo a pessoa que ele será. O apoio para o seu filho é fundamental nessa jornada.

Referências

ALMEIDA, L. G. O que drogas, games e redes sociais têm em comum. *Revista Saúde*. 2018. Disponível em: <https://saude.abril.com.br/blog/cientistas-explicam/o-que-drogas-games-e-redes-sociais-tem-em-comum/>. Acesso em: 17 ago. de 2021.

DE ROSA, A. O impacto dos eletrônicos no desenvolvimento infantil. *Keep Learning*. Disponível em: <www.keeplearning.school/turma/turma-2020/aula/impacto-dos-eletronicos-no-desenvolvimento-infantil-por-aline-de-rosa>. Acesso em: 21 ago. de 2021.

DESCOBRIR & Desenvolver. *Eletrônicos e infância: o lado negativo*. Youtube. Disponível em: <https://www.youtube.com/watch?v=e2N-DKg6P54>. Acesso em: 18 ago. de 2021.

DESCOBRIR & Desenvolver. *Eletrônicos e infância – o lado positivo*. Youtube. Disponível em: <https://www.youtube.com/watch?v=w9to2Bddf2k>. Acesso em: 18 ago. de 2021.

NELSEN, J. *Disciplina Positiva*. Barueri: Manole, 2015.

SOCIEDADE BRASILEIRA DE PEDIATRIA. #Menos Telas #Mais Saúde. Sociedade Brasileira de Pediatria. Disponível em: <https://www.sbp.com.br/fileadmin/user_upload/_22246c-ManOrient_-__MenosTelas__MaisSaude.pdf >. Acesso em: 18 ago. de 21.

SOCIEDADE BRASILEIRA DE PEDIATRIA. Manual de operações Saúde de Crianças e Adolescentes na Era Digital. Sociedade Brasileira de Pediatria. Disponível em: <https://www.sbp.com.br/fileadmin/user_upload/publicacoes/19166d-MOrient-Saude-Crian-e-Adolesc.pdf>. Acesso em: 18 ago. de 21.

VARELLA, D. *Uso excessivo de celulares pode ser prejudicial às crianças.* Disponível em: <https://dr/auziovarella.uol.com.br//coluna-2/uso-excessivo-de-celulares-pode-ser-prejudicialas-criancas-coluna/>. Acesso em: 18 ago. de 2021.

3

O PAPEL DA ESPIRITUALIDADE NA PRIMEIRA INFÂNCIA

A espiritualidade é um dos pilares do conceito de saúde integral (Organização Mundial de Saúde, desde 1988). Os fenômenos relacionados à espiritualidade vêm sendo estudados pela comunidade científica e identifica-se uma relação positiva entre espiritualidade e desfechos em saúde e bem-estar. Trazemos neste capítulo o papel da espiritualidade na construção de um ser próspero capaz de conduzir sua existência de forma segura e feliz.

ALINE FRIEDRICHS DE SOUZA

Aline Friedrichs de Souza

Médica formada pela UFRGS, especialista em Pediatria e Gastroenterologia Pediátrica pela Sociedade Brasileira de Pediatria, mestre em Saúde da Criança e do Adolescente pela UFRGS. Foi professora de citologia e histologia e de tutoria integradora na Faculdade de Medicina da UNISINOS. Pós-graduanda em Psicologia da Aprendizagem e Desenvolvimento pela PUC-RS. Atua há mais de 17 anos em consultório privado de gastroenterologia pediátrica, em emergência e enfermaria pediátrica em Novo Hamburgo (RS). Vem, há dois anos, aperfeiçoando-se no estudo da espiritualidade e sua relação com desfechos em saúde.

Contatos:
afsouza16@gmail.com
51 99245 9309

A espiritualidade é algo inato do ser humano. Mesmo crianças que não são criadas com certa orientação religiosa, desenvolvem algum grau de espiritualidade. Segundo a Canadian Child Care Federation[1], a curiosidade e a imaginação das crianças a respeito dos aspectos espirituais auxiliam a entender melhor suas experiências e a ter um senso de esperança e conforto durante momentos de dificuldade.

Sri Prem Baba diz que, ao colocar um filho neste mundo, você tem a responsabilidade de ajudar no desenvolvimento espiritual desta alma ou, pelo menos, precisa aprender a não sabotá-la. Quando falamos de espiritualidade, vamos além da religião. Buscamos transcender a existência puramente física do ser humano buscando a ampliação da consciência. Jung já dizia que, para obtermos certeza e clareza, precisamos de uma consciência mais ampla e superior (SRI PREM BABA, 2016).

Para facilitar o entendimento do que vamos abordar, precisamos explicar o que é religião. Ela é "um sistema organizado de crenças, práticas, rituais e símbolos projetados para facilitar a proximidade com o sagrado ou transcendente (Deus, poder superior ou verdade / realidade última) para promover a compreensão do relacionamento e da responsabilidade de alguém para com os outros em viver juntos em uma comunidade" (MICHAEL B. K.; HAROLD G. K.).

Já a espiritualidade é algo pessoal, independente de grupos ou crenças religiosas. É estar conectado aos outros, ser grato, sentir paz e, por consequência, costuma estar associada a melhores desfechos em saúde mental e física. Segundo a Organização Mundial da Saúde – OMS, "é o conjunto de todas as emoções e convicções de natureza não material, com a suposição de que há mais no viver do que pode ser percebido ou plenamente compreendido, remetendo a questões como o significado e sentido da vida, não se limitando a qualquer tipo específico de crença ou prática religiosa".

Infelizmente, é comum buscarmos a espiritualidade apenas no final da vida. Muitos estudos que abordam a espiritualidade da criança são feitos com crianças com doenças graves e em cuidados paliativos. Outros estudam o papel da religião e da espiritualidade em adultos que foram crianças vítimas de abuso ou negligência. Chama a atenção que alguns desses adultos, os quais sofreram com eventos traumáticos na infância, possuem o que chamamos de relação negativa com a religião/espiritualidade, alimentando, inclusive sentimentos de raiva em relação a Deus e ao sagrado/transcendente. Essa relação negativa com a espiritualidade parte de um ambiente inóspito, tóxico, que por si só seria suficiente para questionar o porquê de tanto abandono e violência e para ativar gatilhos de depressão e ansiedade. O ideal seria buscarmos a espiritualidade no início da vida. Conforme Jung, no estágio infantil da consciência, ainda não existem

---

[1] The Canadian Child Care Federation – www.cccf-fcsge.ca

problemas. Nada depende do sujeito porque a criança depende inteiramente dos pais. É como se não tivesse nascido ainda inteiramente, mas se achasse mergulhada na atmosfera dos pais (CARL GUSTAV JUN, 1971).

Os bebês e as crianças são, como os adultos, seres bio-psico-sócio-espirituais. Ou seja, nossa saúde é composta por esses quatro pilares: biológico, psíquico, social e espiritual. E que fique claro: é composta e não dividida. O ser humano não é uma máquina que obedece às leis das linhas de montagem industrial. Cada faceta sua está interligada e funciona de forma tanto mais harmoniosa quanto mais cuidadas estiverem todas as partes que o compõe.

A notícia de uma gravidez traz um estado de profunda gratidão. Por mais cético e agnóstico que seja, você se sente abençoado com a oportunidade de gerar e criar outro ser humano. Entretanto, muitas gestações ocorrem sem planejamento. Como dizem alguns de meus pacientes: "foi um susto". Outras gestações são planejadas, mas carecem de propósito. Por que o casal ou a pessoa deseja esse filho? O que eles pretendem oferecer como destino para essa criatura? No caso de adoções, já percebemos mais planejamento, mas ele não se traduz, necessariamente, num propósito claro.

Veja, o bebê passa nove meses no útero da mãe biológica, recebendo sangue via placenta e lá cresce. Suas células multiplicam-se, conexões são formadas e ele se diferencia num ser perfeito. A matéria-prima para essa evolução vem do que a mãe come, respira e sente. O bebê terá as melhores chances quanto melhor sua mãe se alimentar e quanto mais puro for o ar que ela respirar. A futura mamãe deve evitar a poluição afetiva, o estresse, o medo, a raiva, a privação de sono. Essas situações produzem substâncias que podem afetar de forma negativa o desenvolvimento de vários órgãos do bebê. Por outro lado, quando o bebê recebe a informação de que está sendo bem alimentado, acolhido e cuidado, desenvolve saúde e bem-estar.

Imagine a chegada do bebê ao mundo. Costumo dizer que é como se você fosse largado em Marte de uma hora para outra. Em segundos, ele precisa aprender a respirar, evacuar, mamar e se relacionar. Precisa berrar para que os "marcianos" (os pais/cuidadores) troquem sua fralda e o alimentem. E se os marcianos forem seres despreparados e desesperados com a chegada do terráqueo a Marte? O ideal seria que os pais/cuidadores fizessem uma preparação intelectual, emocional e espiritual antes de engravidar para receber este ser da maneira mais acolhedora possível.

Sabemos que pais/cuidadores diretos, ansiosos ou deprimidos, independente de sua condição de parentesco com o bebê, são fator de risco para o desenvolvimento de doença mental na infância, na adolescência e na vida adulta e este é um bom motivo para que o sistema de saúde apoie essa preparação, garantindo melhores resultados no crescimento e desenvolvimento desse pequeno ser.

O bebê humano é o mais frágil entre os mamíferos. Nosso cérebro nasce incompleto. Precisamos de um ano para aprender a andar, cerca de 3 anos para nos comunicarmos de forma efetiva e outros tantos para conduzirmos nossa existência por conta própria até chegarmos à velhice, quando voltamos a ser extremamente frágeis e dependentes. Afinal, "a morte é certa, o trajeto que percorremos até ela não necessariamente" (FILHO & CALABREZ, 2017).

Acredite, esse percurso é tanto mais próspero quanto mais nos apoderarmos de nosso propósito e da nossa consciência. O fato de o nosso cérebro nascer incompleto não é um demérito, mas sim uma vantagem adaptativa. Esse presente fabuloso (o cérebro humano), pelo qual devemos ser muito gratos, pode ser moldado pelas experiências às quais for submetido.

O cérebro dos bebês até os dois anos de vida, forma, de maneira muito acelerada, milhões de conexões entre neurônios (as sinapses). Após esse *boom* de conexões, inicia a poda sináptica, ou seja, conexões pouco utilizadas são descartadas (WERK & STEINHORN, 2020).

Um bebê que vive num ambiente tenso, com brigas, gritos, que não tem suas necessidades físicas e afetivas atendidas, pode formar conexões que direcionem para o desenvolvimento de depressão e ansiedade e, ao iniciar a "poda", pode desconectar as vias de alegria, felicidade, satisfação e segurança. Você já consegue imaginar o resultado dessa equação. Por sorte, a neuroplasticidade, capacidade de nosso cérebro de se adaptar, nos acompanha ao longo da vida. Mas ela é tanto mais fácil quanto antes se inicia.

Gosto muito do exemplo que Pedro Calabrez nos traz no livro *Em Busca de Nós Mesmos*: "não temos chifres nem garras, não somos fortes, não corremos rápido, para a natureza, somos um bicho bem meia-boca no que tange às nossas habilidades físicas". Somos seres sociais e dependemos uns dos outros para prosperar. Nossa capacidade de união faz com que consigamos resolver problemas inimagináveis para outras espécies (FILHO & CALABREZ, 2017).

Mas por que tanta informação sobre o cérebro e a evolução das espécies se estamos falando de espiritualidade? Porque precisamos entender a ideia de conexão, de totalidade. Nosso cérebro faz parte de nosso corpo assim como nossos joelhos. Ele reproduz nossa mente. Possuímos neurônios espalhados por todos nossos órgãos e tecidos. Todos conectados ao que pensamos, sentimos, comemos e respiramos. Essa estrutura perfeita é capaz dos maiores feitos identificáveis nesse planeta e até fora dele. Assim como o ser humano é capaz das maiores atrocidades como campos de concentração, tráfico de drogas, corrupção, que traz miséria a milhões de semelhantes e tantas outras mazelas, somos plenamente capazes de construir um mundo bom para todos. Um começo? Desenvolvendo a espiritualidade e proporcionando para os bebês e para as crianças aquilo que formará conexões capazes de disseminar paz, alegria e prosperidade baseando-se mais na colaboração do que na competição. Na união do que na segregação, na compreensão do que na imposição de modelos.

O cultivo da espiritualidade na primeira infância proporciona ferramentas para desenvolver o autoconhecimento e a consciência. Para que fenômenos como a falta de cultura, de estudo, de valores e o excesso de sexo sem segurança, de pornografia, de uso de drogas, de violência e da corrupção nossa de cada dia sejam progressivamente podados e possamos ver esse planeta povoado por seres evoluídos e felizes. Por pessoas que não estejam condenadas a viver em meio a tanta miséria, crime, doenças e valores distorcidos. Ainda somos pessoas imaturas e egoístas, mas somos a humanidade. A espécie dotada do melhor cérebro do planeta. Algo divino, sagrado. Capaz de mudar a sua história e a dos outros para o bem ou para o mal. Capaz de crer no transcendente justamente por ter um aparelho mental muito evoluído.

Mas a tarefa de desenvolver a espiritualidade é fácil? Alguém pouco esclarecido pode dizer que sim. Pode dizer que é só batizar, levar na catequese ou no culto, escola dominical, centro espírita e pronto. Mesmo que você chute o cachorro, xingue no trânsito e não devolva o troco que lhe passaram a mais? Perceberam o que chamo aqui de espiritualidade? Você não precisa frequentar ou exercer algum tipo de religião. Precisa ser um exemplo adequado para seu filho seguir. Em psicologia, sabemos que as crianças são sintomas. Como? Sim, o que as crianças fazem é sintoma da saúde ou da doença "sócio-mental-espiritual" de seus pais e do meio onde vive. E como parte fundamental do meio, surge a da escola. Cada vez mais os estudos sugerem que a escola deve trazer a espiritualidade para o escopo pedagógico visando às habilidades emocionais e espirituais para um desenvolvimento pleno. Como exemplo, a escola pode usar técnicas de meditação e os elementos da natureza ensinando sobre conexão com algo maior. O toque da chuva, por exemplo, como é que a água cai do céu? A plantinha que germina porque "bebeu" água. O cuidado que devemos ter com as plantas para que cresçam e gerem oxigênio e alimento. Ensinar esse tipo de fluxo, é ensinar algo espiritual e traz consigo a capacidade de viver o momento, habilidade fundamental nestes tempos de comunicação instantânea e velocidade frenética.

Então, convido você para pensar nisso. A conversar com seus amigos a respeito. Perceba que temos menos vergonha de postar nas redes sociais vídeos curtos de nossa intimidade do que temos de falar sobre espiritualidade. Sim, temos vergonha de proporcionar para nossos filhos um mundo melhor. Temos medo de que eles não sejam normais. Mas entenda: ser comum é diferente de ser normal. Temos agredido muito nossa normalidade como seres humanos. Temos sido muito tóxicos para nossos filhos. Tanto negligenciando sua condição de ser único e em formação quanto sendo extremamente permissivos e rasos na sua educação. Não esqueça que o desconforto é um preço a ser pago por uma vida com sentido.

Vamos, juntos, mergulhar nesse conhecimento e ampliar a consciência coletiva para a prosperidade de nossas crianças? Só depende de você. Seu filho agradece.

Referências

BABA, S. P. *Propósito: a coragem de ser quem somos*. Rio de Janeiro: Sextante, 2016.

CDC. *Early Brain Development and Health*. Disponível em: <https://www.cdc.gov/ncbddd/childdevelopment/early-brain-development.html>. Acesso em: 15 fev. de 2022.

FILHO, C.; CALABREZ, P. *Em busca de nós mesmos*. Porto Alegre: Citadel, 2017.

JUNG, C. *A natureza da psique*. 10. ed. São Paulo: Vozes, 2013.

KING, M. B.; KOENIG, H. G. Conceptualising spirituality for medical research and health service provision. *BMC Health Services Research* 2009, 9:116 doi:10.1186/1472-6963-9-116.

THE CANADIAN CHILD CARE FEDERATION. *The Canadian Chid Care Federation: Your ELCC Community*. 2022. Disponível em: <https://cccf-fcsge.ca/>. Acesso em: 15 fev. de 2022.

WERK, R. S.; STEINHORN, D. M. The Relationship Between Spirituality and the Developing Brain: A Framework for Pediatric Oncology. *Journal of Religion and Health*. 2020. doi.org/10.1007/s10943-020-01014-7

4

TRANSFORME BIRRA EM EDUCAÇÃO OU PAGUE A CONTA

Dez entre dez pais quando perguntados sobre o que querem do futuro de seus filhos respondem que sejam bem-sucedidos. Entregamos bons estudos, condutas de lealdade, honestidade e bons princípios. Mas quantos de nós pecamos no quesito finanças? Entregar conhecimentos de números e cálculos não são a solução, sim comportamento financeiro.

ANIBAL TEIXEIRA

Anibal Teixeira

Empresário, mentor financeiro, analista comportamental, palestrante da Feira do Empreendedor (Sebrae), escritor dos livros *Não faça birra, faça economia – Riqueza garantida* e coautor do livro *Tem um CNPJ na minha cama*. Idealizador do Método AHP. Apresentador de TV Aberta, programa Agora que são Elas, quadro Família SA, apresentador da Rádio Exclusiva FM, programas Riqueza Garantida e Tem um CNPJ na minha cama. Graduado em Economia, treinamento *International Professional & Self Coaching* (IBC); Liderança (Roberto Shinyashiki); Alta *Performance Master Mind*; *Leader Training* no Instituto Tadashi Kadomoto; Empresa do Ser – Koji Sakamoto; Empretec – Sebrae. Formação *International Professional & Self Coaching* (IBC), Micro Expressões *Trainer e Practitioner* (Center for BodyLanguage/ Belgica).

Contatos
teixeira.anibal6412@gmail.com
Facebook: AnibalTeixeira01
Instagram: @anibalteixeira.oficial

No âmbito financeiro, quando tratamos sobre filhos, tememos deixá-los com dificuldades para gerir seus dividendos, administrar as circunstâncias do dia a dia relacionadas com o dinheiro e, principalmente, com dificuldades para enfrentar as armadilhas do consumo e decidir da melhor forma possível suas tomadas de decisão. Convido pais para testarem seu comportamento e modelagem de suas atividades financeiras promissoras.

Como falar de finanças sem falar de números e contas? É justamente disso que se trata: educar financeiramente seu filho não diz respeito a contas de mais e menos, mas de comportamento. Por que falar de comportamento e não de números? Quando seu filho tiver um DNA Financeiro, não importa o quanto passará pelo seu bolso, mas como ele administrará esses ganhos e multiplicará suas oportunidades.

Convido vocês, pais, para terem um relacionamento de parceria com seu filho, criando assim uma identidade única em que o que vocês fazem é exatamente o que vocês exigem e traga-o para perto no quesito planejamento e desejos em família. Introduzi-lo em todas as realizações da família fará com que ele se sinta incluído e, assim, capaz de entender a dinâmica de ter que abrir mão de algo para si em prol da família.

Claro que estamos falando neste livro de crianças na primeira fase da vida, em que o voto e discernimento não podem ter um peso na decisão, mas o fato dele estar no contexto já dá indícios de uma pessoa que toma decisões e está no jogo do planejamento. Isso tudo faz sentido se for colocado na prática, pois não adianta todos juntos fazerem uma lista de compras e, chegando no supermercado, fugir do combinado, tampouco ele assistir a uma briga pós pagamento dessa compra. Por isso, a importância da lista de compras e a troca de informações e desejos antes de sair de casa.

Temos conosco uma crítica veemente sobre dinheiro: sujo e até maldito, pois sempre tivemos a imagem do dinheiro vinculado a brigas homéricas entre pais, muitas vezes sendo o maior causador de separação. Permitir que seus filhos tenham outra concepção sobre dinheiro, como realizador de desejos e bons momentos em família, passa a ser inclusive uma obrigação.

Outra questão a ser ponderada é o fato das dificuldades vividas em casa. Caso isso venha a acontecer, não espere chegar ao ápice do problema: comunique o momento vivido pela família. Ser pego de surpresa, independente da idade, não é algo que será bem digerido, por isso sempre aja com a verdade e a inclusão de todos os envolvidos, inclusive os filhos. Tirar da sala toda vez que o assunto é finanças e, de uma hora para outra, comunicá-lo uma realidade de perdas e redução no padrão de vida, vai gerar uma revolta com sensação de "não estou entendendo nada".

Dificuldades e consumos fora do comum, que você fez e faz, não devem ficar registrados no DNA Financeiro de seu filho. Como construir algo diferente daquilo que você manteve durante sua vida financeira de errado, tentando entre acertos e erros, sempre buscando o resultado para entender se fez o certo ou o errado? Muitas vezes o certo nem foi tão certo e o errado, em contrapartida, deu muito errado. Lidar com consumo para os adultos já é algo muito preocupante, o que dirá crianças nessa idade que não sabem o valor do dinheiro, muito menos o montante dos compromissos que acarretam um orçamento familiar. Então, como ensinar o desconhecido?

Nós, pais, muitas vezes envolvidos e, principalmente, apreensivos com o aprendizado de nossos filhos, preparamos para um futuro promissor com tópicos como honestidade, distinção e prosperidade. São ensinamentos válidos e necessários, porém para prepará-los para uma vida financeira sadia temos que aplicar a educação financeira. Sendo assim, elaborei 07 ações para começar a criar um DNA Financeiro com as crianças.

1. Nós somos o maior exemplo

Antes mesmo das crianças entenderem sobre as finanças, já estão "antenadas" com o consumismo de seus pais e, se esse consumo ainda vier agregado de brigas e desentendimentos, vão entender o quanto dinheiro é avarento e prejudicial. Com isso, cria-se uma crença relacionada ao vil metal desfavorável. Por isso, nessa idade que a criança nem sequer tem conhecimento de valores ou aritmética, é muito importante os adultos da casa terem consciência de um bom relacionamento com o dinheiro. Esse movimento financeiro tem que ter objetivo, com planejamento e envolvimento da criança.

2. Planeje o orçamento familiar com eles

A inclusão dos filhos no orçamento doméstico é sempre importante, não importa a idade. Não estamos falando aqui de voto válido, mas só de serem ouvidos já estamos colocando à prova o que andam pensando sobre a vida financeira. É dessa atitude que podemos começar a direcioná-los para um caminho promissor. Exemplos no dia a dia, como uma lista de compras no supermercado ou o planejamento de uma viagem, são momentos importantes para a demonstração da relação da criança com a vida financeira. Independentemente do momento vivido pela família, o fato de ser colocada em situações em que o diálogo é preservado e, principalmente, respeitado. Em outras palavras, não adianta fazer uma programação e chegar na hora abrir exceção: explique o que foi combinado em cima de números e que, se fugir dessa conta, vai faltar dinheiro para outros compromissos.

3. Valorize compras independente do seu valor

Nessa idade as crianças não sabem o preço das coisas, mas isso não impede de você trazer entendimento do esforço para conquistar os bens queridos. Para isso, é necessário mostrar o esforço em conquistar e como o dinheiro entra nas nossas vidas e como devemos valorizá-lo. Muitas vezes a facilidade de você passar um cartão numa máquina, no olhar delas, passa a imagem de algo fácil, sem nenhum esforço. Com isso, transmite a ideia de que aquele pedaço de plástico pode tudo, e o pior, banaliza algo importante, que é o trabalho e a dedicação por trás da conquista daquele valor. Sentar com elas e mostrar a origem e como aquilo acaba, que não é algo infinito e quanto mais você tem, mais adquire bens favoráveis a uma vida digna. Com isso, você valida a ação do dinheiro.

4. Valide a diferença de guardar e poupar

O bom e velho cofrinho. Nada contra, pelo contrário: existe um simbolismo e todo um ritual de economia por trás daquele porquinho. A maneira como é conduzido é que faz toda a diferença. Buscar um motivo para aquele dinheiro estar sendo economizado é que faz toda a diferença entre guardar e poupar. Coloque um objetivo naquele cofre, pois é importante a criança saber que o propósito para aquela economia já tem um alvo predeterminado. E todas as vezes que for mencionada a retirada daquele dinheiro, total ou parcial, explicar que aquele saldo tem um fundamento combinado que seria para esta ou aquela compra. Baseado nisso, as crianças começam a entender o critério de poupar. Também é importante separar o dinheiro destinado a poupar e o que está separado para gastar no dia a dia, com algo repentino que ela queira.

5. Saber dizer "não" faz todo o sentido

"Passo tão pouco tempo com ele", "Eu não tive isso na minha infância e hoje eu posso proporcionar" são frases construídas para justificar o fato de não falarmos "não" a nossos filhos. Contudo, muitas vezes esse "não", por mais dolorido que seja, faz muito bem a seu crescimento financeiro. Entender que a vida é mais cheia de "não" do que de "sim", no que diz respeito a dinheiro, os torna mais eficazes em fugir de consumos imediatistas, armadilhas da compra sem pensar. Explicar princípios de pechincha, pesquisar marcas e preços em vários pontos de venda, e o mais conturbado dos requisitos da compra errada: querer ou precisar daquilo.

6. Mostre a importância do dinheiro

Ter no ambiente do lar o hábito de falar sobre finanças, dizer o quanto vale a pena trabalhar e com isso conquistar as coisas que gostam, pagar suas contas e poder planejar algo em família traz para o meio que se vive uma conotação de que o dinheiro é algo prazeroso e gratificante quando se consome de forma assertiva. Valorizar a economia em contas de consumo como apagar a luz de um aposento que está saindo, ou um banho mais rápido, não só valida a sustentabilidade como também faz com que o dinheiro seja gasto de forma mais prazerosa. Faz todo o sentido validar esse conceito. Lembrando sempre que, com a cooperação de todos, o dinheiro é usufruído de forma mais benéfica.

7. Valorize todo o empenho de seu filho

Depois que você combinou com ele de fazer um planejamento, determinou o objetivo e fez todo o acompanhamento do poupar o dinheiro para a compra do bem escolhido, faça disso uma grande conquista não só parabenizando, mas fazendo com que ele participe diretamente dessa ação. Leve-o à loja para adquirir aquilo que o fez economizar. Quem leva o dinheiro é ele mesmo ou na carteira/bolsa ou em seu próprio bolso, o pagamento também. Estimule-o a fazer uma pesquisa em mais de uma loja e pedir desconto, pois tudo isso valoriza seu DNA Financeiro e, o que conseguir economizar, ora por pechincha, ora buscando a loja com o menor preço, festeje consumindo um doce ou sorvete. Isso fará com que ele entenda que cada conquista de economizar retorna em benefício para ele e todos ao seu redor.

Em minha trajetória, desenvolvi uma metodologia que levo comigo, AHP: Atitude, Hábito e Pensamento. Mostrar a seus filhos que ter atitude para evoluir, tomar decisões (nem sempre serão as mais assertivas), retomá-las, entender esses ciclos da vida de sobe e desce etc. Mas o que vale neste momento é entender que não pode desistir e com o dinheiro não é diferente, pois por mais cuidadoso que possamos ser, isso não significa que seremos assertivos sempre e é aí que mostramos força. Outra coluna nesse tripé é o hábito: se fazer rotineiro significa criar processos, organização, programar os percalços e saber administrá-los. Finalmente o pensamento: ser positivo, acreditar que você se preparou para aquilo e é sua total responsabilidade não dividir os erros e fracassos com os outros para que você saia sempre fortalecido e com algo de aprendizado. Não permita ser coautor da sua vida.

Espero que os pais entendam que abordar o assunto com seus filhos sobre finanças pode parecer precoce, mas acredite: se você colocar em prática essas 7 ações e construir a metodologia "AHP", criará seus filhos para serem adultos sem dívidas e mais felizes.

A birra muitas vezes nos incomoda, mas se formos olhar pelo prisma da criança, é uma forma de se impor e buscar algo que se quer. Talvez a forma encontrada não seja tão adequada, mas as conquistas conseguidas validam essa atitude. Sabemos que a vida não nos permite conduzir nossas ações com birra, por isso temos que introduzir novos hábitos em nossas crianças. Contudo, quantas vezes você foi birrento para consumir algo que você sabia que não era o melhor momento? Quais birras você se permite para justificar atos que sacrificam seu orçamento? Finanças são algo que necessita muito mais do que birra para torná-los maduros e tomadores de decisões. Construir um futuro próspero depende muito mais de cada um do que as pessoas ao seu entorno, mas esse caminho a ser trilhado vocês como pais podem ajudá-los a encontrar uma direção e, com pensamentos positivos, incentivá-los a dar o primeiro passo na direção certa.

Hoje começa uma nova trajetória, daqui para frente, não faça birra, faça economia, pois cada um merece conquistar sua Riqueza Garantida.

5

MOVER-SE PARA AUTONOMIA

A criança desde o nascimento busca pela autonomia, que durante a primeira infância vem com o desenvolvimento motor. Cada movimento realizado pela criança é resultado de como ela está, com o que ela quer fazer e onde ela está. Dessa forma, é possível auxiliar o desenvolvimento favorecendo as condições internas da criança, preparando o ambiente e estimulando atividades criativas e desafiadoras.

**BIBIANA CALDEIRA MONTEIRO E
EUGÊNIA CASELLA TAVARES DE MATTOS**

Bibiana Caldeira Monteiro

Fisioterapeuta (UFSCar) especialista em Neuromuscular (UNAERP) e mestranda em Ciência da Reabilitação (Uninove). Tornou-se mãe de dois meninos, em 2011 e em 2015, aprimorando o olhar para o cuidado para a autonomia de forma materna e científica. Atualmente trabalha na equipe de reabilitação física em Centro Especializado em Reabilitação (CER) e atua como multiplicadora.

Contatos
bibianacm@gmail.com
Youtube: Cuidar do Outro
Instagram: cif.facilitada
11 99494 6444

Eugênia Casella Tavares de Mattos

Fisioterapeuta (UFSCar) doutora em Neurociência e Comportamento (USP). Transformou-se mãe em 2010, com o Henrique, e se aprimorou com a Anita, em 2012. Hoje, na empresa 5WB Desenvolvimento Corresponsável, integra os conhecimentos em neuroplasticidade para o desenvolvimento de competências socioemocionais, por meio de vivências com crianças e adultos.

Contatos
www.5wb.com.br
profeugeniamattos@gmail.com
Instagram: @envolve_mais / @profeugeniamattos
12 98104 8586

Ao se movimentar, a criança busca novos conhecimentos, interações e autonomia. Como o cuidado pode interferir?

A ciência estuda o movimento humano para compreender como o controle motor e o desenvolvimento acontecem no ser humano, também para saber intervir quando e se necessário. Inicialmente acreditava-se que as estruturas biológicas eram os fatores determinantes nesse processo. Todavia, mais recentemente ficou claro que o processo de aprendizagem do movimento não acontece exclusivamente devido às estruturas anatômicas e que não existe um padrão preestabelecido. Provou-se que as interações com fatores externos do ambiente, das relações sociais e das próprias atitudes das crianças interferem fortemente no desenvolvimento motor e infantil.

Assim, os estudos atuais pesquisam que tanto o corpo biológico como o ambiente e a interação entre eles são fundamentais para a compreensão do desenvolvimento motor e psíquico da criança. Tem-se em mente que a intenção de atuar de forma independente por parte da criança é a origem desse desenvolvimento, para isso o sistema nervoso se organiza e se reorganiza a partir de cada experiência vivenciada.

Por isso é importante proporcionar diversidade de sensações, objetos e tarefas, pois o aprendizado só acontece quando de fato a ação é realizada. Os responsáveis deverão convidar para fazer diferentes movimentos e acompanhar seu progresso guiando para que a criança perceba melhor o espaço.

Para compreender a melhor forma de acompanhar o desenvolvimento da autonomia das crianças, é preciso entender um pouco mais sobre cada um dos componentes que interferem no desenvolvimento e na aprendizagem.

A criança

Quando vamos falar sobre o comportamento da criança, temos que entender que ela é a ponta do *iceberg*, ou seja, a ação motora feita pela criança acontece após uma série de informações processadas e integradas pelo cérebro. O movimento é o ato visível resultante da combinação de estímulos percebidos, com o processamento de diferentes áreas cerebrais, que incluem áreas sensoriais, motoras, áreas integrativas e até emocionais. As condições desses sistemas interferirão durante o comportamento, ou seja, as condições de cada criança podem facilitar ou dificultar o desenvolvimento.

Quando falamos de estado interno, é necessário iniciar pensando nas necessidades fisiológicas básicas. Por exemplo, sono e fome geram muita interferência durante o brincar e o interagir e, claramente, vão interferir na capacidade de aprendizagem.

Portanto, é necessário sempre garantir que as necessidades fisiológicas da criança estejam sanadas. Quando o bebê é muito pequeno, esse cuidado é praticamente a única atividade que os responsáveis fazem. No entanto, quando vai crescendo, costumamos esquecer que essas necessidades devem vir antes de qualquer coisa. A criança com sono, fome ou vontade de ir ao banheiro não tem concentração, foco, fica irritadiça e perde qualquer chance de aprendizado. Dentro das necessidades básicas, podem ser incluídos cuidados básicos, segurança e afeto para o favorecimento da aprendizagem.

Mas não são só essas necessidades que interferem no estado interno da criança. Situações corriqueiras do dia a dia modularão as emoções das crianças, gerando pequenas frustrações, alegria, ansiedade, medo e tantas outras emoções. O que é importante ressaltar é que todas as emoções são determinantes para o processo de aprendizagem.

Sendo assim, é necessário que haja especial atenção ao estado emocional criado em casa. É preciso criar um espaço em que os erros e falhas sejam encarados como naturais e não sejam fontes de críticas. Um ambiente com afeto, não violento, gera emoções e condições propícias para o desenvolvimento adequado e saudável.

Uma educação autoritária, cheia de restrições e em um ambiente hostil (que a repele e obriga se limitar constantemente devido às exigências do adulto) não produz desenvolvimento saudável. Essa forma de educar geralmente faz com que a criança adote um comportamento exigido, seja obediente, porém com um custo emocional muito alto e, principalmente, sem desenvolvimento de autonomia.

Além disso, é importante ressaltar que, no processo de aprendizagem, a frustração é um fator presente diariamente. Falhas e frustrações são inevitáveis e devem ser encaradas como parte do processo de autonomia. Pensando nisso, oferta de atividades deve ser compatível com a capacidade. Se houver um baixo índice de sucesso por parte da criança, isso vai levar à desistência. Se for pouco estimulante, não realiza progresso e há desistência por falta de interesse. Isso pode ser observado e direcionado pelo responsável.

A aprendizagem é ativa e depende do interesse da criança, por isso boas condições mentais e emocionais são importantes para perceber e agir de forma adequada.

O ambiente da criança

O ambiente tem função importantíssima para o desenvolvimento, pois é nele que a criança reage e interage. As características do ambiente gerarão muita influência no comportamento da criança, favorecendo ou não o desenvolvimento. A criança cresce para interagir com o ambiente e se desenvolve de acordo com o contexto que está envolvida. O ambiente para favorecer a aprendizagem motora e cognitiva da criança deve ser seguro, acessível e estimulante.

A segurança é algo imprescindível para receber a criança. O ambiente deve ser constantemente verificado e readequado conforme acontece o amadurecimento da criança. Se o ambiente não for adequado, o monitoramento pelo adulto deve ser constante.

Outra característica fundamental é que o ambiente seja acessível, com móveis de altura proporcionais à criança e que permitam que ela possa explorar, escolher brinquedos e suas roupas. Essas características ambientais permitirão que haja exploração, interação, desenvolvimento motor e tomada de decisão. O poder de escolha é um grande motivador do comportamento, e uma característica fundamental para a conquista da autonomia.

Por fim, o ambiente deve ser estimulante, ou seja, que tenha objetos, cores e texturas a serem descobertos. E não só brinquedos são estimulantes. O que é estímulo e desafio para criança pode parecer sem graça, afinal já vimos muitos fios, potes e objetos diferentes, e isso não tem mais nossa atenção. Nesse sentido, o cuidador deve permitir a exploração dos diferentes ambientes e objetos que temos em casa (além dos brinquedos), para que a criança tenha contato com diferentes sensações, texturas, temperaturas que auxiliam em um aprendizado mais rico.

A exploração livre é mais enriquecedora, permitindo maior aprendizado do que com a intervenção do adulto. O adulto prepara o ambiente, mas o deixa livre para a criança. O ambiente preparado para receber a criança reduz os conflitos e encoraja o desenvolvimento da autonomia. Deve ser evitado restringir as crianças em espaços pequenos como cercadinhos, pois isto reduz a oportunidade de desenvolvimento. Vale ressaltar que é necessário que haja disponibilidade de tempo por parte do adulto para permitir as atividades exploratórias no tempo da criança, com o mínimo de interferência.

O fazer e as possibilidades de movimento

Podemos chamar de tarefa tudo que a criança quer fazer. Pode ser brincar, mexer em um objeto, levantar-se no berço, tomar banho e até mesmo ajudar a lavar um copo. E assim como falamos anteriormente, as características da tarefa interferem no comportamento da criança e, consequentemente, no aprendizado.

No início, as tarefas e movimentos são apreendidos pela imitação. A criança tende a repetir o que observa e ensaia as atividades dos adultos ou das crianças ao redor. Exatamente por isso é importante deixá-la exposta ao convívio de outras crianças (escola, parques ou família) para aumento do repertório de movimento.

Além disso, as crianças aprenderão conforme forem inseridas nas atividades realizadas pelo adulto. É importante incentivar a criança a participar das rotinas de autocuidado e nas atividades da casa. As atividades têm complexidades diferentes que dependerão da maturidade biológica e afetarão diretamente no tempo exigido para a criança executá-la. Nesse caso, é necessário pensar que os cuidadores terão que ter mais paciência, dando tempo para a criança tentar, se frustrar, tentar de novo até aprender.

O grau de exigência também deve ser proporcional à capacidade da idade da criança. Se a tarefa é muito difícil, a frustração é tão grande que a criança perde a motivação e não ocorre aprendizado. Em casos em que a tarefa consegue ser feita parcialmente, a tarefa pode ser dividida em etapas e a criança faz uma parte delas, ou a criança faz com assistência de um adulto. Por exemplo, ao preparar uma salada de frutas, a criança pode ajudar a lavar a fruta e a mexer no final, e os pais fazem as partes mais desafiadoras.

Portanto o adulto deve ajudar de diferentes maneiras: mostrando os movimentos, realizando alguma etapa e, principalmente, esperando o tempo da criança. É comum fazermos pela criança, porque é muito mais rápido, mas essa decisão atrasa o desenvolvimento motor e, consequentemente, da autonomia.

Depois da criança aprender um movimento, ela inicia a exploração do ambiente, exploração de diferentes opções de jeitos para fazer a mesma tarefa. A criança explora seu corpo e o mundo pelo simples prazer e para testar possibilidades de interação, não havendo limite para a sua criatividade. É importante que o adulto não diga o "jeito certo" de brincar, pois essa exploração livre e criativa desenvolve habilidades motoras, cognitivas e emocionais. O responsável deve instigar a criança a tentar algo diferente, só interferindo quando houver realmente perigo. Por exemplo: subir no escorregador ao contrário é desafiador e divertido e é uma exploração possível desde que a criança tenha habilidade motora para tal e não esteja atrapalhando outras crianças.

Sobre a forma de cuidar

Ressaltamos aqui três fatores importantíssimos no desenvolvimento infantil, que afetam diretamente o comportamento e, consequentemente, seu aprendizado: o estado interno da criança, o ambiente e a atividade que ela vai fazer. Como na primeira infância, o ganho de autonomia está diretamente ligado às aquisições motoras, destacamos como podemos favorecer o processo de aprendizagem para o ganho da autonomia.

Prezar pelo cuidado da criança vai além das necessidades básicas. É necessário pensar na influência do estado emocional no processo de aprendizagem, focando sempre no desenvolvimento de um ambiente saudável, incentivador, que permite que a criança explore física e emocionalmente diversas possibilidades.

Para isso, a preparação do ambiente rico e acessível é primordial. Além disso, os cuidadores devem intencionalmente permitir essa exploração para os ganhos motores e tomadas de decisão. As tarefas ou atividades feitas pelas crianças nas diferentes fases são muito diferentes. Do mamar ao tomar banho sozinhas, são inúmeros os desafios enfrentados pelas crianças e cuidadores. São inúmeras as possibilidades de realizar a mesma tarefa, além da "convencional". Sendo assim, é preciso entender que a diversidade de possibilidades de realizar uma atividade é a forma mais rica de aprendizagem.

É preciso estar ciente de que o aprendizado envolve erros, bagunças e tempo, especialmente no início. Na exploração, a criança é impulsionada pela vontade de agir e decidir de forma independente. Após adquirir a locomoção firme (por volta dos 2 anos), a necessidade de independência se intensifica, aumentando o conflito com o cuidador. Quando o adulto não permite algumas escolhas simples pela criança, a autonomia vai demorar mais para ser desenvolvida.

Com o desenvolvimento das funções mentais e o aparecimento da linguagem (3 anos), tem início o planejamento das ações. As crianças gostam de explorar padrões diferentes, como andar de lado, andar para trás, que é importante para ampliar as experiências e melhorar o movimento. São muitas possibilidades e oportunidades de aprendizado para testar seus limites, sua habilidade motora, sua criatividade e sua coragem, construindo uma boa autoestima.

Apesar das diferentes idades e desafios, o que não muda são as melhores maneiras de ajudar o aprendizado e a conquista de autonomia. A criança precisa ter liberdade e oportunidade de explorar ambientes diferentes. Os desafios devem ser estimulados para que a criança atinja suas metas, se supere e, satisfeita com seu progresso, continue sua jornada de aprendizado. O cuidador tem uma atuação muito grande inicialmente, mas faz um afastamento gradual conforme houver o ganho da autonomia.

Um bom cuidado envolve a presença, com um trabalho que estimule fazer junto (e não fazer por ele) e, conforme for criando a habilidade, é preciso deixar a criança fazer sozinha, encorajando-a e incentivando a independência, mesmo quando a criança ainda está insegura, permitindo que ela crie e resolva o problema sem a intervenção do adulto.

Referências

ALEXANDER, J.J.; SANDAHL, I. D. *Crianças dinamarquesas: o que as pessoas mais felizes do mundo sabem sobre criar filhos confiantes e capazes*. Rio de Janeiro: Fontanar, 2017.

ANABY, D.; BRADLEY, L.; DIREZZE, B.; FORHAN, M.; DI GIACOMO, A. et al. The effect of the enviroment on participation of children and youth with disability: a scoping rewiew. *Disabil. Rehabil.* 2013 Sep;35(19):1589-98. DOI 10,3109/09638288.2012.748840.

SHUMWAY-COOK ,A.; WOOLLACOTT ,M. H. *Controle Motor: teoria e aplicações práticas*. cap 1-4. Barueri: Manole, 2003.

6

PORQUE A OBEDIÊNCIA NÃO É UMA BOA IDEIA

A conexão com os filhos é a chave para se construir uma relação de companheirismo e cumplicidade junto deles. Buscar essa aliança transforma o ambiente familiar, tornando-o capaz de influenciá-los em suas escolhas. Abrindo espaço para nosso próprio autoconhecimento, conseguimos ampliar nossa visão e nos aproximarmos dos filhos, criando oportunidades para o aprendizado e o desenvolvimento constantes.

BRENDA DE PINA CAMPOS MEDEIROS

Educadora parental certificada em Disciplina Positiva pela PDA Brasil–EUA; *coach* parental certificada pela *Parent Coaching* Brasil; membro da PDA – Associação de Disciplina Positiva Brasil–EUA; certificada em Comunicação Não Violenta pela CNVHUB.

Brenda de Pina Campos Medeiros

Contatos:
www.brendamedeiros.com.br
brendapcmedeiros@gmail.com
Instagram: @brendapcmedeiros
https://www.facebook.com/ten.brenda

A obediência ocupa um lugar de destaque no rol de atividades a serem realizadas com nossos filhos durante o processo de educação. A família, assim como a sociedade, espera que as crianças se comportem. Fazer com que elas permaneçam sentadas ou sem correr em locais públicos, seja para não atrapalharem as pessoas ou não sujar a roupa é um objetivo por parte dos pais, sendo também uma grande expectativa por parte das pessoas que estarão presentes nos mesmos ambientes onde existam crianças. Resumindo: todos esperam que elas se comportem como indivíduos plenamente desenvolvidos o que, se tratando de crianças, certamente não será possível em alguns momentos.

Atualmente, no entanto, a obediência tem uma conotação muito diferente do que tinha antigamente. Ao desejar que nossos filhos correspondam às nossas expectativas sobre como eles deveriam se comportar e/ou reagir a esta ou aquela situação, tiramos deles a capacidade de desenvolver a competência de decisão e escolha.

A educação infantil passou e continua passando por uma reviravolta muito grande nos últimos anos. Antigamente, a obediência era um troféu: almejado pelas famílias em relação aos seus filhos. Já hoje, podemos ousar discutir tal questão, colocando à prova essa crença e afirmando: não queiram criar filhos obedientes. Você concorda?

É possível nos conectar de tal forma com nossos filhos para que eles colaborarem conosco diariamente. Uma forma seria trocar o termo obediência por colaboração. Ao pensarmos em colaboração, buscamos uma forma de aumentarmos nossa conexão com nossos filhos. Então, para que obedecer se nossos filhos podem ser nossos melhores colaboradores? O relacionamento entre pais e filhos pode ser de respeito mútuo, em que as atitudes estejam alinhadas conforme a concordância de todos. E quanto mais conhecermos nossos filhos e as crianças que nos rodeiam, mais fácil será elaborarmos um passo a passo para conseguirmos sua colaboração e nossa criança seja respeitada, ouvida e entendida.

A cooperação precisa ser demonstrada no dia a dia com as crianças. Ela começa na relação do casal (pais ou cuidadores) e se estende para os filhos. A educação se perpetua por meio do exemplo dos cuidadores.

A obediência nos leva a um patamar acima dos nossos filhos. É uma relação em que não existe igualdade entre os envolvidos. Você é quem manda e quer que seus filhos obedeçam. O respeito pelo espaço do outro opinar, questionar e se desenvolver fica cada vez mais restrito. Quando desejamos o respeito dos nossos filhos, precisamos primeiramente demonstrar que os respeitamos.

Uma dinâmica muito fácil e simples de ser realizada de forma regular e respeitosa dentro das famílias são as reuniões familiares. Representam um momento de união, interação e conexão entre os membros familiares e abre portas para a melhoria da comunicação e do diálogo.

Um dos grandes problemas que possuímos atualmente é a falta de tempo, e acaba repercutindo nos diálogos escassos, rasos e cheios de sentimentos e emoções mal resolvidas em relação a nós mesmos e a cada uma das pessoas que compõem o núcleo familiar. A falta de comunicação eficiente dificulta a transmissão clara da mensagem que chega até as pessoas da família.

Nas reuniões em família, criamos um ambiente planejado, previsível e saudável. Serão momentos de interação, aumento da conexão entre todos e não uma oportunidade de "lavar a roupa suja". Precisamos que a empatia e o olhar amoroso estejam sobre o outro para que a conexão entre todos aconteça.

Quando iniciamos a prática das reuniões em família, todos os membros que a compõem têm a oportunidade de expor seus pensamentos e opiniões. No caso de crianças muito pequenas, mesmo que elas ainda não tenham maturidade para entender exatamente do que se trata e darem a sua opinião, é uma grande oportunidade para que comecem a se acostumar com a nova dinâmica da casa, observando como os membros da família interagem.

As regras da casa surgirão a partir da exposição de um problema que existe e da compreensão de todos sobre como é importante que ele seja resolvido. A forma como as pessoas podem se comportar e agir durante a situação também é levada em consideração, para que a elaboração das regras seja feita da melhor forma possível por meio de um consenso entre todos os membros da família.

Os desafios podem aparecer quando, por exemplo, surgir resistência por parte dos filhos em relação ao cumprimento das regras definidas após as reuniões e cada um quiser agir da forma como achar melhor para si.

Seguir regras pode ser difícil para algumas pessoas. Porém, quando discutidas e definidas entre todos os membros da mesma casa, incluindo as crianças, trazem um sentimento de importância, pertencimento e espaço para expressão da opinião de todos. Nesse contexto, as regras adquirem a motivação necessária para serem cumpridas.

No caso de crianças, precisamos ter expectativas condizentes com elas. O desejo de querermos ver nossos filhos se comportando deste ou daquele jeito, sanando vontades tanto particulares como da sociedade, podem, na maioria das vezes, ser muito distantes da realidade em boa parte das ocasiões que vivemos. É necessário, nesse contexto, um alinhamento de expectativas em relação ao que se pode esperar delas e como as situações são coordenadas e orientadas pelos pais e/ou cuidadores. Devemos levar em conta sua idade e conhecer seus comportamentos, para que possamos estar ao seu lado e podermos ajudá-las a se desenvolver e crescer da melhor forma possível, afastando de nossas convicções que as crianças se comportarão como adultos. Isso não seria racional ou ainda respeitoso para com o nível de habilidade social das crianças nas mais diferentes idades em que elas se encontram. Elas não conseguirão, em todos os momentos, atender às nossas expectativas, podendo gerar desconforto, tristeza, raiva e/ou frustração nos pais e outras pessoas. Estando ciente disso, você estará junto de seu filho, entendendo suas limitações, necessidades e, assim, proporcionando um bom desenvolvimento à medida que ele cresce.

Dar instruções claras e objetivas às crianças é imprescindível. Por vezes achamos que elas já possuem total entendimento sobre como tudo funciona, exatamente como nós.

Elas estão vivendo há pouco tempo neste mundo. Muito menos do que nós. Estão sendo apresentadas a todo tipo de situação, além de ter que perceber também seus estados emocionais (como raiva, tristeza) e seus estados físicos (como cansaço, sono, fome) e engrenar tudo isso perante as diversas situações que elas enfrentam durante o dia. Pode parecer simples ou normal para nós, porém não para as crianças. Tudo é novidade para elas. Então, por exemplo, antes da família sair para algum lugar, explique qual será o passo a passo a ser seguido, do começo ao fim do passeio, para que elas se familiarizem com a situação. Quando a criança tem uma rotina, quando ela sabe o que acontecerá, a ansiedade diminui e a colaboração por sua parte aumenta consideravelmente.

Os filhos fazem muitos julgamentos a nosso respeito. Sobre como pensamos em relação a eles e em relação a outras pessoas. Explicando-as de forma clara, paciente e detalhada, seu filho perceberá o mundo e as diversas situações que o cercam de forma mais ampla e atenta, podendo assim agir cada vez mais da maneira que você espera que ele aja.

Após esse processo, você pode se perguntar se o seu filho realmente se comportará. Devemos acreditar no potencial dele, no seu processo de aprendizagem e amadurecimento. A educação precisa atravessar essa ponte do ensinamento, passando pela aprendizagem e visando chegar à conquista. Para permanecermos nesse caminho, é necessário termos confiança, tanto em nossos filhos como no processo em si. E nesse ponto você se lembrará que eles podem não se comportar exatamente da forma anteriormente combinada em casa. Tudo isso é um processo, é novidade para eles. Lembre-se: você precisa demonstrar confiança no seu filho, no processo e praticar várias vezes para que ele possa se adequar e se acostumar com as dinâmicas e ocasiões das quais participa. Confiando em seu filho, você também aumenta a autoestima dele e a sua, pois você participa junto dele desse processo. Você também será capaz de conseguir guiá-lo, confie em você.

A palavra colaboração ainda pode carregar alguns pensamentos relacionados à sua posição como mãe. Mais especificamente em relação à hierarquia estabelecida entre você e seus filhos, pois, de fato, além de você saber mais do que eles em relação a vários assuntos, é a maior responsável pela educação deles.

Permita-se um momento de reflexão: a educação tradicional que tivemos em nossa infância baseia-se no medo, no uso da força e da violência para os pais conseguirem que os filhos façam o que eles querem. Hoje, sabemos que vários de nossos comportamentos inadequados advêm da forma como fomos criadas na infância. É exatamente nesse ponto que você pode fazer diferente para proporcionar a seus filhos uma infância de qualidade, com muita alegria e, acima de tudo, baseada no respeito mútuo e na colaboração entre os membros da família.

Ao tratarmos a colaboração em relação aos nossos filhos, lembramos que eles estão aprendendo a viver neste mundo. Nós somos seus guias, as pessoas que eles mais confiam: aquelas que estarão sempre ao lado deles, para ajudá-los no que for preciso. Então, se estamos apresentando o mundo para eles, a nossa visão de como é será muito importante para eles. Lembre-se sempre da resposta, pois ela te guiará em todos os momentos difíceis que você passar durante a educação dos seus filhos. Sempre teremos opções quando falamos de educação dos filhos.

Depois, vamos voltar um pouco no tempo. Como foi sua infância? Fácil ou difícil? Em qual aspecto? Você levou muitas broncas e/ou correções dos seus pais? Você foi respeitada em suas necessidades? Seu choro foi acolhido quando você sentiu medo do escuro ou quando fez xixi na cama? Nossas experiências de infância ficam gravadas em algum lugar dentro de nós e norteiam a condução da nossa própria educação em relação aos nossos filhos. Ou você vai passar a dureza com a qual foi criada ou vai se lembrar dela e não se sentirá bem ao fazer da mesma forma com seus filhos.

Outro ponto importante: qual o tipo de relacionamento você quer ter com seu filho? Um relacionamento de amizade, cumplicidade e companheirismo ou um relacionamento de hierarquia, medo e distanciamento? Acredito que você, a essa altura, esteja preocupada com a questão do respeito: como vou fazer para o meu filho me respeitar? Pensemos juntas: você precisa ter medo de alguém para respeitar essa pessoa ou pelo simples fato dela ser um ser humano ela não merece respeito? Você acha que seu filho não te respeitaria apenas pelo fato de que o respeitar sempre em qualquer situação que estejam? Você acredita que ele não vê a forma como você olha para ele, como se esforça para estar perto dele, atendendo as necessidades dele? Pois saiba que sim. Seu filho te vê exatamente da mesma forma que você olhava para ele quando era apenas um bebezinho indefeso. Porém, hoje ele está passando por muitas mudanças neurais, crescimento, definindo personalidade, autonomia, crenças. Ele precisa da sua paciência bem como da sua presença e condução para que possa passar da melhor forma por tudo isso e chegar até o final desse lindo caminho que é a vida de forma alegre, gerindo bem suas emoções e se relacionando bem com as pessoas.

Podemos assim citar 5 passos que você pode seguir para conseguir agir de uma melhor forma quando seu filho estiver em um estado de nervosismo e, consequentemente, de baixa cooperação em relação à situação em questão:

1. Explicar com antecedência o que acontecerá;
2. Dizer o que você espera que ele faça, de forma clara e objetiva;
3. Conduzir com leveza e tranquilidade a situação;
4. Ser capaz de promover alguma mudança nos passos a serem seguidos, pois às vezes no momento seu filho não conseguirá lidar com as emoções e a forma como as coisas estão acontecendo terá que ser revista e alterada;
5. Praticar e confiar no processo.

Seja por vergonha, pressão familiar ou da sociedade, ainda nos colocamos como alvo de críticas e opiniões das mais diversas quando o assunto é maternidade. A obediência ocupa um lugar importante nesse rol de opiniões externas, e precisamos aprender a lidar com elas, tendo o foco no que acreditamos ser o melhor para nossos filhos. A paciência, o amor e a capacidade de resolver problemas são habilidades que desejamos que nossos filhos tenham quando estiverem na fase adulta. Mas como eles alcançarão tal lugar se nossa educação for baseada no medo, no controle excessivo, na falta de voz e opinião deles em relação aos pais? Que possamos acreditar no amor que sempre demos aos nossos filhos, para que nos norteie em cada decisão que tomamos em relação à educação deles e, assim, consigamos criar pessoas de bem, equilibradas e que consigam ter um olhar mais compassivo e humano pelas pessoas que habitam no mundo.

Referências

NELSEN, J. *Disciplina Positiva*. 3. ed. Tradutor: RODRIGUES, B. P. Barueri: Manole, 2015.

SIEGEL, D. J.; BRYSON, T. P. *O cérebro que diz sim – como criar filhos corajosos, curiosos e resilientes*. São Paulo: Planeta, 2019.

7

A IMPORTÂNCIA DO AUTOCONHECIMENTO NA FORMAÇÃO DO OUTRO

O bom desenvolvimento da criança está no autoconhecimento de seus pais.

Olá, se você adquiriu este livro porque compreende a importância do conhecimento junto com a sua prática em educar e chegou até aqui já fico feliz. Neste capítulo, coloco em pauta um assunto necessário para você e para os seus filhos: a importância de olhar para dentro, cuidar das suas emoções e ser o melhor mestre ao ensiná-los sobre a arte de lidar com as próprias emoções. Aqui você terá um conhecimento sobre Inteligência Emocional e o quanto essa habilidade está além de qualquer outra. Compreenderá porque as emoções fazem parte do ser humano e o quanto as mesmas são experiências únicas para cada pessoa. Também tratei sobre o ser humano como ser biopsicossocial, pautando aspectos sobre a Epigenética. Não poderia deixar de considerar o desenvolvimento humano, sobretudo na infância, e o quanto o ambiente e a cultura são importantes nesse processo e o papel da memória diante disso. Indiquei algumas técnicas terapêuticas, que podem orientá-los nesse processo. Espero que seja tão útil o que aqui te escrevi quanto foi para o meu maternar. Com carinho desta profissional, ser humano, mas acima de tudo mãe: Bruna Barbist.

BRUNA BARBIST

Bruna Barbist

Psicóloga há 10 anos, casada e mãe há 4 anos, com experiência na área clínica e SUS, lidando com demandas de saúde mental infantil em diversos aspectos. Pós-graduada em Neurociências e Comportamento pela PUC-RS e pós-graduanda em Terapia Cognitivo-comportamental pela CBI of Miami. Com a maternidade, mergulhou no mundo infantil entre teorias e prática e descobriu que é aqui que mora o SEGREDO DA VIDA.

Contato
Instagram: @brunabarbistpsi
16 99725 4229

E de repente a vida nos põe à prova. Tão pequenino em seus braços e a insegurança em dar o seu primeiro banho aparece, os braços insistem em se manter firmes até que, ao colocá-lo no berço, você retoma a sua respiração em forma de suspiro e fala para si mesmo: "eu consigo".
Mal sabia você que os desafios só estavam começando e que os seus cuidados físicos com aquele ser humano em formação seriam tão simples perto dos seus desafios pessoais.
A mesma maternidade que nos tira risos, nos devasta com lágrimas, nos rouba palavras e é a que nos faz mergulhar em nós mesmos. Não é escolha, é lá para dentro que a gente vai parar: onde ninguém vê, ninguém tem acesso e é tão, mas tão escuro. Mas não tenha medo, os seus filhos são as melhores lanternas a guiá-los nesse caminho.
Aqui vamos compreender a importância de fazer essa viagem interior, tomar consciência de si e da sua vivência, curar os próprios traumas e o quanto somos reflexo de nossos antepassados e na criação dos nossos filhos.

> *Quando não assumem responsabilidade por suas questões pendentes, os pais perdem a oportunidade não só de se tornarem pais melhores, mas também de continuarem se desenvolvendo. Pessoas que permanecem sem saber as origens de seus comportamentos e respostas emocionais intensas não percebem suas questões irresolvidas e a ambivalência parental que criam.*
> (SIEGEL E HARTZELL, 2020, p.39)

Chamamos a isso de autoconhecimento, que com base na Psicologia é o conhecimento que o indivíduo tem de si e isso o guiará em sua jornada de vida. Quando como pais carecemos dessa autoconsciência, podemos cometer falhas irreparáveis na formação dos nossos filhos.
Se conhecer, se permite conhecer a sua história e aceitar o que não pode ser mudado.
Se conhecer, se permite mudar, o que for preciso.
Se conhecer, permite se acolher, se libertar de crenças limitantes, curar traumas e se amar, para assim libertar, respeitar e amar o outro.
O ser humano nasce com um aparato biológico que o possibilita crescer e se desenvolver ao longo da vida. Além dos fatores genéticos, os fatores ambientais são decisivos nesse processo de desenvolvimento (CRUZ et al ., 2013, p.60).
A primeira relação da criança com o mundo é em seu meio familiar. Ali é que a criança formará vínculo e terá o aprendizado necessário para viver em sociedade.
Porém, não podemos falar sobre autoconhecimento sem falar sobre inteligência emocional. Uma coisa complementa a outra.

Somos seres emocionais e são em nossas relações no decorrer da vida e nessas experiências que praticamos o que sentimos. Por isso é tão importante conhecer sobre como funcionamos emocionalmente e assim aprendermos a manejar as nossas emoções. O modo como eternizamos dentro de nós as nossas experiências, sejam boas ou ruins, depende disso.

São as emoções que nos orientam sempre que temos alguma necessidade. Por exemplo, uma criança, quando apresenta um episódio de birra, possivelmente está com sono, fome ou algum mal-estar. É pela emoção que ela se manifesta.

Crianças pequenas ainda não sabem exatamente o que suas emoções querem lhe dizer, elas sentem e agem com base naquela emoção. Por isso a raiva, a euforia e o impulso são comuns, mas com o seu crescimento e o seu desenvolvimento emocional, suas emoções ganham sentido e, diante disso, podem decifrá-las.

Hum, mas não é bem assim que acontece na vida de muitos adultos, não é mesmo? Todos nós conhecemos ou já tivemos experiências que nos fizeram agir com base exclusivamente no que estávamos sentindo. Isso pode ser extremamente prejudicial.

Possivelmente um adulto que não consegue decifrar o modo como se sente, qual a sua necessidade naquele momento, não obteve o autoconhecimento. E é justamente esse adulto que, muitas vezes sem saber, não consegue orientar os seus filhos a desenvolverem o autoconhecimento.

Quando a criança consegue lidar com as dificuldades que vão aparecendo em cada fase do seu desenvolvimento, acolhida e amparada por sensibilidade, afeto e compreensão dos pais, adquire segurança em seus próprios recursos psíquicos e emocionais. Passa a confiar nos vínculos que sustentarão a construção de sua estabilidade emocional, independência e autoestima[1].

Nos últimos anos, um grupo cada vez maior de psicólogos chegou a conclusões semelhantes, concordando com Gardner que os antigos conceitos de QI giram em torno de uma estreita faixa de aptidões linguísticas e matemáticas e que um bom desempenho em testes de QI é um fator de previsão mais direta de sucesso em sala de aula ou como professor, mas cada vez menos quando os caminhos da vida se afastam da academia. Esses psicólogos – entre eles Sternberg e Salovey – adotaram uma visão mais ampla de inteligência, tentando reinventá-la em termos do que é necessário para viver bem a vida. Essa linha de investigação retorna ao reconhecimento de como, exatamente, é crucial a inteligência "pessoal" ou emocional. Salovey, com seu colega John Mayer, propôs uma definição elaborada de inteligência emocional, expandindo essas aptidões em cinco domínios principais:

1. Conhecer as próprias emoções: (...) A incapacidade de observar nossos verdadeiros sentimentos nos deixa à mercê deles. As pessoas mais seguras acerca de seus próprios sentimentos são melhores pilotos de suas vidas, tendo uma consciência maior de como se sentem em relação a decisões pessoais, desde com quem se casar a que emprego aceitar (Inteligência Emocional, p.73).

2. Lidar com emoções: lidar com os sentimentos para que sejam apropriados é uma aptidão que se desenvolve na autoconsciência.

---

1 (FUNDAMENTOS DO DESENVOLVIMENTO INFANTIL: da gestação aos 3 anos, p.110)

3. Motivar-se: (...) O autocontrole emocional – saber adiar a satisfação e conter a impulsividade – está por trás de qualquer tipo de realização. E a capacidade de entrar em estado de "fluxo" possibilita excepcionais desempenhos. As pessoas que têm essa capacidade tendem a ser mais produtivas e eficazes em qualquer atividade que exerçam (IDEM, pp.73 e 74).

4. Desenvolver empatia: a empatia é alimentada pelo autoconhecimento; quanto mais conscientes estivermos acerca de nossas próprias emoções, mais facilmente poderemos entender o sentimento alheio. As emoções das pessoas raramente são postas em palavras; com mais frequência, são expressas sob outras formas. A chave para que possamos entender os sentimentos dos outros está em nossa capacidade de interpretar canais não verbais: o tom da voz, gestos, expressão facial e outros sinais (IDEM, p.133).

5. E, por fim, lidar com relacionamentos. Os três ou quatro primeiros anos de vida são um período em que o cérebro da criança cresce até cerca de dois terços de seu tamanho final e evolui em capacidade num ritmo que nunca mais voltará a ocorrer. É nesse período, mais do que na vida posterior, que os principais tipos de aprendizagem ocorrem mais facilmente – e a aprendizagem emocional é a mais importante. Nessa época, a tensão severa pode prejudicar os centros de aprendizagem do cérebro (e, portanto, o intelecto) (IDEM, p.241).

Ainda sobre emoções, é importante ressaltar que embora pareça ser uma linguagem universal, há influência cultural sobre ela. O sofrimento, por exemplo, pode ser sentido de modo diferente para cada pessoa e isso tem a ver com a experiência própria do contexto cultural que ela vive.

Para compreender melhor, trouxe um trecho sobre a definição de cultura segundo o site Wikipédia: "Cultura (do latim cultura) é um conceito de várias acepções, sendo a mais corrente, especialmente na antropologia, a definição genérica formulada por Edward B. Tylor segundo a qual cultura é 'todo aquele complexo que inclui o conhecimento, as crenças, a arte, a moral, a lei, os costumes e todos os outros hábitos e capacidades adquiridos pelo homem como membro de uma sociedade'".[2]

Há mais definições, mas essa se enquadra para o contexto apresentado aqui.

Bem, falamos sobre inteligência emocional e o que faz parte dela, as emoções. Compreendemos a sua importância para a sobrevivência do ser humano, bem como a importância de reconhecê-la e saber administrá-la, isso nada mais é do que possuir inteligência emocional, fator primordial para obter o autoconhecimento.

Outro aspecto que precisa ser compreendido é que o ser humano é biopsicossocial. Precisamos considerar três aspectos que formam o ser humano: a hereditariedade, o ambiente em que se desenvolve e a sua habilidade em se desenvolver diante desses estímulos. Por isso que cada experiência é única, bem como o desenvolver de cada um.

Além de suas características hereditárias, quando a criança não obtém um ambiente acolhedor, um provedor para as suas necessidades básicas, possivelmente será prejudicada em seu desenvolvimento biopsicossocial.

---

[2] WIKIPÉDIA. Cultura. 2021. Wikipédia. Disponível em: < https://pt.wikipedia.org/wiki/Cultura>. Acesso em: ????

Por exemplo, uma criança que sofreu algum tipo de abuso em sua infância poderá ter a sua empatia não desenvolvida. Uma criança que não é acolhida pode sentir-se rejeitada, também não aprenderá acolher o outro. A boa notícia é que a ciência tem mostrado por meio de diversas pesquisas que há plasticidade no cérebro, ou seja, ainda que em menor grau, há possibilidade da pessoa desenvolver habilidades socioemocionais.

São cada vez maiores evidências de que a plasticidade não é apenas uma característica geral do desenvolvimento que se aplica a todos os membros de uma espécie, mas que também há diferenças individuais na plasticidade de respostas aos eventos do ambiente. Parece que algumas crianças – especialmente aquelas de temperamento difícil, altamente reativas e portadoras de variantes de genes – podem ser afetadas mais profundamente pelas experiências da infância, sejam positivas ou negativas, do que outras (BELSKY & PLUESS, 2009). Essa nova pesquisa avançada aponta que características supostamente negativas – como temperamento difícil ou reativo – talvez sejam altamente adaptativas (positivas) quando o ambiente auxilia no desenvolvimento. Por exemplo, em um estudo recente, descobriram que crianças eram altamente reativas a eventos que o ambiente apresentava. Como era de se esperar, houve respostas negativas como agressão e problemas comportamentais quando comparados com fatores estressores como o conflito conjugal em suas famílias. Surpreendentemente, contudo, quando os níveis de adversidade da família eram baixos, crianças altamente reativas apresentavam perfis ainda mais adaptativos que as crianças de baixa reatividade. Essas crianças altamente reativas eram mais pró-sociais, mais participativas na escola e demonstravam níveis menores de externalização de sintomas (OBRADOVICET al., 2010) (PAPALIA, p.49).

> *A memória é a maneira com que o cérebro reage às experiências e cria novas conexões cerebrais. As conexões são feitas, principalmente, mediante as duas formas de memória: implícita e explícita. A memória implícita resulta na criação de determinados circuitos do cérebro que são responsáveis por gerar emoções, reações comportamentais, percepção e, provavelmente, a codificação de sensações físicas. A memória implícita é uma forma de memória não verbal que está presente desde o nascimento e continua ao longo da vida. Outro aspecto importante da memória implícita são os chamados modelos mentais, por meio dos quais a mente humana cria generalizações de experiências frequentes.*
> (SIEGEL e HARTZELL, 2020, p. 33)

Sendo assim, a criança que não reconhece as emoções por não ter tido a oportunidade de experienciá-las terá dificuldade em se relacionar no decorrer da vida. Se você se identificou em algum momento neste capítulo, vou te ajudar a compreender a importância de tomar consciência disso e buscar ajuda se for preciso.

Há várias teorias dentro da Psicologia sobre o desenvolvimento humano, cada qual com a sua ótica e colaboração para o estudo do ser humano, mas me baseei na Psicologia do Desenvolvimento até o momento, por ser específica sobre esse tema.

Porém, não podemos nos limitar à Psicologia, mas compreender que o estudo referente ao ser humano é constante e não isolado. Por isso, trago aqui um caminho recente que a Neurociência está traçando: o da Epigenética.

Epigenética é a ciência que estuda a hereditariedade. Na imagem a seguir, há uma explicação didática.

O PODER DA INFÂNCIA NA EPIGENÉTICA

Epgenética:
Modificações dos genomas, por meio de experiências vividas pelo indivíduo.

Isso acontece porque cada experiência que vivemos vai formando um mapa em nossos genes, mapa esse que chamamos de epigenomas e que são transmitidos de geração para geração.

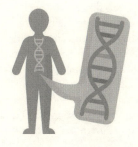

Essas informações trazidas podem influenciar vários aspectos do ser humano, por exemplo, o seu temperamento.

Quanto mais jovem, mais sensível o cérebro está às experiências, o que influencia em seus genes. Por isso a importância da criança ter conexão no ambiente em que vive.

Ainda que a pessoa tenha passado por experiências negativas, as quais possivelmente estão neste mapa, é possível alterá-las, por meio de experiências positivas e vice-versa.

> *Complicando mais as coisas, temos o desafio ainda maior de compreender como as experiências de vida de nossos pais e outros antepassados relativamente recentes também estão impactando nossos atuais e variados cenários genéticos. Saber o que essas mudanças significam para nós em particular irá nos ajudar a tomar melhores decisões a respeito de tudo[...]*
> (MOALEM e SHARON, 2016, p.239)

> *Os genes determinam muito como os neurônios se interligam, mas igualmente importante é que a experiência ativa os genes para influenciar esse processo de encadeamento. É infrutífero contrapor esses processos interdependentes em debates simplistas, como experiência versus biologia ou natureza versus ambiente e cultura. O fato é que a experiência molda a estrutura cerebral. Experiência é biologia. A maneira de tratarmos nossos filhos muda quem eles são e como se desenvolvem. O cérebro precisa do envolvimento parental. A natureza precisa da educação, do ambiente e da cultura.*
> (SIEGEL e HARTZELL, 2020, pp. 46 e 47)

Se você sentiu vontade ou necessidade de realizar o processo do autoconhecimento, mas não sabe como, indico a Terapia cognitivo-comportamental como meio de trabalhar crenças formadas por meio das experiências vividas. E sobre o conhecimento da sua história, há várias terapias como a Sistêmica ou a de Esquemas, ou até mesmo a teoria da Constelação Familiar. Portanto, seja da área que for, é extremamente importante procurar um profissional qualificado para te ajudar no processo de autoconhecimento, visto que é algo tão subjetivo, valioso e delicado.

Viu como somos seres incríveis? O quanto vamos além de nós mesmos? O quanto somos impactados e impactamos o outro pelos comportamentos? O quanto de história carregamos em nós?

Diante disso tudo, espero tê-lo ajudado e se perceber dentro desse universo ao qual pertencemos e compreender o quanto somos e estaremos presentes na vida dos nossos filhos.

Agora eu te deixo a seguinte reflexão:
Que tipo de presença você deseja ser em sua descendência?

Referências

CRUZ, A. L. O. da et al. Educação não formal: a família na formação do caráter. In: LEIBIG, Susan. (Org.). *Caráter se aprende na família e na escola*. São Paulo: All Print Editora, 2013.

CYPEL, S. (Org.). *Fundamentos do desenvolvimento infantil: da gestação aos 3 anos*. São Paulo: Fundação Maria Cecília Souto Vidigal, 2011.

GOLEMAN, D. Inteligência emocional. Tradução Marcos Santarrita. Rio de Janeiro: Objetiva, 2011.

HARVARD UNIVERSITY. O que é epigenética? 2021. Center on Developing Child. Disponível em: <https://developingchild.harvard.edu/translation/o-que-e-epigenetica/>. Acesso em: 12 jul. de 2021.

MOALEM, S. *Herança. Como os genes transformam nossas vidas e como a vida transforma nossos genes.* Tradutor: André Carvalho Rocco; Rio de Janeiro: 2016.

SIEGEL, D. J. E.; HARTZELL, M. *Parentalidade Consciente: como o Autoconhecimento nos ajuda a criar nossos filhos.* Tradução Thais Costa. São Paulo: nVersos Editora, 2020.

WIKIPÉDIA. Cultura. 2021. Wikipédia. Disponível em: <https://pt.wikipedia.org/wiki/Cultura>. Acesso em: 12 jul. de 2021.

8

DESENVOLVIMENTO EMOCIONAL E O PAPEL DOS PAIS

Imagine que seu filho é um pequeno barco, ainda sem norte, solto no oceano. Suas vontades, sentimentos e emoções são os ventos fortes que levam o barquinho de um lado para o outro. Um barco sem direção, sem um porto, vulnerável às tempestades da vida. Como conduzi-lo ao destino onde não serão mais carregados pelos ventos e furacões? Juntos, neste capítulo, vamos compreender como podemos contribuir para que as crianças de hoje desenvolvam ao longo da vida atitudes e relacionamentos saudáveis.

BRUNA OLIVEIRA

Bruna Oliveira

Mãe do Murilo e da Mariana. Educadora parental em disciplina positiva, certificada internacionalmente pela Positive Discipline Association (PDA-USA). Facilitadora do programa "Oficina das emoções" para crianças de 4 a 12 anos, pedagoga licenciada pela Faculdade de São Paulo e professora na rede pública do município de Guarulhos, SP. Seu lema hoje é disseminar o amor, o acolhimento e o respeito mútuo por meio da educação respeitosa.

Contatos
Instagram: @bruna.olirs
11 94989 0584

A infância é a fundação da casa que somos.
SILVA, M. J.

Os pais são peças determinantes no desenvolvimento emocional das crianças, são seus preparadores emocionais.

É a partir dos relacionamentos familiares que aprendemos a nos relacionar com o mundo e a lidar com as emoções que envolvem todos os seres humanos.

Precisamos entender com clareza qual o nosso papel enquanto pais no amadurecimento da inteligência emocional dos pequenos para que, quando adultos, não sejam levados de um lado para o outro pelas avalanches da vida.

Antes de nos aprofundarmos, realize o exercício a seguir.

Assinale quais as habilidades você deseja desenvolver nos seus filhos ao longo da vida.

( ) Autoconfiança
( ) Responsabilidade
( ) Respeito por si e pelos outros
( ) Honestidade
( ) Autocontrole
( ) Capacidade de desenvolver relacionamentos saudáveis
( ) Resiliência

Agora, assinale como você costuma reagir aos erros ou descontrole emocional das crianças nos momentos de conflito.

( ) Tenho paciência, consigo resolver amavelmente.
( ) Me irrito com facilidade e por vezes utilizo de punições, ameaças e chantagens.

Se você identificou que, na maioria das vezes, acaba perdendo a paciência com facilidade, não fique triste, você não está sozinho.

O que acontece é que nós geralmente sabemos para onde conduzir o barco, mas diante dos desafios do dia a dia nos perdemos no meio do caminho.

O que isso quer dizer?

Nós sabemos quais são as habilidades que queremos desenvolver, porém, cotidianamente, não sabemos como conduzir as crianças quando as dificuldades e os comportamentos desafiadores surgem.

Entendendo a inteligência emocional

A inteligência emocional é a capacidade do ser humano de gerenciar suas próprias emoções e compreender as emoções das outras pessoas cultivando atitudes e relacionamentos saudáveis.

De acordo com um estudo desenvolvido por um famoso site de emprego dos Estados Unidos, o *CareerBuilder*, 58% do nosso desempenho profissional está relacionado à inteligência emocional que desenvolvemos.

A vida é cheia de desafios. Alguns desses desafios gostaríamos de ter o poder de não vivenciarmos, mas, como adultos, sabemos que percalços fazem parte da trajetória de todos os seres humanos e, em momentos desafiadores, precisamos aprender a agir com sabedoria.

Segundo Daniel Goleman (2012), em seu livro *Inteligência Emocional*, é possível iniciar o processo de alfabetização emocional já na tenra idade, pois os frutos desse exercício são colhidos a longo prazo.

Pais são preparadores emocionais e, se ignorarmos a importância de educar emocionalmente as crianças de hoje, continuaremos a criar adultos incapazes de gerenciar o próprio sentir e desenvolver relacionamentos saudáveis.

Saiba aonde quer chegar e quais habilidades quer desenvolver

Criar filhos sem ter a consciência de quais habilidades deseja desenvolver é como pegar um navio e se jogar no mar sem destino. Se você não sabe para onde vai, certamente não chegará a lugar algum.

Inclua no exercício que completou no início do capítulo todas as habilidades que você deseja que seus filhos desenvolvam ao longo da vida, pois entendendo quais são essas habilidades certamente será mais fácil ter atitudes intencionais e certeiras nos momentos de disciplina.

Dedique tempo para o exercício de autoconhecimento

Escolha se dedicar ao exercício de autoconhecimento para que em momentos de estresse você consiga identificar quais são os gatilhos emocionais que te impulsionam ao descontrole e a atitudes impulsivas.

> Os gatilhos emocionais são a resposta mental que temos diante de uma situação ou estímulo que remete a memória de alguma experiência que vivenciamos no passado.

Por exemplo, seu filho chora intensamente todas as vezes que você diz não a alguma de suas vontades e, só de pensar na próxima explosão emocional ao dizer não para ele, você já sente seu coração acelerar, pois as emoções advindas daquela situação ficaram gravadas em seu subconsciente lhe impedindo de tomar atitudes certeiras.

Realizar o exercício de autoconhecimento lhe permitirá refletir quando esses gatilhos baterem à porta, te ajudando a pensar em como agir conscientemente em vez de simplesmente reagir impulsivamente.

Seja detetive do mau comportamento

Antes de pensar em reagir nos momentos desafiadores, busque encontrar a raiz daquele comportamento.

Muitas vezes ficamos irritados com as crianças sem refletirmos que boa parte das atitudes que consideramos desrespeitosas são, na verdade, condutas próprias da idade.

Um bebê chora porque ainda desconhece outra linguagem para exprimir suas necessidades e desejos.

Crianças de 2 e 3 anos fazem birra pois ainda não aprenderam maneiras mais eficazes de comunicação. Elas ainda não dominam a capacidade de utilizar as palavras para expressarem seus sentimentos e vontades, por esse motivo as explosões emocionais são mais frequentes nesta idade.

Quando a criança começa a interrogar a família constantemente (a famosa fase dos porquês) e tenta impor suas vontades se negando a cumprir regras e combinados, ela está praticando a sua capacidade de argumentar e conseguir o que deseja por intermédio das palavras e do seu imaturo raciocínio lógico.

Entender que a maioria dos comportamentos inadequados fazem parte do amadurecimento cerebral da criança é importante, pois te moverá a refletir sobre qual será a melhor maneira de agir quando os conflitos surgirem.

Porém, mesmo conscientes de que boa parte dos comportamentos desafiadores das crianças são resultado de um cérebro imaturo, a correção se faz necessária e deve acontecer. Aprender a resgatá-los de suas inundações emocionais é importante e é também o primeiro passo.

A seguir, trago estratégias que podem te ajudar a acalmar as tempestades emocionais das crianças e ser certeiro ao redirecionar o mau comportamento.

Aprenda a manter a calma

O estresse afeta a maneira que lidamos com os problemas diminuindo a capacidade de autorregulação e gerenciamento das emoções.

Quando nos descontrolamos, deixamos de desenvolver essas habilidades em nossos filhos, e os pais precisam aprender a gerir suas emoções para que possam ser bons exemplos no exercício da autorregulação.

Em momentos desafiadores faça uma pausa, respire e saia de cena se possível, pois são nos primeiros trinta segundos de estresse que reagimos pelo nosso eu irracional e impulsivo. E se, como pais, não sabemos dirigir nossas ações diante dos conflitos, como ensinaremos os nossos filhos a serem gestores das próprias emoções?

Quando a criança estiver em descontrole, seja você a calmaria. Lembre-se: não há como acalmar o mar trazendo mais ventos e nuvens negras carregadas de tempestade.

Converse sobre os sentimentos e emoções

As emoções fazem parte de todos os seres humanos, e precisamos ensinar as crianças de que todo sentir é real e válido.

Temos a falsa visão de que sentimentos como a raiva e tristeza são emoções ruins e inapropriadas, porém é preciso ensinar aos pequenos que todas as emoções, até mesmo as mais desagradáveis, são importantes.

Ajude a criança a escutar suas próprias emoções e a olhar além da superfície da raiva, do medo ou da tristeza. Ensine que todo sentir é permitido, mas que diante deles nem todo comportamento é aceitável e precisamos aprender a agir de maneira racional.

Valide os sentimentos, tenha empatia, se conecte

Se você cresceu ouvindo frases como: "engole o choro!", "você não tem motivos para chorar!", provavelmente, hoje, você tenha dificuldade de acolher e se conectar com a sua criança em situações de descontrole emocional.

Muitas pessoas acreditam que validar os sentimentos de uma criança a tornará mimada e sem limites, porém o que torna uma criança mimada não é o amor e o acolhimento em momentos de conflito e sim ceder a todas as suas vontades.

Ter empatia pelo sentir é comunicar à criança que você a ama, mas não pode ceder aos seus desejos a todo momento. É dizer: eu me importo com você, não gosto de vê-lo triste, eu estou aqui para acolher o seu sentir e lhe oferecer os limites que são necessários.

Quando uma criança está em descontrole emocional ou em luta de poder e validamos seus sentimentos demonstrando empatia, ajudamos a desenvolver a habilidade de autorregulação e autocontrole, além também de ensinar a bela arte de solidarizar-se com o sentir de outras pessoas.

Validar sentimentos é, sobretudo, um exercício de empatia. Ao validar os sentimentos, geramos conexão e colaboração, passando do estado reativo para o estado receptivo. Me sinto ouvido, amado e respeitado, por isso colaboro.

Guarde no coração: as crianças agem melhor quando se sentem acolhidas, aceitas e respeitadas.

Ressignifique os erros

Mesmo que você tenha aprendido ao longo da sua vida que ao castigar e punir você está ensinando a criança a maneira certa de agir, saiba que esta é uma inverdade.

Punir uma criança quando ela comete um erro é fazê-la sofrer por ter um cérebro ainda imaturo que necessita de direcionamento para se desenvolver. Não faz sentido, não é mesmo?

Imagine a seguinte situação: você chega ao seu novo emprego e lá se depara com um sistema de trabalho nunca visto antes.

Logo na primeira semana comete um erro e alguns arquivos somem do computador.

Seu chefe aparece nervoso e, em vez de investir tempo para ensiná-lo, para que o problema não aconteça novamente, ele diz que cada erro cometido a partir daquele momento será descontado do seu salário.

Injusta esta conduta, não é mesmo? Porém é exatamente isso que fazemos com as crianças quando punimos ou nos descontrolamos diante de seus erros. Tiramos delas a oportunidade de aprender como agir melhor e a desenvolver as habilidades emocionais necessárias.

Exercite a capacidade de olhar para os erros como mais uma oportunidade de aprendizagem, valide os sentimentos e ensine a criança que quando erramos temos o poder de refletirmos e pensarmos em soluções reparadoras aos erros.

E se eu me perder no meio do caminho?

Pais não são seres perfeitos: às vezes saímos da rota e agimos como não gostaríamos. Por vezes somos rudes e perdemos a paciência.

Tenha calma, não se culpe. Por mais que você estude e se esforce para ser um bom exemplo aos filhos, não se iluda, continuará cometendo erros.

> Não busque a perfeição, mas a aceitação e o equilíbrio. Não esqueça, no entanto, de que equilíbrio é um eterno balançar, como um ciclista em sua bicicleta. Pende um pouco para o lado. Observa. Corrige o rumo, volta para o centro e segue.
> (SANTOS, 2020, p. 57)

Como pais conscientes, precisamos estar atentos aos gatilhos que nos tiram do eixo, mas saiba que por meio dos erros que cometemos também ensinamos lições valiosas.

Ensinamos a eles que todos somos humanos imperfeitos e, por mais conhecimento que conquistemos ao longo da vida, sempre há lições a aprender.

Não esconda a sua humanidade e aproveite essas oportunidades para ensinar à criança a habilidade de responsabilizar-se pelos próprios erros, compreendendo que as falhas são ótimas oportunidades de aprendizagem e crescimento pessoal.

Palavras finais

Se você leu até aqui, já entendeu que diante das tempestades da vida o seu papel não é controlar os ventos e sim ajudar o barco a encontrar seu norte e chegar ao destino. O que isso significa?

Significa que o seu papel não é controlar as emoções das crianças para que as tempestades não aconteçam, você não tem este poder.

O seu papel é ser o porto seguro no qual elas aportam quando as angústias, raivas, decepções e dúvidas aparecem.

Sempre que seu filho estiver em explosão emocional, antes de reagir, lembre-se de ter empatia por este sentir e tente entender a mensagem por trás daquele comportamento, pois pessoas emocionalmente saudáveis tomam boas decisões e se responsabilizam por seus erros.

Certifique-se de que, com as suas palavras, a mensagem de amor estará sendo transmitida. Na dúvida, se pergunte: como gostaria que agissem comigo nesta situação? O que o amor faria?

Referências

CURY, A. *Inteligência socioemocional*. Rio de Janeiro: Sextante, 2019.

FONSECA, R. *Gatilhos emocionais: entenda o que são e como superá-los*. 2020. SBIE. Disponível em: <https://www.sbie.com.br/blog/gatilhos-emocionais/>. Acesso em: 08 set. de 2021.

GOLEMAN, D. *Inteligência emocional: a teoria revolucionária que redefine o que é ser inteligente.* Tradução: SANTARRITA, Marcos. 2. ed. Rio de Janeiro: Objetiva, 2012.

SANTOS, E. *Por que gritamos*. 2. ed. São Paulo: Paz e terra, 2020.

SIEGEL, D. *Disciplina sem drama.* Tradução: ZANON, C. São Paulo: Nversos, 2016.

UNIVIÇOSA. *Sabia que 58% do desempenho profissional está relacionado à inteligência emocional?* 2020. Univiçosa. Disponível em: < https://www.univicosa.com.br/uninoticias/noticias/sabia-que-58do-desempenho-profiional-esta-relacionado-a-inteligencia-emocional>. Acesso em: 08 set. de 2021.

9

PARENTALIDADE, AMOR E OS DIREITOS DAS CRIANÇAS

Em algum momento da sua vida, você já deve ter se sentido pressionado a agir de determinada forma com sua criança, a exemplo de outra pessoa, ainda que você não tenha tido a oportunidade de refletir sobre isso. O texto traz reflexões sobre o amor e a parentalidade consciente, buscando o autoconhecimento e empoderamento parental.

CARLA DANYELE M. GUIMARÃES

Carla Danyele M. Guimarães

Pedagoga, pós-graduanda em Educação Infantil Montessori e especialista em Metodologias Ativas pelo Instituto Federal do Rio Grande do Sul. Professora na Educação Infantil, Coordenadora pedagógica da Educação Infantil e Ensino Fundamental – Anos Iniciais. Assessora pedagógica em alfabetização, gestão e organização. Mãe realizada sempre em busca de formação, informação e valorização da infância e dos direitos da criança.

Contatos
cdmguimaraes@gmail.com
LinkedIn: https://bit.ly/3nC5ZNL
Instagram: @prof.carlaguimaraes
31 99375 9897

Quando me descobri mãe, uma tempestade de novos sentimentos uniram-se a outra tempestade de protocolos e expectativas de como criar e educar meus filhos. Eu não sei ao certo quando – e como – surgiram tantos meios mais corretos do que outros para se colocar um filho no mundo. Para viver com eles aqui, do lado de fora, há uma série de revolucionários métodos que convergem com tudo o que aprendemos com nossas mães, avós e bisavós.

Toda a nossa ancestralidade nos guia a um caminho e, ao nos descobrirmos pais, todo esse caminho se direciona a bifurcações, curvas, declives. Há uma sobrecarga de informações por todos os cantos: redes sociais nos mostram o modelo familiar ideal e jornais noticiam extremos que nos questionam a razão de darmos vida a um novo ser humano e cada familiar, amigo ou conhecido traz sua própria experiência e ideal. Há uma sobrecarga de informações que, ao contrário do que é de se esperar, não nos orienta: deixa-nos perdidos.

Em algum momento da história, as crianças deixaram de ser participantes na receita familiar e tornaram-se seres estranhos aos seus genitores, dependentes de forma social e emocional. A infância é uma perturbação aos adultos apressados que, constantemente, dedicam-se a empregos cada vez mais exigentes. Terceirizou-se a educação, o ensino, o desenvolvimento de valores familiares e humanos.

Não há espaço para crianças em apartamentos de quarenta e oito metros quadrados, com dois quartos e um banheiro. Quando, por ventura, chegam, a toda uma reorganização para que elas ocupem o menor espaço e deem o menor trabalho possível. Elas não. Ela. Uma criança apenas. Com espaço delimitado, fechado ou preso a um objeto 'infantil'. A criança de espírito desbravador não pode tocar em nada do que a cerca sob o risco de receber tapinhas na mão para correção. Onde já se viu criança ter voz e direito de descobrir o espaço onde mora?

As ruas não comportam todo o barulho de uma infância saudável e ativa: há mais carros do que gente onde quer que a gente vá. Veículos cada vez mais silenciosos, automatizados e modernos que andam cada vez mais rápidos. As calçadas comportam meia dúzia de transeuntes apressados e uns três ou quatro distraídos levando seu *pet* para passear. Não há lugar para triciclos, bicicletas ou pés pequenos de passos velozes por lá.

Nesse contexto, surgem os tutoriais para a criança – ainda tão pequena – dormir sozinha em seu berço, não ganhar colo para não ficar mimada e cheia de vontades, não poder ou não ter o direito de escolher ou de se posicionar. Roubam o único espaço que restou ao pequeno ser humano: o espaço do amor e afeto.

Quando li o que Daniel Siegel e Mary Hartzell trazem obre apego, entendi que as vontades de um ser pequeno existem e seus sentimentos devem ser ouvidos e levados em consideração para que seja estabelecida uma relação de confiança e proximidade. Eles dizem que o apego seguro é associado a resultados de desenvolvimento positivos para crianças em muitas áreas, incluindo a social, emocional e a cognitiva.

Entendi que o choro repetido do meu filho caçula camufla uma fusão de sentimentos que estão em conflito dentro de si. O acolhimento a essa criança que sente, mas ainda não sabe falar, transmite segurança e conforto.

Sei o quanto pode ser difícil essa convivência. Afinal, criamos muitas expectativas acerca da parentalidade e, até nos cair a ficha de que estamos lidando com um ser humano distinto, dotado de individualidade e que não está nem aí para nossa idealização, podemos tratá-lo como um ser estrambótico a nós.

Montessori fala que a criança não é um estranho que o adulto possa considerar exteriormente. A infância, para ela, constitui o elemento mais importante da vida adulta: o elemento construtor.

Aquilo que recebemos na infância marca a criança e molda o adulto que se formará. A bondade ou maldade humana em sua fase adulta está ligada à infância que teve. Pensemos então numa infância restrita de amor e pobre de afeto: qual adulto teremos em alguns anos e como este formará novas crianças?

Com o avanço tecnológico e a dissipação veloz de informações, as redes produziram ídolos e pessoas que ganham para influenciar outras pessoas. O distanciamento da vivência real/possível é equivalente à aproximação do perfeito/influenciável e ideal. Os valores familiares são, na maioria das vezes, ditados pela mídia e consumo, em efeito manada. Famílias influenciadas consomem aquele produto ou serviço para que haja transformações em suas casas, ainda que as estruturas, ambientes e vivências sejam completamente distintas.

Mas o importante é aparentar que tudo está dentro do que o consumo considera ideal e ser considerado, então, um bom pai ou uma boa mãe. Consumir para aplacar a ausência diária de horas no trabalho, no celular e em tarefas diversas. Quanto mais atividades a criança fizer, quantas mais habilidades ela tiver, mais admirada será. Um segundo idioma, aulas de esportes diversos, reforço escolar para ser o primeiro da classe.

Inúmeras vezes eu já me peguei nesse dilema sobre estar ou não na hora dos meus filhos terem alguma tarefa para compor o seu dia. De fato, muitas habilidades podem ser desenvolvidas em diversas atividades extracurriculares disponíveis. Mas pergunto-me sempre com qual régua estou medindo meus rebentos, a quem os estou comparando e o que quero alimentar com isso: desejo mesmo que essa atividade seja para eles, ou desejo alimentar meu ego com as conquistas deles?

Léo Fraiman afirma que o narcisismo gera desamor. Ele conta que, nos dias atuais, com mais possibilidades de crédito e disponibilidade de dinheiro, há a intenção de prover aos filhos o que os pais não tiveram na infância. Um ato narcisista que não proporciona o contato e lida com sentimentos conflitantes como tristeza, rancor e frustração.

A superproteção é o anseio dessas famílias que, em um ato de consumo de imagem perfeita, baseado naquilo que viu na mídia, impede a criança de crescer com autonomia, autocontrole e cidadania. É uma das ações que desqualifica o amor. Amar é cuidar, zelar, apoiar. Superproteger vai na contramão de cuidar, não abandonar, dar afeto, acolher.

Quando há superproteção em casa, há crianças com personalidade moldadas em algo que não existe: a perfeição. A chateação, frustração, espera, decepção, angústia e tristeza fazem parte da vida e moldam pessoas capazes de serem resilientes e fortes frente às intempéries da vida. O acolhimento presente no afeto tem o poder transformador de inspirar e guiar pequenos humanos no caminho para a vida adulta.

A missão parental não é de construir a criança, mas de ser seu guardião, segundo Montessori. Sermos pais, a meu ver, é uma das missões mais bonitas e mais difíceis da vida. Segurar o ímpeto de superproteger para prover frente à verdade, permitir que a criança viva em sua amplitude e seja guiada frente às necessidades humanas e infantis.

Quando minha primeira filha nasceu, me vi responsável por um ser pequeno, imaturo e totalmente dependente. O senso de proteção ficou aguçado e, unindo-se à necessidade de me mostrar e demonstrar controle, me senti obrigada a construir um ser desenvolvido em todas as áreas possíveis e imagináveis. O meu amor, tão primitivo e puro, transformou-se numa objetificação da maternidade ideal.

A purificação desse amor natural não pode ser contaminada pelo egoísmo de pensar-se ser o detentor da verdade ou pela inércia de não se fazer algo diferente para mudar a sua realidade, visto que as crianças de hoje se comportam de forma distinta às crianças de alguns anos atrás, há ainda a cultura de "ter sido criado assim e não morri". A medida dessa equação nos parece quase impossível de ser encontrada. A gente se perde nesse caminho de ser humano e estar passivo a erros, de buscar a maternidade ideal, alinhada e perfeita. Conhecer-se é por tantas vezes doloroso e se reflete na convivência com nossas crianças. Há, então, a necessidade de equilibrar nossas ações e práticas entre a firmeza e a gentileza, deixando que fatores de consumo externos não influenciem em suas subjetividades familiares e parentais, o que é, sem dúvida, um grande desafio.

A abordagem positiva tratada por Jane Nelsen como Disciplina Positiva propõe um equilíbrio para a interação adulto-criança e nos convida a compreender que a cooperação baseada em respeito mútuo e responsabilidade compartilhada é mais eficiente que o controle autoritário.

Rigidez	– Ordem sem liberdade; – Sem escolhas; – Você faz isso porque eu mando;	Crianças não são envolvidas no processo de decisão.
Permissividade	– Liberdade sem ordem; – Escolhas ilimitadas; – "Você pode fazer o que quiser";	Não existem regras.

Disciplina Positiva	– Liberdade com ordem; – Escolhas limitadas; – Você pode escolher dentro dos limites que demonstrem respeito por todos.	Equilíbrio entre firmeza e gentileza.

Tabela 1. Fonte: NELSEN, J. *Disciplina Positiva*, 3. ed., pág.5

Note que, nos aspectos da educação em uma abordagem positiva, é necessário abrir mão do ego de ser um adulto detentor de toda a sabedoria, mentor das regras e ser absolutamente correto e alinhado. Somos então convidados a sair dessa posição fechada e a assumir o diálogo, a confiança, a nos reconectar com nossa criança e, porque não, com nós mesmos.

Os apegos são seguros quando as crianças estabelecem uma comunicação consistente e emocionalmente sintonizada com os pais ou o cuidador primário, segundo Daniel Siegel e Mary Hartzell. A segurança do apego fortalece-se no bem cuidar, possibilitando o sentimento de calma e segurança. Nada mais é, portanto, do que uma forma da criança sentir-se segura ao buscar abrigo junto aos pais num momento de aflição e que o relacionamento seja enraizado como um modelo de porto seguro.

Quando seu filho comete um erro e te olha, ele corre de você ou corre até você? Já me peguei pensando nisso por muitas vezes e, apesar do primeiro pensamento ser aquele que disciplina e pune os erros cometidos, tenho aprendido sobre acolher, ouvir e orientar com amor, carinho e apego. Apegar-se não é negativo. Sentir-se apaixonado(a) ao olhar sua criança não é negativo. Pelo contrário! A sensação de pertencimento é tão fundamental quanto a certeza de ser amado.

O fato é que não há receita para se criar e cuidar dos filhos para um mundo que ainda não conhecemos. Mas se tivermos a oportunidade de nos conectar, validando todo precioso momento e sentimento vivenciado, faremos parte de um time que teve sucesso na vida: o time consciente, que permitiu que sua criança o ensinasse, quando achava que, na verdade, a estava ensinando.

Referências

FRAIMAN, L. *A síndrome do imperador: pais empoderados educam melhor*. São Paulo: Autêntica, 2019.

MONTESSORI, M. *O segredo da infância*. São Paulo: Kírion, 2019.

NELSEN, J. *Disciplina Positiva*, 3. ed. São Paulo: Manole, 2014.

SIEGEL, D. J.; HARTZELL, M. *Parentalidade consciente: como o autoconhecimento nos ajuda a criar nossos filhos*. São Paulo: Nversos, 2020.

10

BRINCAR É O MELHOR REMÉDIO

Brincar é natural da infância, mas damos pouca atenção às brincadeiras. Já ouviu falar da importância da brincadeira para a saúde mental? Brincar é uma forma de lidar com as experiências e as emoções. Estimula a criatividade e dá melhores condições para a vida. Meu desejo é que a leitura deste texto amplie o seu conhecimento sobre o brincar, desperte boas lembranças da infância e ajude as famílias a brincarem e rirem mais.

CAROL PRIMO

Carol Primo

Psicóloga (CRP 06/81842) há mais de quinze anos, período no qual sempre dedicou-se à Psicologia Clínica e à Psicanálise. Foi professora e supervisora clínica em curso de Psicologia e partiu para novos projetos no aprimoramento profissional de psicólogas para ter mais tempo para se dedicar aos filhos. Mestre em Psicologia da Saúde (UMESP), Especialista em Psicoterapia Psicanalítica (USP) e em Moderna Educação (PUC-RS). Também é membro do Núcleo de Psicoterapias da Subsede Grande ABC do Conselho Regional de Psicologia de São Paulo. Nos últimos anos, se dedicou à divulgação de temas que envolvem o desenvolvimento infantil, as relações familiares e o brincar por meio de cursos, grupos de estudo, palestras e nas redes sociais.

Contatos
www.carolprimo.com.br
fale@carolprimo.com.br
Instagram: @carolprimopsi
11983464166

Brincar é gostoso. Muitas vezes em aulas e palestras sobre a infância pergunto para as pessoas a primeira coisa que vem à mente quando pensam neste período da vida. As primeiras falas sempre são sobre coisas prazerosas.

Claro que em algum momento também são lembrados momentos ruins. Mas tendemos a pensar na infância como um período bom da vida. Uma parte significativa dessas boas lembranças são as brincadeiras.

Por outro lado, as palavras "criança" e "infantil" são comumente usadas de forma pejorativa. Quando queremos criticar alguém, dizemos que a pessoa está sendo infantil ou algo do gênero. Igualmente, quando queremos dizer que algo não é sério ou não é verdadeiro, falamos que se trata de uma brincadeira.

Se nós soubéssemos o quanto a brincadeira é importante no desenvolvimento humano, provavelmente daríamos mais valor para o brincar e para as crianças. O ato lúdico livre e espontâneo tem em si mesmo muitas qualidades. Se soubéssemos disso, deixaríamos as crianças mais livres para brincar.

Convido você para uma breve jornada na qual observaremos algumas características do brincar e sua importância para o desenvolvimento e para a saúde mental.

Características do brincar

Como mencionamos, brincar é uma atividade prazerosa. Quando a brincadeira deixa de ser gostosa, a criança muda de brincadeira. Quando fica tensa ou carregada de angústia, a ponto de não ser possível suportar o desprazer, a criança para de brincar.

Uma das coisas mais gostosas são as experiências corporais da brincadeira. Sentar, levantar, deitar-se, correr, mexer as mãos, a cabeça, as pernas e os pés. Pular, correr, andar, equilibrar-se. Sentir sabores, cheiros, texturas. Manipular diferentes objetos dos mais variados tipos. São experiências prazerosas que estimulam o desenvolvimento corporal, treinam habilidades e proporcionam a percepção do próprio corpo.

Ao conhecer o seu corpo, a criança se conhece, percebe que ocupa um espaço. Percebe que suas ações têm efeitos no ambiente e nas pessoas. Testa seus limites. Mesmo quando a ação se torna desprazerosa, como acontece com os machucados, isso proporciona uma aprendizagem sobre quem ela é. Brincar faz parte da construção da autopercepção e da identidade.

Os machucados e insucessos, as falhas e limites que a realidade impõe são fundamentais para que a criança desenvolva meios para lidar com as frustrações. Não se trata de adultos agindo de forma rígida e repressora contra a criança para frustrá-la de propósito, mas de situações cotidianas que frustram porque não correspondem ao desejo da criança.

Por exemplo, tentar empilhar cubos e não conseguir para depois tentar empilhá-los novamente é um exercício de lidar com esses limites e frustrações. Também é uma forma de conhecer o mundo. Crianças são pequenas cientistas que testam as leis da física repetidas vezes.

Pode parecer óbvio para nós que os objetos caem quando os soltamos. Esquecemos que quando nascemos não sabíamos que as coisas caem. O que fizemos então? Soltamos e jogamos diferentes objetos inúmeras vezes para nos certificarmos que eles sempre caem.

Mas lidar com a realidade, com os limites e frustrações não para por aí. Quando as crianças brincam ou jogam em grupo, precisam aprender a negociar, ganhar e perder. Precisam aprender a tentar de novo e a se adaptarem sendo flexíveis. Essas são habilidades que usamos cotidianamente por toda vida.

Falamos sobre experimentar o próprio corpo e o espaço físico, falta falar sobre o tempo. A criança testa o tempo, a rapidez e a lentidão. Mesmo as interrupções que os adultos fazem porque é hora de comer, dormir ou tomar banho, são formas de lidar com o tempo. Com tudo isso, a criança aprende a se orientar no tempo e no espaço.

Espero que até este ponto esteja claro o quanto uma criança aprende ao brincar. A pedagogia usa diversos métodos que se baseiam nos meios lúdicos, inclusive. Porém gostaria de chamar a atenção para a aprendizagem que a brincadeira proporciona naturalmente, sem interferência de adultos.

Além dos aspectos cognitivos, existem as características emocionais e sociais. Tudo acontece de forma concomitante e aspectos cognitivos, sociais e emocionais não podem ser totalmente separados. Mas usaremos esses recortes como se fossem fotografias que mostram partes de um mesmo panorama que pode ser visto quando as imagens são reunidas em um todo harmônico.

Ao brincar, a criança lida com seus sentimentos e memórias. Repete aquilo que viveu, seja de forma direta ou indireta. Lida com desejos e medos, tanto com os que consegue falar como com aqueles que não consegue sequer nomear.

Nesse sentido, brincar é uma forma natural da criança elaborar suas vivências, quer sejam boas ou ruins. Isso acontece de uma forma linda, pois, ao brincar, a criança atribui aos objetos aquilo que está dentro dela. Por isso as brincadeiras são tão vivas já que carregam em si os sentimentos da criança.

Já bem pequenas as crianças são capazes de atribuir significado simbólico aos objetos. Símbolos são elementos que representam algo que não está presente. É o caso do objeto transicional. Geralmente um objeto macio como um animal de pelúcia ou coberta que a criança escolhe de forma inconsciente e que representa a mãe ou quem cuida dela.

A criança atribui aos brinquedos muitos significados como forma de lidar com seus próprios pensamentos e sentimentos. Não sendo ainda capaz de falar tão bem sobre coisas abstratas, a criança brinca usando a fantasia como um meio de lidar com aquilo que não pode colocar em palavras. A brincadeira é o momento em que ela pode lidar com o "meio do caminho" entre a realidade ao seu entorno e sua fantasia.

Nesse sentido, a brincadeira é parecida com o sonho, pois está no espaço entre fantasias, memórias e sentimentos (mundo interno) e realidade objetiva (mundo externo). Conforme brinca, a criança vai colocando suas fantasias nos objetos por meio de sua capacidade de simbolizar. Assim, o mundo interno interfere no mundo externo e vice-versa.

O sonho do adulto que se repete por várias noites costuma ser aquele que contém elementos simbólicos que o sonhador precisa elaborar. Com a brincadeira, acontece o mesmo. Enredos ou elementos que são repetidos porque precisam ser elaborados. Uma vez que isso acontece, a tendência é que a criança mude de tema ao brincar.

Se pareceu estranho falar em "enredo da brincadeira", convido você para observar uma criança brincando livremente. Provavelmente, você poderá observar características semelhantes a uma peça de teatro.

Ao brincar, a criança personifica um ou mais personagens. Também atribui personalidade aos brinquedos. Ou até mesmo brinca com os famosos amigos imaginários que nada mais são do que personagens que não estão presentes fisicamente no momento, mas que existem na mente da criança.

A brincadeira tem uma história. Uma narração que pode ser ou não feita em voz alta, mas que conduz uma trama que pode ser mais linear ou mais flexível. Quando as crianças brincam em grupo, é comum haver discussões e acordos a respeito de quem representará qual personagem e qual será o desenrolar do enredo.

O teatro que se forma na brincadeira, além de estar relacionado com os aspectos cognitivos que foram mencionados, tem a função de ajudar no processo de elaboração do que a criança vive. Pode ser por meio de uma reprodução mais direta ou indireta, ainda assim, ela revive suas experiências e lida melhor com seus sentimentos e com a compreensão de si e do mundo.

Para encerrarmos esta apresentação sobre as características do brincar, resta dizer que quando a brincadeira é espontânea ela é também original. Isso porque ela é criada pela própria criança em interação com o mundo e com outras pessoas. Não tem cópia.

Mesmo quando existe repetição, ela nunca é exatamente fiel, sempre há alguma variação e novidade, mesmo que pequena. Essa originalidade do brincar é o berço da criatividade: a união de dois ou mais elementos que resulta em algo novo e inédito. Ela será importante por toda a vida e está relacionada desde o lazer até a resolução de problemas complexos.

Brincar ao longo do desenvolvimento

Conforme crescemos, a forma como brincamos muda. Isso acontece tanto porque nossas necessidades mudam quanto porque cada período do desenvolvimento tem suas próprias características biológicas, sociais e psicológicas.

Ao nascer, somos capazes de mamar, chorar e aos poucos explorar o mundo por meio da visão, das mãos e da boca. Se formos comparar com as características da brincadeira que apresentamos, não poderíamos falar em brincadeira do bebê.

Porém, algumas características ligadas a uma forma própria de conhecer o mundo, ao desenvolvimento corporal e ao prazer já estão presentes desde o início. O bebê se desenvolve e se reconhece como indivíduo aos poucos, o que está ligado à exploração que faz do mundo.

Primeiramente, é o contato com a mãe ou quem cuida dele; depois, conforme o desenvolvimento neurológico e motor permite, passa a conhecer novas pessoas e o ambiente. Paralelamente, a exploração que o bebê faz estimula o desenvolvimento corporal.

Os marcos do desenvolvimento do bebê como se sentar, engatinhar, andar, falar as primeiras palavras estão relacionados a isso. As primeiras palavras e o uso mais personalizado de brinquedos e objetos marcam o começo do uso de símbolos, como é o caso do objeto transicional que foi citado anteriormente.

Ao completar dois anos, a maioria das crianças já é capaz de simbolizar e já começa a atribuir características pessoais aos objetos. Aos poucos, a simbolização se torna mais complexa e todas as características do brincar que foram mencionadas passam a fazer parte das brincadeiras.

Uma criança de quatro anos, por exemplo, costuma brincar desenvolvendo tramas e personagens. Também já brinca com outras crianças oscilando entre brincar sozinha na presença dos outros e brincar de fato interagindo e construindo a brincadeira em conjunto.

É também nesse período entre os dois e os seis anos que a criança tende a usar a fantasia de forma mais intensa. Tanto que a criança pode não distinguir com muita clareza o que é seu mundo interno e o que é mundo externo. A tendência é que, com o tempo, ela passe a fazer isso com mais clareza.

A criança pequena já consegue reconhecer regras, mas entende as regras como uma imposição de pessoas que exercem autoridade sobre ela. A brincadeira é também uma forma de tentar lidar com essas regras e com os dissabores que elas causam.

Por isso é comum que a criança tenha histórias de conflitos e de brigas entre seres poderosos que representam uma luta entre o "bem" e o "mal". É uma forma de tentar lidar com o certo e o errado que os adultos tentam passar para ela.

É no período entre seis e sete anos que as crianças passam a ter dentro de si a capacidade de seguir regras porque as reconhece como norma de conduta social e não somente porque um adulto está cobrando isso dela. Não é de se estranhar que os jogos propriamente ditos passem a interessar muito mais às crianças mais velhas.

A diferença entre brincadeira e jogo está principalmente no objetivo e na existência ou não de regras preestabelecidas. Enquanto na brincadeira as regras, quando existem, são construídas ao longo da própria atividade lúdica e não existe um objetivo predefinido, no jogo existem regras prévias, claras e que visam a um objetivo também previamente determinado.

A criança, após os sete anos, passa a se interessar mais e mais pelos jogos e, aos poucos, tem brincadeiras menos ricas em fantasia. Claro que é possível ser criativo e brincar enquanto se joga, mas existe maior reconhecimento das regras, seja para segui-las, seja para quebrá-las.

A puberdade chega e as coisas mudam de figura. Tudo o que foi desenvolvido em termos de características mentais, sociais e corporais permanece. Mesmo que o adolescente pare de brincar, ele passa a usar cada vez mais a fantasia e a criatividade para imaginar várias situações de vida. Tudo isso não é garantia de uma adolescência absolutamente tranquila, mas são melhores condições para lidar com as dores e as maravilhas de ser adolescente.

Brincar e saúde mental

Espero que no encerramento deste texto a percepção de que brincar está intimamente ligado com saúde mental tenha ficado clara. Seja como parte do desenvolvimento humano na infância, seja como meio de lidar com as angústias e com a realidade, a brincadeira é uma atividade natural da humanidade que nos leva a maior satisfação, melhores formas de relacionamento social, formas de lidarmos com as frustrações, estimula a criatividade.

A brincadeira está ligada ao desenvolvimento global e à capacidade de aprender. Igualmente, está ligada à capacidade humana de usar símbolos e atribuir sentido às próprias experiências.

Se não existe vacina contra sofrimento, nem garantia contra o adoecimento mental, ser capaz de brincar melhora as nossas chances de não adoecer ou, pelo menos, melhora nossa resposta aos tratamentos quando eles são necessários.

Por fim, brincar é gostoso em qualquer idade, não tem contra-indicação e deixa a vida mais feliz.

Referências

ABERASTURY, A. *Psicanálise da criança – teoria e técnica*. Tradução Ana Lúcia Leite de Campos. Porto Alegre: Artmed, 1982.

ASSUMPÇÃO, F. B. *Psicopatologia evolutiva*. Porto Alegre: Artmed, 2007.

BLINDER, C.; KNOBEL, J.; SIQUIER, M.L. *Clínica psicanalítica com crianças*. Trad. José Tolentino Rosa. Aparecida: Ideias e letras, 2011.

EFRON, A. M.; FAINBERG, E. KLEINER, Y.; SIGAL, M.; WOSCOBOINIK, P. A hora de jogo diagnóstica. In: OCAMPO, M.L.S.; ARZENO, M.E.G.; PICOLO, E. G. e col. *O processo psicodiagnóstico e as técnicas projetivas*. 10. ed. São Paulo: Martins Fontes, 2001. pp. 205 – 238.

FREUD, S. A interpretação dos sonhos. *Edição Standard brasileira das obras completas de Sigmund Freud*. Rio de Janeiro: Imago, 1996.

FREUD, S. Dois princípios do funcionamento mental. *Edição Standard brasileira das obras completas de Sigmund Freud*. Rio de Janeiro: Imago, 1996.

FREUD, S. Recordar, repetir e elaborar. *Edição Standard brasileira das obras completas de Sigmund Freud*. Rio de Janeiro: Imago, 1996.

FREUD, S. O ego e o id. *Edição Standard brasileira das obras completas de Sigmund Freud*. Rio de Janeiro: Imago, 1996.

ION, W. R. *O aprender com a experiência emocional*. Rio de Janeiro: Imago, 1962.

KLEIN, M. A técnica da análise de crianças pequenas. In: *A psicanálise de crianças. Obras completas de Melanie Klein*. Vol. 2. Rio de Janeiro: Imago. Ano?

KLEIN, M. Estágios iniciais do conflito edipiano. In: *Amor, culpa e reparação e outros trabalhos*. Trad. André Cardoso. Rio de Janeiro: Imago, 1996.

KLEIN, M. (1937) Amor, culpa e reparação. In: *Amor, culpa e reparação e outros trabalhos*. Trad. André Cardoso. Rio de Janeiro: Imago, 1996.

KLEIN, M. O complexo de Édipo à luz das ansiedades arcaicas. In: *Amor, culpa e reparação e outros trabalhos*. Trad. André Cardoso. Rio de Janeiro: Imago, 1996.

KLEIN, M. Inveja e gratidão. In: *Inveja e gratidão e outros trabalhos*. Trad. Elias Mallet da Rocha e Liana Pinto Chaves. Rio de Janeiro: Imago, 1991.

KNOBEL, M.; ABERASTURY, A. *Adolescência normal*. Trad. Suzana Maria Garagoray Ballve. Porto Alegre, Artmed, 1981.

PAPALIA, D.E.; OLDS, S.W. *Desenvolvimento humano*. Trad. Daniel Bueno. 7. ed. Porto Alegre: Artmed, 2000.

PIAGET, J. *Seis estudos de Psicologia*. Trad. Maria Alice Magalhães D'Amorim e Paulo Sérgio Lima Silva. 25 ed. Rio de Janeiro: Forense Universitária, 2014.

TIEPO, C.; FONSECA, R. P. *Como as pessoas aprendem?* Livro digital do curso de especialização em Moderna Educação da PUC-RS. s.d.

WINNICOTT, D. W. (1971/1975). *O brincar e a realidade*. Trad. José Octavio de Aguiar Abreu e Vanede Nobre. Rio de Janeiro: Imago, 2019.

WINNICOTT, D. W. *Da pediatria à psicanálise: obras escolhidas*. Rio de Janeiro: Imago, 2000.

11

OLHAR SENTINELO

O Olhar Sentinelo é uma visão biopsicossocial e psicomotora para acolhimento, vigilância e rastreio de transtornos do desenvolvimento infantil.

CLAUDIO CUNHA PEDIATRA

Claudio Cunha

Pediatra e terapeuta psicomotricista. Há mais de 20 anos com experiência clínica assistencial pediátrica na região de São José dos Campos-SP. (Pediatria, UTI e Nefrologia).

Atualmente, com trabalho inovador, que integra as novas especializações nas áreas do Comportamento e Desenvolvimento Infantil (Psicomotricidade, Análise do Comportamento e Estimulação Precoce no Autismo) como referência estratégica para avaliações de forma global no rastreio e vigilância de riscos orgânicos, psicomotores e seus fatores biopsicossociais. Atuação holística e sistêmica da criança e da família. Sentinelo: foco preventivo e terapêutico. Visão transdisciplinar da pediatria. Medicina além da biologia.

Contatos
www.sentinelo.com.br / claudiocunhapediatra.com.br
saude.claudio@gmail.com
12 99671 9578

Olhar Sentinelo: vigilância do desenvolvimento infantil

Desde muito cedo, assim que nossos filhos nascem, somos tomados por uma sensação de proteção e um amor incondicional. Como afirma o grande neurocientista português Antônio Damásio, as forças da evolução moldaram as nossas capacidades de cuidarmos dos bebês pelos nossos sentimentos. Esse amor faz a mãe se comportar de maneira quase automática. Ele é uma programação escrita na biologia do instinto materno. Esse código está impresso dentro dos seus genes.

Essa é uma inteligência psíquica, emocional e ao mesmo tempo fisiológica, portanto podemos chamá-la de psicomotora, produzida pelo corpo e pelo comportamento operante.

Herdamos e transmitimos essas capacidades por meio da cultura e das adaptações adquiridas pelas gerações anteriores e que garantem o futuro e a sobrevivência de nossa espécie.

Os etólogos, que estudam os animais na natureza, como Bowlby na década de 50, descreveram esses padrões fixos de comportamentos adaptativos e os denominaram de apego. Ele é um vínculo recíproco e duradouro entre o filhote e a mãe e que em nossa espécie assegura tanto as necessidades físicas quanto psicossociais do bebê.

Analogamente por um olhar afetivo psicomotor, a mãe e seu bebezinho estão ligados pelo apego, sob mútua influência de comportamentos, numa melodia cinética, bioquímica e fisiológica. Um conjunto de ritmos biológicos em verdadeira simbiose biopsicossocial.

Essa melodia flui embalada pelos comportamentos emocionais. Analiticamente, temos dois tons básicos ou polaridades: um polo associado a um tom de choro e uma motricidade com irritação, interpretado como sofrimento; o outro com um tom de quietude, tendendo à imobilidade com sonolência, interpretado como satisfação.

Compreender a psicomotricidade dos movimentos básicos desse conjunto, os seus vínculos, suas relações funcionais e seus desequilíbrios adaptativos nos permite identificar os riscos para o surgimento de transtornos do comportamento e do desenvolvimento em todas as crianças.

Quando percebemos que algo não está muito adequado nessa dança recíproca, é imprescindível agir rápido para apontar os caminhos que nos conduzam a uma estimulação de uma série de competências básicas fundamentais. Estimulação precoce é a palavra de ordem.

Esse é o **Olhar Sentinelo** de vigilância. Um olhar sistêmico psicomotor para compreender a dinâmica de comportamentos adaptativos e ajudar as famílias a conhecerem essa melodia psicomotora, bem como seus sinais de alertas, para tornar a jornada da parentalidade um caminho mais suave e seguro.

Acelerar esse processo educativo dos sinais de risco é o meu maior objetivo como pediatra e psicomotricista do desenvolvimento. Por meio do embasamento científico e uma visão transdisciplinar dessa linguagem biológica, ao mesmo tempo entendendo as relações fenomenológicas dos significados emocionais individuais das famílias, proponho um caminho para uma medicina mais humana e holística. Uma medicina além da biologia.

O primeiro sinal do Olhar Sentinelo é o ritmo

O ritmo da fisiologia do bebê e as transições dos seus estados emocionais, aliados ao apego da mãe, definem o que podemos chamar em psicomotricidade de **diálogo tônico emocional.**

Esse diálogo tem dois polos: um polo de irritabilidade e agitação psicomotora, que está associado a alguma demanda sensorial de fome, sede ou desconforto. Caracteriza-se por uma motricidade impulsiva, reflexa, tensa e hipertônica. O outro polo, ao contrário, está relacionado à tranquilidade, saciedade, sonolência e conforto. Caracteriza-se por uma motricidade passiva, calma, relaxada e hipotônica.

É papel da mãe acolher o estado de irritabilidade e dar conforto ao pegar no colo, embalar nos braços, trocar as fraldas ou na oferta do leite para conduzir o bebê ao estado de saciedade e calmaria. Assim o bebê vai transitando de um lado para o outro no ritmo principalmente das mamadas. Uma simbiose emocional entre motricidade da mãe e a do bebê, que depende desse diálogo tônico num vínculo emocional instintivo de sobrevivência.

Qualquer alteração dos ritmos fisiológicos, como fome, sede, xixi, cocô, desconfortos por refluxo, dificuldades para dormir ou muita irritabilidade com dificuldade para se acalmar, ou por outro lado se o bebê reage pouco, chora pouco, sem expressão emocional ou muita sonolência, também traduzem desequilíbrio.

O ideal é encontrar um estado em que o bebê transite por esses dois polos de forma harmônica e ritmada, de forma síncrona e equilibrada. Alterações dos ritmos de sono, alimentar, hábito intestinal ou de transição desse diálogo tônico com muita irritabilidade, já pode indicar algum sinal de alerta de base mais fisiológica nesse rastreio de vigilância. **Então, olho no ritmo!**

Essa forma de reagir dos bebês depende do seu metabolismo e da sua forma de perceber a sensorialidade. Depende da maneira com a qual é percebida pelos cinco sentidos e tem um padrão de respostas com características similares. Esse jeito particular de responder é descrito na literatura como **temperamento**.

O temperamento é um modo de reagir aos estímulos ambientais e define como o bebê transita por esse diálogo tônico. Em psicomotricidade, o temperamento pode ser entendido como **tônus emocional**. O tônus do corpo segue a mesma ordem desses estados tônicos emocionais.

O tônus é uma propriedade de contração dos músculos. Quando o músculo está tenso, falamos em hipertônico e está associado a uma prontidão para a ação.

Por outro lado, quando o músculo está relaxado, está associado a um estado psíquico de desatenção.

O temperamento, entendido como parte desse estado tônico é a expressão da própria emocionalidade do ser humano. Vemos isso nas posturas de altivez e de dominância, nas posturas de submissão ou nos ombros encurvados de vergonha.

Portanto, com base na tonicidade, inferimos a expressão do temperamento na motricidade (ação), seu estado de atenção (cognição para a ação), ao mesmo tempo em que o tônus define e regula a própria resposta emocional (motivação para a ação).

O segundo sinal do Olhar Sentinelo é o tônus

Quando temos um temperamento tranquilo, de transição dos estados tônicos de irritabilidade para a saciedade de forma calma e quando os ritmos biológicos estão bem regulados como a mamada, o xixi e o cocô, a soneca e a hora de dormir, isso permite estabelecer uma rotina regrada. Podemos classificá-lo de temperamento fácil. Aproximadamente 40 % dos bebês têm temperamento fácil.

Já quando essas transições dos estados emocionais variam de forma e intensidade muito abruptas, quando o bebê acorda chorando muito, quando temos dificuldade em manter a frequência e o ritmo das mamadas, quando apresenta alterações do sono, irritabilidade frequente e intensa, podemos dizer que o bebê apresenta temperamento difícil. Aproximadamente 10 % dos bebês têm temperamento difícil.

Bebês com temperamento difícil necessitam de maior controle e estruturação emocional e são mais suscetíveis à qualidade da educação parental, exigindo muito mais compreensão e atitude de organização dos ambientes.

Cuidadores que reconhecem as características tônicas das crianças e que entendem que em algumas ocasiões elas não fazem as coisas por mal, mas sim porque a sua sensopercepção e sua biologia as definem com essa personalidade tônica, são mais propensos a estimular de forma equilibrada e assertiva diante das necessidades do ambiente.

Podemos dizer que a personalidade tônica dos bebês depende da forma com que os sentidos estão modulados, interpretados e percebidos dentro de uma fenomenologia íntima e particular, que organiza a nossa forma de se relacionar com o mundo. Assim, por meio do corpo, vamos construindo valores e significados das coisas que no guiam e as histórias que motivam as nossas vidas.

Toda sensorialidade depende do tônus, que às vezes pode estar desregulado para mais ou para menos.

Um exemplo de tônus sensorial tátil hipersensível define normalmente uma criança com dificuldades com o toque. Nesses casos, é mais difícil cortar as unhas, escovar o cabelo, dar banho ou ficar pelado. Quando são maiores, não gostam de pisar na grama, então não ficam muito à vontade nas praias ou parques, ou em locais muito aglomerados. Certamente isso molda a forma com que a criança se relaciona socialmente, talvez criando uma característica mais introspectiva ou até alguma fobia social.

Outro tipo de sensorialidade peculiar bem frequente é ser hipersensível aos cheiros e gostos, que podem dificultar a introdução alimentar. A seletividade de alimento está intimamente relacionada a uma dificuldade de apresentação e de organização de rotinas e estruturação do ambiente, mas também pode haver fatores sensoriais de como a criança percebe a textura e o paladar.

Quando falamos especificamente do tônus motor diminuído, hipotônico por exemplo, a criança, além da postura mais relaxada e desatenta, tem maior propensão à execução de tarefas motoras com mais dificuldade. A sua característica sensorial básica é de não perceber e responder com rapidez aos estímulos do ambiente. Bebês com tônus baixo são mais propensos a serem desatentos e mais dependentes.

Assim temos as características fundamentais de observação de riscos em bebês pequenos. Temos que reparar em suas bases biológicas, nos seus ritmos fisiológicos, nas características das suas percepções e na sua sensorialidade e seu temperamento de ser.

Então, olho no ritmo e no tônus!

Agora, quando olhamos para os maiorzinhos, outro fator psicomotor muito importante se desenvolve com o domínio do corpo e a interação com o entorno. Ele vem como consequência dos deslocamentos ativos e com a manipulação dos objetos.

Essa interação voluntária e adaptativa do indivíduo com o ambiente chamamos de psicomotricidade de **equilibração.** Ela é a propriedade que regula o controle tônus do corpo e também dos estados emocionais que propicia uma harmonia física, mental e social.

Aqui moram os aspectos mais importantes de adaptação ao meio, correspondem às verdadeiras conquistas da evolução humana com o surgimento da linguagem, manipulação fina e socialização. É porque andamos eretos que libertamos as mãos para a praxia fina e pudemos, então, desenvolver habilidades imaginativas do pensamento, como o aparecimento dos símbolos e significados compartilhados pela comunicação.

Para termos equilíbrio, é necessário prestar atenção ao entorno. Para onde a criança olha? Para onde estão direcionadas as suas ações no mundo? Para onde estão direcionadas as suas motivações emocionais?

Seja para andar numa rua, manipular um objeto ou superar um obstáculo, mas principalmente numa interação social, é necessário ter atenção direcionada e entendimento do que fazer, de como proceder, do significado das coisas.

Somente com atenção e controle equilibracional é possível desenvolver habilidades sociais básicas e ascender a um estado de competência socioemocional funcional.

O terceiro sinal do Olhar Sentinelo é a equilibração

Nesse momento, qualquer sinal de atraso da motricidade grossa de deslocamentos, seja na motricidade fina com dificuldades de manipulação de objetos, mas principalmente na intenção comunicativa, pode significar algum risco na equilibração do corpo físico, da sua cognição ou das suas habilidades sociais.

Antes mesmo de surgirem as palavras, por volta de um ano de idade, a criança já tem que ser capaz de se equilibrar socialmente interagindo com respostas adaptativas funcionais e com gestos protodeclarativos e protoimperativos.

Ou seja, uma criança nessa idade já está o tempo todo ligada, iniciando alguma comunicação ou respondendo a alguma demanda. Elas fazem isso apontando, gesticulando, pedindo, imitando, fazendo gracinhas, dançando, fugindo, correndo e brincando. Bebês e crianças estão a todo momento compartilhando e olhando atentamente para os adultos. Estão sempre trocando e compartilhando interesses e emoções.

O equilíbrio mais importante é o da interação social. Para isso, é necessário estar atento aos marcos do desenvolvimento da comunicação, da cognição e da motricidade.

Qualquer dificuldade, sinais de atraso ou qualquer sentimento de que algo não está ocorrendo com fluidez, ou com comportamentos excessivos, ou muita agitação desorientada, ou com dificuldades de autorregulação devem ser valorizados para uma avaliação detalhada.

Portanto, o processo de tomada de consciência e construção de um perfil psicomotor deve seguir esses três passos: 1-Identificação da biologia, da fisiologia, das rotinas e do ambiente; 2- Identificação do perfil sensorial e de sua característica do temperamento e suas relações de apego; 3 -Identificação de comportamentos adaptativos, linguagem e seu equilíbrio socioemocional. Em outras palavras: **ritmo, tônus e equilibração**.

A visão do Olhar Sentinelo

A partir do sentimento de proteção, propomos a construção do **Olhar Sentinelo**. Uma visão psicomotora e sua relação biopsicossocial para acolhimento das famílias, na vigilância e reconhecimento dos sinais, desvios e dificuldades dos transtornos do desenvolvimento infantil, a fim de estimular precocemente o maior potencial de saúde do mais precioso tesouro da humanidade: os nossos filhos.

Então, não espere! **Sentinele-se**. Olho no **ritmo**, no **tônus** e na **equilibração**!

Referências

AJURIAGUERRA, J. De. Manual de psiquiatria infantil. São Paulo: Atheneu, 1982, p. 958.

BOWLBY, J.; CABRAL, Á. Apego e perda 1: Apego – a natureza do vínculo. São Paulo: Martins Fontes, 2001, p. 493.

DAMÁSIO, A. E. *A estranha ordem das coisas: as origens biológicas dos sentimentos e da cultura.* São Paulo, Companhia das Letras, 2018, p. 216.

DUNN, W. Living Sensationally: Understanding Your Senses. Jessica Kingsley Publishers, 2008. 213 p.

FONSECA, V. da. *Dificuldades de coordenação psicomotora na criança: a organização práxica e a dispraxia infantil.* WAK Editora, 2014. 308 p

FONSECA, V. da. *Manual de observação psicomotora: significação psiconeurológica dos fatores psicomotores.* São Paulo: WAK, 2018, p. 324.

FONSECA, V. da. *Psicomotricidade e neuropsicologia: uma abordagem evolucionista.* São Paulo: WAK, 2010, p. 220.

FONSECA, V. da. *Psicomotricidade: filogênese, ontogênese e retrogênese.* São Paulo: WAK, 2014, p. 308.

PAPALIA, D. E.; FELDMAN, R. D. *Desenvolvimento humano* 12. ed. Porto Alegre: Artmed, 2013, p. 800.

PETERSON, J. B. *Mapas do significado: a arquitetura da crença.* São Paulo: É Realizações, 2019, p. 944.

PRETTE, Z. A. P. Del; PRETTE, A. Del. *Competência social e habilidades sociais: manual teórico-prático*. São Paulo: Vozes, 2018, p. 256.

ROGERS, S. J.; DAWSON, G. *Early Start Denver Model Curriculum Checklist for Young Children with Autism*. Guilford Press, 2009.

SKINNER, B. F. *Sobre O Behaviorismo*. São Paulo: Cultrix, 2001, p. 216.

THOMAS, A.; CHESS, S. *Temperament and development*. Brunner/Mazel, 1977.

TOMASELLO, M.; BERLINER, C. *Origens culturais da aquisição do conhecimento humano*. São Paulo: WMF Martins Fontes, 2019, p. 344.

WALLON, H. *Do ato ao pensamento: ensaios de psicologia comparada*. Petrópolis: Vozes, 1942, p. 224.

WALLON, H.; BERLINER, C. *Evolução psicológica da criança*. São Paulo: Martins Fontes, 2006, p. 208.

O AMOR NÃO MORRE

Falar da morte para uma criança é como pintar de preto um arco-íris. Porém, a morte faz parte do ciclo natural da vida e estar preparado para momentos como esse é no mínimo algo sábio e necessário. Assim como os adultos, as crianças sofrem com a perda de alguém querido e esse luto precisa ser enfrentado com leveza e acolhimento dos adultos próximos para que a ressignificação aconteça da maneira mais natural e rápida possível. Por mais doído que seja, a morte faz parte da vida. Assim, falar da morte é falar de uma etapa importante da experiência humana, falar de luto é falar de vínculos de afetos e de amor. Sem tais vínculos, não haveria luto. Só se enluta verdadeiramente quem ama. Mas quem é amado não morre. Morre a presença física, que é substituída pela saudade. Mas o amor, ah... esse é eterno.

CYNTHIA BARROS

Cynthia Barros

Formada em medicina pela Universidade Federal da Bahia. Especialista em Clínica Médica e Endocrinologia. Atua como preceptora da Residência de Endocrinologia da UFBA, médica do Hospital Geral Roberto Santos e atendimento na rede privada. Possui formação em *Coaching* pelo IAPerforma. Escritora, palestrante motivacional e de temas relacionados à saúde física, mental, emocional e espiritual. Criadora do Programa Online de Emagrecimento Integral LEVE por dentro e por fora. Tem como missão de vida estimular pessoas a buscarem uma vida mais leve, saudável e feliz.

Contatos
cynthia.endocrino@hotmail.com
Instagram: @dra.cynthiabarros
71 99110 3388

Era um final de tarde de uma sexta-feira. Chamei minhas filhas de 8 e 6 anos para vir até meu quarto. A mais velha já chegou balançando a cabeça negativamente e dizendo: "não, mãe, por favor, diga que não. É o papai? Aconteceu alguma coisa com o papai? Diga que não!". As lágrimas começaram a rolar dos seus olhos tão vivos, mas, neste momento, tão tristes e sem brilho. Queria abraçá-las e livrá-las dessa dor, mas sabia que isso não seria possível. A dor é simplesmente intransferível. Enxugando minhas próprias lágrimas, tive que dar a notícia mais triste da vida das minhas pequenas. Sim, seu pai de apenas 41 anos havia falecido naquela manhã, mais uma vítima do Covid-19. É indescritível a tristeza que senti ao ver aquelas duas menininhas desabarem na minha frente. Elas choraram, lamentaram, prantearam durante os minutos mais difíceis que já vivi, por vê-las sofrendo tanto, mesmo ainda tão pequenas. Coloquei uma no meu colo, mas, neste momento, meu colo parecia tão pequeno e ineficiente para acolher tamanho sofrimento. Minha sogra acolheu a outra. E ficamos ali, abraçadas, nos consolando e nos acolhendo.

Dez dias antes, meu ex-marido e pai das minhas filhas me avisou que estava com Covid-19. Como médica, dei as orientações necessárias. Porém, seu estado se agravou, então aconselhei buscar ajuda em uma emergência. Ele ficou internado, e apenas três dias depois já estava intubado, respirando por meio de ventilação mecânica em uma UTI. Assim que ele foi internado, decidi contar para minhas filhas o que estava acontecendo e acredito que foi a decisão mais assertiva e que viabilizou uma superação de maneira mais rápida e leve. Elas participaram do processo durante todo o internamento. A princípio, a mais velha de 8 anos ficou bastante apreensiva porque estava ciente dos casos de vítimas fatais da pandemia. Mas optamos por exercer fé e otimismo, pilares fundamentais para a resiliência diante de circunstâncias adversas. Diariamente, orávamos juntas pedindo pelo restabelecimento do pai. Em nenhum momento falei que ele estava bem, apenas que era uma situação grave, por isso mesmo tínhamos que ter esperança.

No dia do falecimento, ainda pela manhã, sentei-me com elas, mais uma vez expliquei a situação e pedi que elas desenhassem para o pai. Que eu enviaria os desenhos para ele de alguma maneira. Elas desenharam e fizeram uma cartinha de amor desejando saúde. Em seguida, nos ajoelhamos e oramos por ele. Então, sugeri que, quando ele saísse do hospital, faríamos uma surpresa, recepcionando-o com balões e um presente. Mas também expliquei que isso poderia não acontecer, e que se assim fosse, iríamos chorar, prantear, mas seguiríamos em frente com nossa fé de um reencontro. Não podia imaginar que, naquele exato momento, o médico constatava o óbito. O fim de uma vida tão jovem e de maneira tão inesperada.

Quando fui convidada para escrever um capítulo deste tão precioso livro, o primeiro tema que latejou no meu coração foi sobre como nós adultos podemos lidar com a morte com as nossas crianças. Elas, em geral, são tão alegres, barulhentas, divertidas, criativas, coloridas. Falar de morte para uma criança é como pintar de preto um arco-íris. Mas, infelizmente, a morte faz parte da vida. Assim, falar da morte é falar de uma etapa importante da vida, falar de luto é falar de vínculos de afetos de amor. Sem tais vínculos, não haveria luto. Só se enluta verdadeiramente quem ama. Mas quem é amado não morre. Morre a presença física, que é substituída pela saudade. Mas o amor, ah... esse é eterno.

Por mais que tenhamos o impulso de proteger nossas crianças do sofrimento, fica cada vez mais claro, entre pais e especialistas infantis, que contar a verdade é o melhor caminho. Uma verdade simples, sem rodeios, sem meio termo. Simplesmente a verdade. A criança merece e precisa saber o que aconteceu. Seja a morte de um pai, mãe, avô predileto, familiar próximo, amiguinho, vizinho, cachorrinho de estimação. E a dor gerada com tal notícia deve ser vivenciada pela criança e respeitada pelos adultos. Ela pode chorar, gritar, bater, quebrar algo ou simplesmente se trancar no quarto e dentro de si. É um momento de amor, acolhimento, paciência, carinho e compreensão. A crítica, os sermões, a tentativa de minimizar a situação devem ser evitados. Esconder um problema, muitas vezes, só o fortalece e o torna maior, impedindo a criança de vivenciar o processo do luto e seguir rumo à superação. Fingir que nada aconteceu só deixa a criança mais angustiada e desamparada, porque, no fundo, ela sabe e sente que as coisas não estão normais. Falar que a pessoa falecida viajou e não volta mais ou virou uma estrelinha traz a dor do abandono, da traição e o medo de que qualquer pessoa amada, de repente, pode se transformar em uma longínqua estrela. Claro que é um momento delicado, porque provavelmente o adulto responsável por esta criança também estará enfrentando seu próprio luto. Mas este também é um momento de nos percebemos, de aceitarmos nossas limitações, nossas frustrações, nossa raiva, nosso desejo de que fosse diferente. E após digerir nossa própria dor e reconhecermos nossa limitação de não podermos tirar a dor do outro, mesmo que esse outro seja nosso próprio filho, poderemos, então, acolher essa criança. Eu soube da morte do meu ex-marido no final da manhã, mas só contei para as meninas no final da tarde. Esse tempo foi necessário para eu compreender e aceitar aquele momento, chorar minhas próprias lágrimas e, então, me preparar para apoiar minhas filhas.

Para aqueles que acham que crianças são muito pequenas para entenderem a morte, segundo o psicólogo infantil Alan Wolfelt (1991): "Qualquer pessoa com idade suficiente para amar é velho o suficiente para se lamentar." E o lamento é etapa importante do amadurecimento. Assim como os adultos, as crianças também passam pelas fases do luto que são, segundo Kubler Ross:

Fase 1 – choque/negação

A notícia é inesperada e a pessoa não consegue (ainda) acreditar no que aconteceu.

Fase 2 – raiva

Surgem as perguntas: "Por que eu?" "O que fiz eu de mal?" "Só acontecem essas coisas comigo".

Fase 3 – negociação

"Se ele não morrer, eu prometo nunca mais fazer isso..."

Fase 4 – depressão ou tristeza

A realidade começa a ser entendida e é muito triste.

Fase 5 – aceitação

Aos poucos, a pessoa se conforma com a realidade e recomeça as suas rotinas.

Essas fases nem sempre obedecem a essa ordem, e algumas vezes elas retrocedem (Kubler Ross, 1969; 1981).

William Worden, no seu livro *Grief counseling and grief therapy*, relata que as reações de luto normais caem em quatro categorias gerais:

Sentimentos: tristeza, raiva, culpa, autocensura, ansiedade, solidão, fadiga, desamparo, choque, libertação, alívio, entorpecimento.

Sensações físicas: vazio no estômago, aperto no peito, aperto na garganta, hipersensibilidade ao ruído, despersonalização, sensação de falta de ar, fraqueza nos músculos, falta de energia, boca seca, descrença, confusão, preocupação, sentido da presença do falecido, alucinações.

Cognições: descrença e confusão, sentimento de presença da pessoa desaparecida, alucinações (ver a pessoa que faleceu numa multidão, ouvir a sua voz).

Comportamento: distúrbio do sono, apetite, hiperatividade, comportamentos distraídos, retraimento social, isolamento, dificuldades em lidar com os bens da pessoa falecida, valorizar objetos em demasia ou o oposto, querer ver-se livre deles.

Segundo Worden, cada pessoa lida com seu luto com uma gama de diferentes emoções. Da tristeza, medo, solidão, desespero, desesperança e raiva à culpa, vergonha, alívio e inúmeras outras emoções.

A criança pequena, especialmente até os 7 anos, ainda é muito concreta, o que provavelmente dificulta uma real compreensão da morte. É interessante que esse momento seja concretizado de alguma maneira, por meio de um ritual de despedida: um desenho, uma pintura, uma cartinha de despedida, um poema ou simplesmente soltar um balão ou deixar uma flor em um lugar especial. A criança nunca deve ser obrigada a comparecer ao velório, porém se ela desejar, deve ser assistida por um adulto próximo e acolhedor durante todo o momento.

E quanto tempo dura o luto infantil? Isso vai depender da criança, da família, do grau de relacionamento com a pessoa falecida, do tempo de luto dos adultos com os quais essa criança convive, da cultura. Por falar nisso, na cultura oriental, a morte é mais leve e natural, porém nós, ocidentais, damos à morte um fardo pesado. Talvez devamos aprender mais com os ciclos da vida, da natureza, das estações, das plantas, do próprio desenvolvimento humano. Assim, o luto deve ser ressignificado e para isso a presença da família e o apoio dos amigos se tornam fundamentais. Sou muito grata à minha família e a muitos amigos e vizinhos que acolheram minhas filhas de maneira surpreendentemente amorosa. Elas receberam desde visitas a presentes especiais: cestas de guloseimas, bolos, chocolates, livros, materiais de pintura. Elas se sentiram amadas em um momento muito triste, foram regadas com a água fresca do afeto e da compaixão, o que suavizou incrivelmente a sequidão e dor da morte. Além disso, elas têm um padrasto amoroso e atento às suas necessidades e isso faz toda a diferença.

O momento do luto se torna, também, uma oportunidade de vivenciar intensamente a fé. Independentemente de religião, a fé e a esperança se tornam recursos importantes na superação. Durante alguns dias, minha filha de 6 anos orava pedindo a Deus "que o papai esteja bem com o Senhor. Que todo mundo que morreu de Covid esteja bem com Jesus". Creio que isso acalmava seu pequeno coração. Sim, a nossa fé em Deus e na ressurreição prometida por Jesus fez toda a diferença. O apóstolo Paulo discorre perfeitamente sobre esse tema em I Coríntios 15, onde enfatiza no verso 26: "O último inimigo a ser destruído é a morte." Na experiência da perda, é possível que finalmente entendamos quem é Deus para nós e em que realmente acreditamos.

Por fim, converse abertamente com a criança sobre a morte e a dor. Incentive-a a expressar os seus sentimentos. Não falar sobre o assunto não ameniza a dor, e provavelmente arrastará ainda mais o processo de luto. Esteja disponível para ouvir e esclarecer as dúvidas da criança, sempre oferecendo carinho e conforto. Se ela desejar, permita que visite locais que estejam relacionados com a pessoa que morreu, manuseie os seus objetos, roupas, veja fotografias, participe nas conversas sobre a pessoa falecida. Assim, irá ajudá-la a não se sentir só nesta dor e a ressignificar essa perda com maior brevidade. Desde a morte do meu ex-marido, já se passaram cinco meses. Uma psicóloga infantil está assistindo as meninas e elas estão muito bem. Eu optei por esse atendimento psicológico por entender que a perda de um familiar é um evento muito relevante na vida de uma pessoa, e com um potencial traumático muito grande. Atualmente, as meninas conseguem conversar sobre o assunto calmamente e relembrar os melhores momentos. Às vezes, elas pedem para olhar fotos e guardam com carinho presentes dados pelo pai. A menor esclarece: "quando fico triste e com saudade do papai, começo a lembrar de coisas legais que fizemos juntos, aí fico feliz de novo".

Termino enfatizando que o amor não morre. No livro "A morte é um dia que vale a pena viver" de Dra. Ana Claudia Quintana (recomendo fortemente a leitura deste livro por todas as pessoas), ela cita que a pessoa que morre não leva consigo a história de vida que compartilhou com aqueles que conviveram com ela e para quem se tornou importante ao longo de sua vida. Não existe morte absoluta. A morte só diz respeito ao corpo físico. O pai das meninas morreu, mas continua sendo o pai delas. Tudo o que ele ensinou, falou, todos os momentos vividos juntos, todos os abraços, carinho, palavras de encorajamento permanecerão e farão parte da vida delas. Assim, a saudade pode ser amenizada com as doces lembranças de tantos momentos vividos, e a dor será suavizada pelo tempo. Já o amor, esse permanecerá.

13

EDUCAÇÃO FINANCEIRA NA PRIMEIRA INFÂNCIA

Pandemia chegou, e agora? Por essa eu não esperava!

DANIELE BICHO DO NASCIMENTO

Daniele Bicho do Nascimento

Contatos
danielebicho@gmail.com
Instagram: @danielebicho
11 98736 3399

Matemática graduada pelo Centro Universitário Fundação Santo André, pedagoga graduada pela Universidade Bandeirantes de São Paulo. Professora desde 2002. Empreendedora no ramo de moda infantojuvenil masculina. Mãe de dois meninos. Palestrante espírita. Pós-graduada em Educação Financeira com Neurociência pela UNOESTE em parceria com a DSOP.

A vida é como um gráfico senóide: hora estaremos no pico e hora estaremos no vale[...]
DANIELE BICHO

Recordando

No livro *Primeira infância* vol. 1, falamos sobre como deverá se apresentar a Educação Financeira nas escolas e um pouquinho na vivência familiar em torno desse tema. A ideia principal é que sejamos honestos com nossa família e que comecemos a estudar o assunto juntos, principalmente se estivermos com "problemas financeiros".

No volume 2, trouxemos a temática do equilíbrio financeiro andando junto com o equilíbrio emocional, ou seja, se um estiver bem o outro também estará e vice-versa. Falamos também sobre a importância da conscientização de todos da família sobre a realidade financeira e a importância de todos fazerem parte das discussões em torno dos temas: dinheiro, economia, sonhos e planos futuros.

Nosso foco agora é falar sobre o caos instalado no mundo inteiro: COVID-19.

Socorro! A pandemia chegou!

Aqui no Brasil fomos alertados sobre um vírus devastador e com alto potencial de contaminação e disseminação em março de 2020.

A princípio, confesso que não dei muita importância. Por mim, as crianças continuariam indo à escola normalmente e vida que segue, pois otimismo e fé nunca me faltaram.

No entanto, a coisa não era tão simples assim...

Logo as notícias em todos os canais de comunicação chegaram devastando a nossa mente e implantando o pânico na população.

E agora? Que vírus é esse? Como se proteger? O que fazer?

As primeiras orientações foram: ficar em casa e aumentar completamente o grau de higiene.

Mas e o trabalho? E o salário? E a minha empresa? Como vou pagar as contas? Tenho que fazer estoque de alimentos?

Acredito que esses e outros foram os questionamentos de muitas pessoas. Quantas dúvidas! Quantas incertezas! Quanto medo! Medo do desconhecido, medo do que viria e do que não viria.

Essa foi, e enquanto escrevo este artigo ainda está sendo, uma fase totalmente inesperada, impensada, não planejada, indesejada.

Lembra quando falamos sobre a parte emocional caminhar com o financeiro? Pois é, agora danou-se tudo...

Como estar bem emocionalmente com tudo que está acontecendo?

Como lidar com tudo isso e manter o equilíbrio emocional? Como não surtar?

Penso que se existe algum ser humano que não surtou nenhuma vez durante a pandemia, esse ser é extremamente evoluído em todos os sentidos.

O fato é que para maioria dessas perguntas eu também não tenho respostas. Como já disse, enquanto escrevo, a pandemia persiste e muitas incertezas ainda são realidade no mundo.

Mas toda essa fase tem me ensinado muito. E é isso que vou compartilhar com vocês. Vou abrir minha vida pessoal como exemplo e espero conseguir ajudá-los, pelo menos um pouco, de alguma forma.

Como explicar para as crianças?

Primeiro: NÃO subestime seus filhos.

Mesmo pequenos, eles sabem e sentem quando algo está errado. Eles apenas não têm maturidade para compreender sozinhos o que está acontecendo, mas com muito carinho e de forma clara e objetiva eles entendem e se conformam por um tempo. Sim, por um tempo, pois logo questionarão e testarão se o que você disse ainda é válido ou ainda é regra a ser seguida.

Então, usando a pandemia como base de algumas ações, sempre explique para as crianças qual o cenário atual que a família está vivendo e, desse ponto em diante, focaremos na condição financeira, que é o intuito deste artigo.

Acredito que 99,9% das famílias não estavam preparadas para vivenciar uma pandemia dessa magnitude. Alguém aí estava preparado para um cenário desse de "guerra"? Se sim, me procure para conversarmos e eu aprender com você.

Quando eu digo que não estavam preparadas, me refiro a questões financeiras, emocionais, comportamentais, sociais, enfim, em nenhum sentido. E exatamente por isso, não sabíamos como lidar com essa situação. Não sabíamos o que pensar, como agir e como lidar com as crianças.

Hoje posso garantir para vocês que conversar com as crianças é o melhor caminho e que mostrar que nós adultos também temos medos e incertezas nos colocam como iguais, fortalecendo os laços familiares e aumentando o respeito entre todos. Claro que, ao mesmo tempo que mostramos nossas fraquezas e imperfeições, é necessário trazer à tona a resiliência, o ato de prosseguir para vencer esses obstáculos e provar que juntos somos mais fortes.

Aqui em casa foi isso que fizemos. Conversamos com os meninos: na época, Miguel com 6 anos e Manoel com 3 anos. Explicamos que, por um tempo, eles não poderiam ir para a escola, que não poderíamos sair para passear e não poderíamos visitar ninguém, principalmente as vovós. Também explicamos que não poderíamos ir a qualquer hora ao mercado ou ao shopping e que nossas compras ficariam restritas até as coisas melhorarem, afinal, como já citei, não sabíamos o que viria pela frente.

É claro que eles não gostaram nem um pouco dessas notícias, assim como nós, e que demoraram um pouco para processar as informações. Tínhamos que ficar repetindo as regras e as razões quase que diariamente, mas eles se acostumaram, assim como nós. Passaram a usar máscaras sem reclamar, lavar as mãos com maior frequência e o álcool em gel virou um grande parceiro. Até mesmo a espera pela vacina já não era um pesar, e sim um grande sinal de esperança que eles desejavam ter.

Mas junto com tudo isso, também passamos por uma crise financeira...

Quebrei

Muitos dizem que "quebraram" por causa da pandemia. Eu digo que "quebraram" porque não estavam preparados nem para uma pandemia, nem para qualquer crise ou instabilidade financeira que pudesse acontecer e me incluo nisso. Em junho de 2019, abrimos um *e-commerce* de moda infantojuvenil masculina e fechamos em maio de 2021. Sim, fechamos! Por causa da pandemia? Digo a vocês que essa foi a desculpa que usei até para me convencer do que estava fazendo, mas na verdade fechamos porque não tínhamos um plano de ação para situações de emergência. Não tínhamos um fundo de reserva. Óbvio que não demos conta financeiramente de manter todos os custos de um empreendimento que estava começando sem planejamento.

Empreender em qualquer área da sua vida exige planejamento. Depois de planejar, é necessário criar estratégias para alcançar seus objetivos e colocar em prática. Mas isso ninguém nos ensina, ou melhor, ninguém ensinava.

Antigamente, num passado não muito distante, o assunto finanças não era abordado em casa com a família nem com ninguém. Era um verdadeiro tabu. Não era assunto para crianças. Hoje vemos que quanto antes as crianças tiverem conhecimento de como as coisas funcionam, mais conscientes elas crescerão e, provavelmente, farão melhores escolhas.

Durante uma crise financeira, é importante que todos os membros da casa fiquem cientes da atual situação e que todos colaborem para que a família consiga sair do problema o mais rápido possível e, claro, que as crianças devem participar disso. Mesmo os pequeninos têm condições de ajudar, por exemplo: conscientize as crianças de apagarem as luzes ao sair de um cômodo, a não demorar no banho, desligar os equipamentos eletrônicos quando não estiverem mais em uso etc.

Essas orientações, por sinal, devem ser colocadas em prática mesmo quando a família não estiver passando por dificuldades financeiras. Podem ser estímulos, por exemplo, para se alcançar objetivos como uma viagem em família ou um presente legal no Natal. Dessa forma, todos os membros da família se tornam realmente importantes no processo das conquistas e passam a se sentirem, de fato, integrantes da família. Se sentir parte do todo é fundamental para valorizar os processos e as conquistas dos sonhos, ao mesmo tempo ensina às crianças a importância de se ter objetivos, de ter planejamento, de colocar as ideias em ação, de não procrastinar, tudo isso para conseguir realizar seus sonhos.

Sonhos

Falando em sonhos, vocês os têm?

Já conversaram em família sobre os sonhos de cada um?

Você sabe quais são os sonhos dos seus familiares? Das pessoas que dividem o mesmo teto que você?

Pois é... sabia que muitas pessoas não sabem?

Um dos projetos que desenvolvo com meus alunos é sobre os sonhos. Digo que os sonhos são o combustível da nossa alma. Sim, eu sei que é uma visão bastante romântica sobre o assunto, mas eu realmente sinto e vivo isso. Dessa forma, tento passar esse conhecimento aos meus filhos e alunos. Apresento a eles essa forma de ver, como é importante termos objetivos na vida e que, para realizá-los, é importante ter planejamento; quando você sabe aonde quer chegar, consegue desenvolver estratégias para realizar seus sonhos.

É importante falar com nossos filhos sobre quais são nossos planos, nossos sonhos, enfim, nossos objetivos e que, para realizá-los, precisamos fazer um planejamento criando estratégias de ações a serem concretizadas. Estimular as crianças a terem sonhos, objetivos, também é fundamental. Não se esqueça de orientá-los a criar estratégias para que tenham condições de executar.

Não se esqueça de se planejar

Agora, deixando um pouco o romantismo de lado, se nós nos planejássemos de verdade, não teríamos sofrido tanto financeiramente.

É óbvio que ninguém deseja ou espera passar por algo desse tipo, mas a maioria da população não está preparada para nem 1 mês de imprevistos, quem dirá 1 ou 2 anos.

O ideal é que consigamos ter uma reserva financeira, que prefiro chamar de reserva estratégica, para suprir o custo de vida da família durante 1 ano. Acredito que esse deve ser o primeiro passo para se alcançar uma tranquilidade financeira. Mas preste muita atenção, você nunca fará essa reserva se ficar esperando o momento certo ou pagar todas as dívidas para começar a fazê-la.

Paralelamente a isso, você deve ir negociando suas dívidas e as eliminando. Atenção! Nesse período será preciso ser forte e economizar ao máximo e não fazer novas dívidas até que essas tenham sido pagas. Já falei, no volume II, que em determinadas situações será necessário buscar uma renda extra para conseguir colocar as contas em ordem, então pense sobre isso, pode ser um grande aliado. Para sair das dívidas ou melhorar o padrão de vida, só há dois caminhos: diminuir os custos ou aumentar a renda.

Quando as contas estiverem em equilíbrio novamente, separe um valor para os sonhos da família, para os momentos de lazer. Esse valor deve ser um dos primeiros a serem guardados e não apenas se sobrar do salário.

Tá! Mas e as crianças? Elas devem participar de todo esse processo. Elas devem saber que a família está em contenção de gastos e os motivos disso. Como você acha que elas vão aprender a lidar com o dinheiro se não estiverem inseridas no contexto real da família? É como se quando a criança estivesse aprendendo a falar a gente não conversasse perto dela e falasse apenas por monossílabas, será que ela aprenderia a falar?

Lembrando que educação financeira está totalmente relacionada ao comportamento, e criança aprende pelo exemplo.

Também é importante eliminar alguns bloqueios mentais que carregamos como: dinheiro é sujo; dinheiro não traz felicidade etc. A criança precisa aprender valores morais sim, mas entender que o dinheiro é algo bom, pois quando bem utilizado traz paz, tranquilidade, segurança, realização de sonhos e grandes oportunidades. Então por que relacionar o dinheiro com coisas negativas? O problema não está no dinheiro, mas no uso que fazemos dele. Com consciência, mudança de hábitos, organização, planejamento e objetivos, teremos momentos mais tranquilos e felizes, além de ensinar muitos valores às nossas crianças.

14

FAMÍLIA EM CONSTRUÇÃO A PARTIR DO NASCIMENTO DE UM(A) FILHO(A)

Assim como a casa precisa de manutenções e reformas permanentes, a família também precisará para sempre, principalmente quando escolher ter filhos(as).

Este projeto pessoal tem o objetivo de refletir com as famílias a partir da minha prática diária com uma proposta de escolher todos os dias um propósito para ser vivenciado como manutenção e reforma do vínculo familiar, com meu marido e minha filha, buscando, por meio do diálogo, restaurar aquilo que está causando transtorno e conflitos inacabáveis que vão desgastando todas as relações familiares, principalmente as crianças, desde a infância.

DANIELLY ARAÚJO

Danielly Araújo

Pedagoga, pós-graduada em Gestão das Organizações da Sociedade Civil, psicopedagoga e MBA em liderança e *Coaching* em Gestão de Pessoas (em curso). Atuou como professora, pedagoga, coordenadora de projetos do Governo do Estado de Minas Gerais, diretora de Escola Estadual. Atualmente, é diretora do Centro de Educação Infantil Semente de Vida, instituição privada e filantrópica. É vice-diretora na APAE de Pedro Leopoldo, é colunista semanal do Jornal Por Dentro de Tudo (on-line) e atua em um projeto pessoal nas redes sociais com a missão de contribuir com reflexões diárias sobre Família em Construção desde a infância. Realiza palestras sobre o projeto e defende por meio da instituição de educação infantil o vínculo familiar como garantia de proteção e acompanhamento de crianças atendidas pela mesma. É membro titular do Conselho Municipal da Criança e do Adolescente da cidade de Confins/MG. Casada com Lúcio Mauro há 24 anos e mãe de Yasmim Vitória, adolescente com 17 anos.

Contatos
daniaraujo199@gmail.com
Instagram: daniiaraujjo_
Facebook: Danielly Araújo
Página no Facebook: Família em Construção
31 99808 0439

Minha infância

Minha história de vida na infância e os reflexos que impactaram em minha vida adulta.
DANIELLY ARAÚJO

Sou filha de uma mãe nascida na área rural que se casou com meu pai, morador da área urbana, filho de dono de posto de gasolina com realidades extremas. Eles se apaixonaram, casaram-se e eu me tornei a primeira filha desse casal que teve criação e educação familiar muito diferente. Ela, muito simples, estudou em colégio interno, era muito estudiosa. E ele sem muita perspectiva de estudo, porque possuía uma estrutura profissional praticamente definida pela família, considerando que todos os filhos iniciavam a vida profissional muito novos trabalhando na empresa da família. Eu me lembro de tudo que vivi em minha infância e, principalmente, do comportamento dos meus pais, sempre muito festeiros, com uma rotina de viagem quase mensal. Uma casa simples, mas no centro da cidade, comemorações de aniversários, brinquedos, roupas, alimentação com fartura, frequentar as escolas que minha mãe trabalhava, enfim, minha infância foi muito tranquila em termos de bens materiais, carinho e dedicação dos meus pais. Ganhei uma irmã aos três anos de idade. Minha mãe se tornou professora concursada, participava de muitos cursos, mas sempre com uma saúde muito fragilizada, pressão alta, reumatismo, solitária na cabeça e questões psiquiátricas. Meu pai era um pouco mais agitado, principalmente quando bebia, mas uma família dentro dos padrões normais. Aos oito anos de idade, a situação se agravou em relação à saúde da minha mãe. Ela engravidou do terceiro filho, mas com questões de desmaios frequentes e psiquiátricas gravíssimas, chegou a tentar suicídio várias vezes. Meu irmão nasceu após uma gestação conturbada, mas eu percebia que minha mãe já não tinha condições de cuidar dele. Assim, muitas vizinhas contribuíram para a criação durante o primeiro ano de idade, quando fatalmente minha mãe se suicidou. Ela colocou fogo no corpo e veio em minha direção e da minha irmã com o corpo em chamas. Nós corremos para casa da vizinha e ela corria atrás, quando passou uma pessoa e jogou areia para apagar o fogo. Eu me lembro que o primeiro carro que passou a acolheu e a levou para o hospital. Ficou uma imagem muito forte, ela olhando para trás e acenando com as mãos para mim. E a partir dessa história triste, eu e meus irmãos iniciamos um novo ciclo em nossas vidas. Poderíamos ter nos revoltado e seguirmos o caminho do mal, mas nós três escolhemos o caminho do bem e somos bem-sucedidos como família, como profissionais e pessoas que amam ajudar o próximo. Com as técnicas ensinadas pelo psicólogo, hoje me vejo muito semelhante aos pontos positivos da minha mãe. Com apenas 10 anos, ela deixou marcas importantes que impactaram positivamente na minha vida adulta.

Porque eu precisava falar da infância contando a minha história de vida

A família é a primeira e a instituição mais importante na infância, porque dessa fase é que construímos nossa personalidade.
DANIELLY ARAÚJO

Como relatei no texto anterior, um novo ciclo iniciou em minha vida e de meus irmãos com muito apoio psicológico, familiar e de colegas de escola. Preciso destacar a importância do psicólogo que me acompanhou e me ensinou a lembrar apenas dos momentos bons que eu vivenciei com minha mãe. E a partir daqui, eu inicio perguntando a vocês pais e/ou responsáveis pela educação de crianças, pela construção da infância de seus filhos: se você morresse hoje, quais seriam as boas lembranças que seus filhos teriam? Você cuida, protege, educa, corrige, oferta uma alimentação saudável, seleciona tempo para lazer em família, acompanha a educação escolar, preza pela saúde física, psicológica, social e espiritual dos seus filhos? Tem certeza de que seu(sua) filho(a) se lembraria de tudo isso supracitado? Não é uma esc'olha a situação acima, é um direito garantido em lei. Portanto quem escolhe ter filhos deve cuidar desde a gestação, com todas as garantias para a mãe. E quando o bebê nascer, o casal que se preocupava um com o outro se responsabiliza por construir uma família com todos os direitos e deveres de pais, mães ou responsáveis. Vocês não podem negar que houve uma mudança significativa na família e que agora é um ajudando o outro a tornar a infância do(a) filho(a) a melhor possível. Não estou falando de classe social ou condição econômica, estou afirmando que a criança precisa crescer em uma família saudável, em paz, em ambiente sem conflitos na frente delas, sem violência, com muito amor e carinho falado e praticado e com gestão de tempo da qualidade e quantidade bem definidos pelos pais. Nenhum celular, brinquedo moderno, televisão ou *tablet* substituirá a qualidade do tempo que os pais se dedicarão aos filhos por inteiro, presentes como o presente mais importante do dia. A infância é o momento mais importante para a construção de um adulto saudável. Criança precisa ser feliz.

As novas gerações da infância

Pais e mães ou responsáveis que possuem crianças encontram-se desorganizados com uma geração diferente daquela que viveram e se culpam dizendo que não sabem educar, que não estão dando conta dos filhos.
DANIELLY ARAÚJO

As gerações mudaram rapidamente e, com a pandemia, a transformação foi surpreendente. Hoje é praticamente impossível criar filhos como fomos criados. A infância contemporânea é da tecnologia, do pensamento rápido e da solução de problemas às vezes até complexos. Mas as famílias não estavam preparadas para tamanha evolução e a saída do pai, da mãe ou responsável para o trabalho, deixando filhos com babás e em creches. Essas alternativas ajudaram a aliviar as famílias, mas as distanciaram da educação básica, que é única e exclusiva delas. As responsabilidades de educação na infância estão sendo terceirizadas e valores básicos estão sendo excluídos da educação dos filhos. Normalmente, desde muito cedo, ainda bebês, os filhos decidem sozinhos o que vão fazer, determinam e impõem suas regras aos pais e estes, que já estão exaustos, cedem para ficar livres de problemas. É nesse contexto quase que unânime que estamos presenciando famílias se desestruturando devido à educação do filhos. Falta diálogo para falarem a mesma língua, falta rotina para organizar o dia, falta negociar estratégias comuns com as pessoas que ficarão com as crianças e, principalmente, toda a família poderá contribuir de forma positiva na educação e na construção da personalidade. Muitos pais não fazem sua parte e não permitem que outras pessoas ajudem, isso também é perigoso. Imagine que cada ambiente que a criança ficar terá uma regra diferente. Ao final, nada foi aprendido, internalizado e assim os problemas começam a surgir: birras, uso de bico, falta de controle de esfíncter, silêncio, angústia, depressão, ansiedade, compulsividade, dificuldade de dividir objetos e alimentos, falta do não e outros. Minha reflexão é praticar o equilíbrio, acompanhar a evolução do mundo com rotinas bem definidas e, se possível, até desenhadas ou escrever em cartazes com um *checklist* das ações que deverão ser cumpridas no dia. Essas crianças vão marcando todas as vezes que cumprirem as atividades. Quando a família chegar, esse será um momento prazeroso de discutir o que fizeram ou não e por quê. Filhos amam atenção dos pais, mesmo que digam ao contrário. Tenho uma filha de 17 anos muito silenciosa, completamente diferente de mim, então comecei a observá-la e perceber como eu poderia me aproximar. Ela também está frequentando uma psicóloga que transformou a vida dela. Portanto outra reflexão que deixo para vocês, famílias com crianças na infância, peçam ajuda, não achem que sabem tudo e vão conseguir resolver tudo sozinhos. Existem muitas instituições gratuitas, além do poder público para ofertar serviços específicos. Nunca desistam dos seus filhos.

Estamos tirando leite de pedra

Tirar leite de pedra – Significado

"Fazer o impossível, passar por profunda dificuldade, sobreviver à seca. A origem da expressão faz alusão à seca do sertão, quando produtores tentavam manter seu gado vivo para tirar leite, quando só existia um deserto de pedras (sem vegetação) para alimentar o gado. *Não sabe tu que eu já tirei leite de pedra.* (Não sabe você que eu já sobrevivi à seca)"[1]

Eu escolhi essa expressão porque, ao entender seu significado, percebo que ela traduz perfeitamente o tempo atual das famílias a partir da infância hoje, no olhar das famílias e da sociedade. Imagine você fazendo o impossível para sobreviver à dúvida da pandemia, à falta do trabalho, do dinheiro, do alimento, da agilidade da saúde pública, dificuldade de pagar as contas, fragilidade de precisar pedir ao próximo uma ajuda específica, enfim, estamos vivendo a seca do sertão, estamos nos mantendo firmes na fé, na confiança, na esperança e na ajuda do próximo para continuarmos

---

1 Significado de tirar "leite de pedra": https://bit.ly/3nwbPjD

vivos, felizes e transmitirmos para nossas crianças que tudo passa e proporcionarmos a melhor infância possível para elas. Encerro refletindo que nós todos já tiramos leite de pedra e tudo que vem pela frente será próspero e dará frutos maravilhosos. As crianças de hoje saberão passar por momentos difíceis com maior prudência e sabedoria porque, na infância, viram seus pais tirarem leite de pedra.

Salvai as famílias custe o que custar.
PADRE JOSÉ KENTENICH

Este capítulo não tem o objetivo de ser uma receita, de dizer o que é certo ou errado, são reflexões pessoais, de transformações reais percebidas no meu contexto de trabalho com a infância e construídas por minha família diariamente.

15

A ARTE DE EDUCAR OS FILHOS NA PÓS-MODERNIDADE

Neste capítulo, os pais encontrarão orientações básicas acerca da educação dos filhos na atualidade. Encontrarão os desafios da difícil arte de educar filhos saudáveis e felizes nesses novos tempos e, para vencer tais desafios, percorrerão o caminho do amor como sugestão de construção do processo educacional dos filhos.

DIVINA LEILA SÔARES SILVA

Divina Leila Sôares Silva

Mestre em Educação pela Universidade Federal do ES (UFES). Pedagoga com Habilitação em Supervisão Educacional pela Faculdade Castelo Branco, com pós-graduação em Planejamento Educacional, pela Faculdade Integrada Salgado Filho (RJ), pós-graduação em Supervisão Educacional pela Pontifícia Universidade Católica de MG (PUC-MG). *Practitioner* em PNL pelo Indesp (Instituto de Desenvolvimento Pessoal do ES) e *coach*. Possui grande experiência na área educacional e de desenvolvimento humano.

Contatos
divinaleila@yahoo.com.br
Instagram: @divinaleilacoach
Facebok: Divina Leila Soares
27 99621 7556

A realidade que vivemos, a pós-modernidade, é de mudanças rápidas e constantes com uma multiplicidade de novas informações que invadem o nosso tempo provocando insegurança, colocando em dúvida conceitos e aprendizados já estabelecidos. Em se tratando de educação, essa constatação é real e está presente no dia a dia das famílias e da escola. Entre a emoção de ter um filho e o desafio de educá-lo neste mundo, muitos casais estão abdicando do propósito de se tornarem pais, pois a percepção da tarefa de educar os seus filhos causa medo no enfrentamento dos desafios dos novos tempos

Nesse processo de promover uma educação sólida e eficaz, surgem algumas alternativas das correntes sociais, psicológicas e educacionais intencionando fornecer aos pais um suporte para ajudá-los nessa tarefa, uma espécie de escola de formação para os pais, congregando os aspectos acima com o objetivo de facilitar a vida e fornecer o conhecimento necessário para a educação das crianças e adolescentes na atualidade. No entanto é na prática que se aprende a ser pai.

Para fundamentar essa constatação, encontramos na teoria interacionista de Vygotsky (2010) que é no processo de interação da criança com o meio que ela se desenvolve e aprende. Assim, ela deve passar por experiências em que possa observar e fazer para aprender e se educar.

Os nossos filhos são o reflexo de nós mesmos e é na convivência que se educa. A Unesco apresenta 4 pilares da educação, que são: aprender a conhecer, aprender a fazer, aprender a conviver e aprender a ser (2001), que dão a base para se construir um projeto de educação para os filhos de forma consistente e segura. Dessa forma, pode-se garantir a eficácia no ato de educar para a pós-modernidade.

Aqui cabem várias perguntas para a arte de educar os filhos: que filhos queremos deixar para o mundo? Como ajudar o filho a ser feliz? O que é mais importante na formação dos filhos: desenvolver a inteligência intelectual ou a inteligência socioemocional? Qual a concepção de educação dos filhos na atualidade? Que conhecimento é preciso dominar para criar filhos saudáveis e felizes no dia de hoje? Para responder a todas essas perguntas, é preciso buscar os conhecimentos na ciência da educação, na psicologia, na sociologia, na neurociência etc., para se saber como funciona o indivíduo na pós-modernidade e, assim, projetar a vida para atender as necessidades de desenvolvimento dos filhos.

Como mãe, educadora, pedagoga e psicopedagoga com experiência de mais de 3 décadas na área educacional e desenvolvimento humano, fico muito à vontade em afirmar que há uma tendência de transferir a educação moral familiar para a escola e muitos confundem o ato de educar com o ato de ensinar formalmente uma criança de forma institucionalizada. Nesse contexto, cabe ressaltar que ambas as instituições, família e escola, tem papéis distintos e definidos na educação dos filhos.

Cabe à escola ensinar os conteúdos formais pertencentes à matriz curricular do estabelecimento de ensino; à família, cabe educar dentro dos valores e princípios morais, éticos e religiosos familiares, cientes de que educar e ensinar têm significados diferentes. Educar é desenvolver caráter; ensinar é aplicar metodologias para moldar o caráter. É claro que, no ato de educar, existe o ensinar, mas esse ensinar passa pelo afeto e pelos laços que unem os indivíduos nos contextos familiares.

Tornar-se o coautor da vida do filho exige um conhecimento específico na área do desenvolvimento humano. Você sabe quais são as características da primeira infância, da segunda infância, da adolescência, da fase adulta, preconizada por Piaget no século passado como as fases do desenvolvimento humano, válida até hoje? Essas características ajudam a compreender o ser humano em suas diversas fases e, assim, torna-se possível intervir e direcionar as condutas frente aos desafios do mundo moderno.

Para ter sucesso na educação dos filhos, é preciso projetar o futuro deles, assim as respostas às perguntas tornam-se essenciais para esse direcionamento. Que filhos queremos deixar para o mundo? Se a resposta for filhos felizes, ricos, nobres, ecológicos, espirituais etc., o que está fazendo hoje para o seu filho ser o que ele nasceu para ser? Se o cuidado for a resposta, é importante refletir que cuidar é amor, exige conhecimento, dedicação, afeto. Vocês estão preparados para tornar o seu filho o melhor do mundo?

A arte de educar filhos para a pós-modernidade é complexa, assim, ensine seu filho a enxergar o invisível, fortalecendo para as adversidades da vida. Dessa forma, torna-se possível fortalecer as raízes para que os frutos sejam saudáveis. Nesse contexto de educação dos filhos, cabe compreender que a educação é abrangente e não está fundida em um único aspecto, pois:

> *Uma das coisas mais importantes que você deve entender é que não vivemos num único plano da existência. A nossa vida acontece em pelo menos quatro reinos distintos. Esses quatro quadrantes são o mundo físico, o mundo mental, o mundo emocional e o mundo espiritual.*
> (HARVEKER, T. 2006, p. 21).

Assim, não basta educar somente o desenvolvimento físico, mas lembrar também o desenvolvimento mental, o fortalecimento emocional e a base espiritual, garantindo uma formação integral do ser.

Desafios da educação dos filhos na pós-modernidade

Educar um filho é tarefa complexa, exige muito dos pais. Além do amor, é preciso dedicação, responsabilidade, compreensão, diálogo e tempo. Os pais devem entender que seus filhos são indivíduos de direitos, sem esquecer que mesmo na tenra idade eles também têm deveres a serem observados desde o berço, como trazer respeito ao seu espaço e pelo espaço do outro; cuidado com aquilo que é seu e com as coisas que não são deles, a saber, o estabelecimento de hábitos e habilidades que são construídos desde cedo e que vão constituindo o ser do futuro: o filho de sucesso ou de fracasso. A educação começa no ventre e se estende pela vida toda.

Nesse ínterim, é importante ter sempre em mente quais valores familiares que devem prevalecer e saber como esses valores devem ser repassados aos filhos no processo de convivência no mesmo espaço físico e social em que a família se encontra para os movimentos da vida. Todo o aprendizado acontece na interação da criança com o adulto (VYGOTSKY, 2010), portanto educar para a vida é educar pelo exemplo.

Saber como e quando se deve ensinar os princípios morais e éticos aos filhos é de fundamental importância para edificação do caráter de um indivíduo. Saber compreender cada fase desse desenvolvimento é essencial para traçar um parâmetro de acompanhamento do aspecto físico, psicossocial, intelectual e comportamental do ser em construção. Qualquer desvio em qualquer aspecto deve ser observado e, assim, consultar especialistas da infância é essencial.

As pesquisas da infância e da adolescência chamam a atenção para as diversas deficiências físicas, psíquicas e intelectuais que envolvem o ser humano na atualidade e, como orientação, os especialistas sugerem que a busca por tratamento ou atendimento especializado aconteça o mais cedo possível para tornar o indivíduo treinável e funcional. Cabe dizer que a maioria das deficiências não tem cura, mas adaptações importantes para dar independência e funcionalidade ao indivíduo são decisivas na vida dos filhos portadores de necessidades especiais. Ninguém está livre de viver essa experiência.

Os principais desafios da educação dos filhos na pós-modernidade estão ligados às grandes mudanças que estão ocorrendo na sociedade, promovendo transformações no cenário econômico, político, social e cultural, exigindo de todos nós adequações rápidas aos novos processos evolutivos da humanidade. Da mesma forma, vem ocorrendo com a educação moral, centrada no seio da família contemporânea, em que o **amor**, o **diálogo** e os **limites** passam a ser as ferramentas mais importantes nesse processo significativo de educação dos filhos.

A partir desse contexto, vale ressaltar que para educar filhos saudáveis e felizes é preciso, acima de tudo, conhecimento para saber lidar com as avalanches de informações que chegam até nós numa fração de segundos.

Entre os principais desafios da educação dos filhos na pós-modernidade apontamos a necessidade de definição de parâmetros científicos para promoção de uma educação dos filhos de forma mais eficaz e eficiente. Apesar das dificuldades que enfrentamos hoje nesse tocante, é preciso ser positivo e acreditar que a nova geração depende da nossa formação para torná-los livres e felizes.

Além da necessidade apresentada acima, apontamos ainda a falta de referenciais por parte dos pais para educar os filhos: dificuldades de convivência, de lidar com as diferenças, multiplicidade de identidades, conflitos de gerações, falta de conhecimento, individualismo exagerado etc. Para lidar com toda essa diversidade, especialistas como Içami Tiba e Tânia Zagury afirmam que é preciso amor, diálogo e limites para educar os filhos da pós-modernidade.

Para educar é preciso amar

Para educar um filho, é preciso amor. Essa é a afirmativa dita quando se fala na arte de educar os filhos e, na pós-modernidade, ela deve ser reafirmada, pois nos momentos mais difíceis do processo educativo, é preciso calma, tranquilidade, paciência e conhecimento para educar de forma segura, estabelecendo limites por meio do diálogo.

A tarefa de educar filhos é de responsabilidade dos pais e não é tarefa fácil como se apresenta. Nessa tarefa, é preciso impor limites, corrigir, mudar comportamentos, transformar atitudes e criar hábitos. Para tanto, faz-se necessário acionar as emoções amorosas nos filhos para fazer o que tem que ser feito da forma mais eficaz e eficiente possível. É preciso firmeza no momento de dizer "sim" e "não", observando que o "não" também é amor.

O amor é a ferramenta mais poderosa no ato de educar os filhos. Dessa maneira, os pais precisam dotar da capacidade de aplicar a ferramenta amor como base para o processo educativo, consciente dessa afirmativa: "criar um filho é fácil, basta satisfazer-lhe a vontade, educar é trabalhoso." Educar um filho é uma tarefa que exige muito: desde a compreensão efetiva das fases de desenvolvimento humano até o modo de lidar com ele no dia a dia, identificando suas preferências e tendências, bem como suas vontades e desejos para assim poder semear no campo fértil do processo evolutivo do filho, ou poder podar as ervas daninhas ao visitar o campo dos pensamentos improdutivos.

Você sabe qual é o desejo do seu filho? Saiba que o desejo é uma semente que não germinou. Então, é preciso despertar o desejo, despertar o interesse, despertar a vontade, essas são funções generosas de um pai para com seu filho.

Além do amor, podemos dizer com toda segurança que outra ferramenta imprescindível para a educação dos filhos continua sendo o diálogo. Estabelecer uma conexão com os filhos procurando saber o que se passa com eles, se envolvendo em suas rotinas e conversando sobre os mais variados assuntos, esclarecendo dúvidas, aplicando conceitos, explicando a vida, são momentos riquíssimos de aprendizagens. Podemos ensinar e aprender nesse processo. Criar um clima de confiança e liberdade para se falar de tudo, é fundamental para que o diálogo ocorra.

Estabelecer limites é outra estratégia que, bem trabalhada, pode trazer benefícios na arte de educar os filhos. Para tanto, exige persistência e determinação, pois os filhos são especialistas na argumentação. Nesse processo não se deve quebrar acordos nem ser permissivo em tudo, pois a falta de limites pode provocar dissabores, contrariedade, desrespeito cujos reflexos podem ser percebidos no convívio social e nos comportamentos abusivos dos filhos com relação a seus pais.

Além da observância desses três aspectos na arte de educar os filhos, os pais devem:

- Ser a autoridade e não exercer o autoritarismo.
- Usar a afetividade como forma de fortalecer os laços parentais.
- Ter tempo de qualidade para ficar com os filhos.
- Ser observador e orientar as más condutas dos filhos.
- Evitar dar tudo para o filho, sem mostrar o valor das coisas.
- Satisfazer as necessidades, mas dialogar sobre possíveis frustrações, ou permitir que entre em contato com as diversas emoções que as frustrações provocam.
- Ensinar o filho a ganhar, sabendo que se pode perder também.

- Buscar ajuda dos especialistas na arte de educar, para ajudar dirimir dúvida e ajustar condutas inadequadas.
- Agir em consonância com o cônjuge etc.

Essa é apenas uma contribuição para a arte de educar os filhos na pós-modernidade. Novos conhecimentos estão sendo construídos nesse instante e muitos ainda virão. Portanto o movimento da vida de ser pai e mãe ainda é a mais bela emoção e a maior prova de que o amor educa corações.

Referências

EKER, T. H. *Os segredos da mente milionária.* Rio de Janeiro: Sextente, 2006.

PIAGET, J. A. *A equilibração das estruturas cognitivas: problema central do desenvolvimento.* Rio de Janeiro: Zahar, 1976.

TIBA, I. *Quem ama, educa.* São Paulo: Gente, 2002.

VYGOTSKY, L. S. *A formação social da mente.* São Paulo: Martins Fontes, 2010.

ZAGURY T. *Limites sem trauma – construindo cidadãos.* São Paulo: Record, 2017.

# 16

ONDE COMEÇA O AMOR PARA A VIDA

Uma pergunta ou uma afirmação? É o que você descobrirá nas entrelinhas deste pequeno capítulo, no qual procurei, de forma sucinta, pincelar as minhas impressões pessoais tiradas das minhas experiências, aliadas às mais diversas teorias encontradas em pesquisas. Então, "vambora" enovelar conhecimento acerca da importância da primeiríssima infância.

EDNA SOUZA

Edna Souza

Pedagoga e administradora de empresas, com especialização em Gestão de Pessoas e Psicologia Organizacional pela Universidade Metodista de São Paulo. Atua como gestora educacional há 23 anos (educação infantil) e atua com ferramentas do *coaching* integral sistêmico. Fundadora do Instituto Profa. Edna Souza - Santos/SP. É autora do livro *Livre, rico e feliz* – Literare books. Palestrante e ministrante oficial do livro *O poder da ação*. Tem como missão de vida contribuir de forma positiva e impactante com o maior número de pessoas. E por essa razão, realiza palestras, cursos, seminários e atendimentos individuais.

Contatos
www.ednasouza.com
coachednasouza@gmail.com
Facebook: souednasouza
Instagram: souednasouza
13 99734 8983

Onde começa o amor para a vida: da gestação aos braços da mãe, da educação infantil a...

Sabendo que é na primeiríssima infância que as janelas das experiências e descobertas afetivas se iniciam e seguem para o resto da vida, as escolas de educação infantil devem pensar em instrumentos transformadores que contribuam verdadeiramente para o desenvolvimento integral/global das crianças de 0 a 6 anos. Mas antes do contexto escolar, é preciso entender que essa fase da infância começa no pré-natal, passa pela vida em família, período em que se inicia a aprendizagem emocional e é nessa fase que se aprende como sentir em relação a si mesmo e aos outros. É nesse momento e com os pais que as crianças iniciam as suas primeiras modelagens e é aí que nasce também a empatia.

Os mais diversos estudos realizados sobre a importância dos primeiros anos de vida de uma pessoa, sob os mais variados campos de estudos, convergem em relação à importância das relações afetivas construídas nos anos iniciais da criança. Depois da família, o jardim da infância ocupa o lugar de destaque em ações que propiciam o desenvolvimento infantil e, mediante isso, pode-se perceber a grande responsabilidade do professor nesse processo, o qual poderá contribuir ou não para a formação dos futuros cidadãos.

Para efetivação e garantia de direitos, se faz necessário primar por colocar em prática os marcos legais da LDB (Lei de Diretrizes e Bases da Educação) e a Constituição Federal de 1988. Não basta o acesso à escola ou à educação, é necessária a valorização da docência, da gestão democrática, do acolhimento à família e às diferenças.

De acordo com as Diretrizes Curriculares Nacionais, uma proposta pedagógica deve respeitar os fundamentos norteadores dos princípios éticos, da Autonomia, da Responsabilidade, da Solidariedade, do Respeito ao Bem Comum, dos Princípios Políticos dos Direitos e Deveres de Cidadania, do Exercício da Criticidade, do Respeito à Ordem Democrática e dos Princípios Estéticos da Sensibilidade, da Criatividade, da Ludicidade e da Diversidade de Manifestações Artísticas e Culturais. Todos esses aspectos têm como pretensão reconhecer a importância da identidade pessoal de alunos, suas famílias, professores, demais profissionais, sobretudo levar em consideração a identidade da própria Unidade Educacional nos vários contextos.

Sabemos que os alunos pertencem a um ambiente social e não podemos deixar de respeitar as suas especificidades. Para tanto, a prática educacional deve ser elaborada de cuidados que possibilite a integração entre os aspectos físicos, emocionais, afetivos, cognitivo-linguísticos e sociais. É preciso pensar o aluno um ser completo, total e indivisível, sobretudo alunos pertencentes ao grupo da primeiríssima infância. Cabe aos agentes integrar as práticas educacionais ao cuidado, articulando parcerias com outros profissionais, influenciando, assim, na qualidade de vida principalmente das crianças pequenas. A estes cabem ainda reconhecer o aluno como ser íntegro, que aprende a ser e conviver consigo próprio, com os demais e com o próprio ambiente de maneira articulada e gradual a partir de atividades intencionais, e nos momentos de ações, ora estruturadas, ora espontâneas e/ou livres, convergir a interação entre as diversas áreas do conhecimento e aspectos da vida cidadã, contribuindo assim com o provimento de conteúdos básicos para a constituição de conhecimentos e valores. Por essa razão é tão importante elaborar currículos para a Educação Infantil que façam pontes ligando a vida dos alunos e de suas famílias ao contexto social:

> *A preocupação com o estudo da criança é bastante recente na história da humanidade. Aliás, a própria ideia de criança, tal como a concebemos hoje (como um ser que tem necessidades, interesses, motivos e modo de pensar específicos), não existia antes do século XVII.*
> (FONTANA; CRUZ, 1997, p. 6).

A educação tem poder para erradicar a pobreza, transformar vidas e promover avanços.

Para que o país realmente tenha uma educação de qualidade, é preciso implementar uma política pública que envolva todo o ecossistema educacional com a participação conjunta de líderes políticos, gestores escolares, professores, pais, alunos, empresas e a própria comunidade do entorno das escolas. Além disso, é necessário monitorar e avaliar as ações para corrigir falhas e adequar estratégias no decorrer do percurso bem como para comparar o trabalho de atenção à criança pequena a partir de sua inclusão nesse mesmo ecossistema.

A primeiríssima infância merece investimento porque, é a partir das experiências vividas nos primeiros anos de vida, experimentado no mundo externo (estímulos cognitivos, sensoriais e afetivos aliados às vivências), compartilhados pela família, cuidadores, professores e outros membros da sociedade, desempenha papel importante em sua constituição como indivíduo. Sendo esta a fonte de criação da segurança, autoestima e apego que o bebê precisa para compor o alicerce de sua existência, e sobre ele poderá construir conhecimento e autonomia nos anos seguintes.

A qualidade que se busca em todos os referenciais para a educação infantil culmina nos princípios básicos da escuta, acolhimento às crianças, famílias e comunidade escolar.

Pesquisas mostram que em nenhuma outra fase da vida as respostas aos estímulos são tão rápidas e intensas quanto são na primeiríssima infância. Nessa etapa da vida, tudo o que acontece tem impacto sobre toda a existência do indivíduo, o que torna necessário investimento de recursos humanos e financeiros para garantir atenção por parte de governos e sociedades a essa faixa etária.

Para responder o que é importante para o desenvolvimento da criança na primeiríssima infância, os resultados da pesquisa Percepções e Práticas da Sociedade em Relação à Primeira Infância, realizada pela Fundação Maria Cecília Souto Vidigal (FMCSV), em parceria com o Ibope e o Instituto Paulo Montenegro, em 2012, demonstram que, quando o foco é a criança de zero a três anos, a maioria dos entrevistados (51%) considera as dimensões físicas do desenvolvimento mais importantes que as dimensões cognitivas e psicossociais. "Levar ao pediatra e vacinar", "amamentar" e "alimentar" foram apontadas como ações de maior relevância do que "brincar e passear", "conversar", "estabelecer limites e rotinas". A visão equilibrada sobre a relevância dessas variáveis certamente criará melhores oportunidades para o desenvolvimento integral da criança pequena no Brasil. Além disso, a pesquisa aponta que a maioria da população considera que a criança só começa a aprender após os seis meses de vida, o que demonstra deficiência no sistema e requer muito trabalho de sensibilização para que se dê importância aos primeiros estágios da vida. Acesse o *link* e conheça todos os resultados da pesquisa Percepções e Práticas da Sociedade em Relação à Primeira Infância: http://www.fmcsv.org.br/pt-br/acervo-digital/Paginas/Primeir%C3%ADssima-Inf%C3%A2ncia---uma-pesquisa-da-FMCSV-e-Ibope.aspx

Contudo, estudiosos afirmam que o brincar é uma das melhores ferramentas para o alcance de uma educação integral. A atividade lúdica permite a imaginação e libera a criança das limitações do mundo real, permitindo a criação de situações imaginárias, possibilitando a exploração, reviver e elaborar situações muitas vezes pouco compreensíveis.

> Criar "é um processo existencial. Não lida apenas com pensamentos, nem somente com emoções, mas se origina nas profundezas do nosso ser, onde a emoção permeia os pensamentos ao mesmo tempo em que a inteligência estrutura, organiza as emoções. A ação criadora da forma torna inteligível, compreensível o mundo das emoções".
> (FREIRE apud OSTROWER, 2008. p.63).

Os benefícios do brincar levam à reflexão de que as experiências da infância são únicas e insubstituíveis. Dessa forma, deve existir um cuidado ao afirmar que a importância da infância está somente na construção de um futuro mais sólido para o país. Sem desmerecer essa ideia, é importante que se tenha a clareza de que as crianças precisam e têm o direito de viver o presente, de forma despretensiosa, feliz e plena (Plano Nacional pela Primeira Infância, 2010).

Já a BNCC (Base Nacional Comum Curricular) estrutura-se atribuindo à brincadeira um papel essencial na educação infantil, culminando com o que sugere a DCNEI (Diretrizes Curriculares Nacionais para a Educação Infantil). O brincar é um dos direitos de aprendizagem e de desenvolvimento, ao lado do direito de conviver, participar, explorar, comunicar, conhecer-se. Valorizar as ações do brincar significa ter o brincar como a atividade que ocupa o maior espaço de tempo, favorecido por brinquedos que facilitem a brincadeira como estratégia de desenvolvimento integral na infância.

Para Wallon (2007), Piaget (1998) e Vygotsky (1998), o brincar favorece no cotidiano da criança a compreensão subjetiva e promove novas conexões entre os saberes construídos social e culturalmente. É no brincar que se repetem as impressões por meio da reprodução e imitação.

Para Maria Montessori (1936), "brincar" é o trabalho da criança. Motivo pelo qual se considera o principal objetivo da criança a sua própria construção e que a brincadeira livre serve de autonomia para as suas escolhas em fazer: quando e onde fazer. Portanto, este é um dos principais aspectos de construção de suas vidas.

Repensar a escola e ensinar para ser é compreender que o contexto familiar nos dias atuais não tem proporcionado a um crescente número de crianças uma base segura na vida e as escolas permanecem sendo o espaço em que as comunidades recorrem em buscas de apoio para cuidar e educar as crianças no que figura desenvolver competências e habilidades emocionais e sociais. Este é um lugar onde os ensinos básicos para a vida devem ser proporcionados, o que talvez elas não recebam nunca em outra parte. Educar emocionalmente implica, para as escolas, assumir o lugar das famílias que falham na socialização das crianças, o que não significa tomar o lugar da família em si, mas subsidiar meios para sua estruturação. É válido ressaltar que existem famílias que não só falham, elas simplesmente falem e, por não se tratar apenas de famílias de baixa renda ou famílias monoparentais como existe um pré-conceito já impregnado na mentalidade das pessoas, a falência dessa instituição está diretamente ligada à ausência de valores, inversão de papéis, que nas famílias de alto padrão são normalmente identificados na troca de produtos de consumo por sentimentos. Tal fato está presente na rotina de todas as classes sociais, em que os momentos de afeto e de lazer são sobrepostos pelas necessidades da rotina de sobrevivência, fator gerador de danos irreparáveis na construção do caráter do indivíduo, em especial das crianças em processo de desenvolvimento.

Então, essa passa a ser uma tarefa que exige duas grandes mudanças: que os professores vão além de sua missão tradicional e que as pessoas na comunidade se envolvam mais com as escolas. Falar do campo das emoções exige qualificação do professor uma vez que a maneira como ele lida com a classe é um modelo, uma lição de fato e de competência – ou incompetência – emocional. Sempre que há uma interação direta entre um professor e um aluno, outros alunos aprendem e, na condição de mediador, espera-se que o professor seja o ponto de equilíbrio emocional. Portanto sempre que houver uma concepção responsável nascerá o ponto de partida para o amor, e é ainda no estágio do desenvolvimento infantil que as sementes para o desabrochar do amor são semeadas. Por essa razão e por esse contexto plural, a instituição de educação infantil deve ser um espaço para viver dignamente a infância, despertando em cada ser o início do amor para toda a vida.

Referências

BRASIL. *Investir na primeira infância é essencial para o desenvolvimento do Brasil.* 2019. Rede Nacional Primeira Infância. Disponível em: <http://primeirainfancia.org.br/investir-na-primeira-infancia-e-essencial-para-o-desenvolvimento-do-brasil/>. Acesso em: 12 maio 2021.

BRASIL. *Parâmetros nacionais de qualidade da educação infantil.* Portal do Ministério da Educação. Disponível em: <http://portal.mec.gov.br/index.php?option=com_docman&view=download&alias=141451-public-mec-web-isbn-2019-003&category_slug=2020&Itemid=30192>. Acesso em: 18 fev. de 2022.

BRASIL. Programa Brasil Carinhoso. 2021. Fundação Nacional de Desenvolvimento da Educação. Disponível em: <https://www.fnde.gov.br/programas/brasil-carinhoso#:~:text=O%20Programa%20Brasil%20Carinhoso%20consiste,da%20criança%20na%20educação%20infantil>. Acesso em: 15 maio de 2021.

FUNDAÇÃO MARIA CECILIA SOUTO VIDIGAL. Página Inicial. 2012. Disponível em: <https://www.fmcsv.org.br/pt-BR/>. Acesso em: 15 maio de 2021.

GOLEMAN, D. *Inteligência emocional.* Tradução Marcos Santarrita. Rio de Janeiro: Objetiva, 2011.

LIV. Daniel Goleman e a inteligência emocional. 2020. LIV. Disponível em: <https://www.inteligenciadevida.com.br/pt/conteudo/daniel-goleman-e-a-inteligencia-emocional/>. Acesso em: 16 maio de 2021.

17

OS SINTOMAS DAS CRIANÇAS COMO MENSAGEIROS

Neste capítulo, os pais e cuidadores entenderão a importância de olhar para os sintomas das crianças como mensageiros. Com esse olhar, eles poderão identificar com mais facilidade o que a criança de fato quer emitir, seja por meio dos comportamentos, das emoções ou das doenças.

ÉRICA RIBEIRO

Érica Ribeiro

Terapeuta infantojuvenil. Psicanalista com especialização nas Leis Biológicas da Nova Medicina Germânica (com abordagem em epigenética, neurociências, terapia sistêmica fenomenológica, conceito de liberação somato emocional e doenças psicossomáticas) por meio do Método ProCure Cicatrizes. Especialista em Terapia de Reprocessamento Generativo (IBFT). Especializando em Psicologia Pré e Perinatal. *Coach* de pais e filhos certificada pelo Instituto de Crescimento Infantojuvenil do Rio de Janeiro. Educadora Parental certificada pela PDA-EUA (Positive Discipline Association). Facilitadora da Jornada das Emoções *Kids* e *Teen* pelo Instituto Amar e Acolher. Idealizadora do projeto Conexão Materna, que tem por objetivo ajudar mães a despertarem um novo olhar para os sintomas físicos, emocionais e comportamentais das crianças. Apaixonada pelo desenvolvimento infantil.

Contatos
www.ericaribeiro.com.br
eericaa.ribeiro@gmail.com
Instagram: @eerica.ribeiro
98 99112 5707

Os sintomas são sinais e portadores de informações precisas, são mestres implacáveis, verdadeiros guias no caminho da introspecção e da procura pessoal. Por isso, é necessário aprender e compreender a linguagem dos sintomas.
LAURA GUTMAN

O nosso olhar, atento para os sintomas, já é treinado desde a infância. Com simples brincadeiras, as crianças replicam fielmente tudo o que fazemos com elas. Aprendemos desde cedo a cuidar das nossas bonecas ou bonecos, dando mamadeiras, comidinhas, colo, remédios. São nesses momentos que a nossa percepção e o nosso olhar começam a identificar o que aquele brinquedo está querendo nos comunicar e assim tentamos atender e acolher os pedidos imaginários.

Podemos perceber que os sintomas são excelentes ferramentas de comunicação, são manifestações claras do que as crianças estão precisando e essa visão já é inserida naturalmente na nossa vida desde pequenos. Podemos como pais e cuidadores aperfeiçoar nosso olhar diante dos sintomas, entendendo que são os melhores mensageiros das crianças. De fato, elas se manifestam muito mais por meio de sintomas físicos, emocionais e comportamentais, pois ainda não sabem se expressar verbalmente.

Outro momento que surgem olhares atentos é na gravidez. A preocupação de melhorar a alimentação, se o bebê está crescendo, engordando, se está se movimentando na barriga, se as ultrassonografias estão com bons resultados e uma sequência de questionamentos para que nada possa interferir na saúde da mãe e do bebê, no seu desenvolvimento até o parto. Os sintomas são grandes mensageiros nessa época através da mãe: alterações hormonais, enjoo, cansaço, sonolência e muitos outros. O corpo da mãe é o mensageiro, ele que dá sinais de como o bebê está se desenvolvendo.

Quando nasce a criança, nasce um olhar ainda mais zeloso e investigativo, nascem pais que precisam a todo o momento desvendar o que significa o choro, pois, durante um bom tempo, a linguagem de comunicação do bebê será o choro. Com o choro, podemos identificar as necessidades básicas e fisiológicas: fome, sede, calor, frio, xixi, cocô, prisão de ventre, cólicas, dores, necessidade do colo materno, dentre outras.

Com o tempo e a prática diária, os pais e cuidadores da criança começam a identificar com facilidade o que ela está necessitando, se aperfeiçoam com o tipo de choro e seu tipo de manifestação. E em algum momento pode acontecer da criança ter todas as necessidades atendidas e ainda assim continuar chorando.

Nesse exato momento, bate o desespero e as muitas possibilidades do que pode ser. Levamos ao médico, exames realizados, crianças medicadas, tudo normal dentro da faixa etária, e alguns sintomas ou comportamentos retornam com muita frequência.

Existe uma coisa que normalmente não nos questionamos enquanto pais e cuidadores, nosso olhar costuma ser voltado apenas para as crianças e isso é automático, mas temos que lembrar que elas nos espelham e absorvem tudo que estamos vivendo e sentindo. Na infância, as crianças estão em total fusão emocional com os pais, cuidadores e o ambiente em que vivem.

A fusão emocional

Precisamos aprender a nos questionar, principalmente nos momentos que não encontramos respostas para o que os nossos filhos estão sentindo, refletir como estão as nossas emoções e preocupações, entender do que o nosso coração está cheio naquele momento, quais são os medos, inseguranças ou anseios. Talvez sejam diferentes ou nada habituais esses questionamentos, mas precisamos saber que é essencial o olhar atento não só para as crianças, temos que observar como nós estamos, como estão as pessoas com quem ela convive, o meio que ela vive. São por meio dessas pessoas que elas absorvem muito do que manifestam. Se inserirmos essas perguntas no dia a dia, teremos algumas respostas.

As respostas normalmente estão dentro de nós, às vezes conscientes ou inconscientes, mas estão lá registradas e se manifestam quando começamos a agir e usar de boas perguntas para nós mesmos e para as nossas crianças. Com o tempo, isso se torna hábito e a nossa percepção ficará ativada, conseguindo chegar ao entendimento de muitas coisas de forma prática e lógica, basta sair do automático da vida, apertar o botão da curiosidade e do questionamento.

É importante ressaltar que os dias que estamos mais angustiados, apressados, preocupados, são os dias que as nossas crianças mais nos solicitam, choram e pedem colo. Não é por uma simples coincidência, elas simplesmente estão imersas nas nossas sensações e sentimentos, elas sentem, isso ressoa no ambiente, mesmo que elas não compreendam o que de fato está acontecendo. O natural são elas absorverem como esponjas o que está se passando, necessitando e pedindo por mais atenção e cuidados nesse momento. O período em que as crianças mais absorvem é na primeira infância, é um ato de amor intrínseco aos pais.

Como relata a psicoterapeuta e escritora Laura Gutman: "Os sintomas não estão divididos em categorias. Simplesmente é necessário compreender sua linguagem análoga. Não importa, inclusive, se padecemos um sintoma no próprio corpo ou no corpo ou atitude do filho pequeno quando estamos fundidos emocionalmente com ele". Segue exemplo de um caso real de fusão emocional.

O caso de choro sempre no mesmo horário

Esse caso aconteceu comigo. Quando minha filha tinha quatro meses, ela começou a ter um choro sempre no mesmo horário, exatamente às 18 horas. Por mais que eu tentasse entender o que ela estava sentindo, nada me vinha à mente. O desespero da mãe de primeira viagem era grande. Decifrando a época e a situação, hoje posso relatar com convicção o que acontecia. Esse horário do choro era o único momento que eu ficava sozinha em casa com ela, eu me sentia insegura, com receio de algo acontecer e eu estar ali sem ninguém para ajudar. Como a fusão emocional nesse período é intensa, ela sentia a mesma coisa e só sabia chorar. Percebem o quanto é importante olhar para o que estamos vivendo e sentindo no momento? O quanto podemos influenciar na vida e nas reações dos nossos filhos?

A fusão emocional e a psicologia pré e perinatal

Os bebês e as mães estão em fusão emocional desde sua concepção, eles recebem a bioquímica da mãe, sentem as emoções, se conectam com o que acontece no entorno dela: o pai, a família, as pessoas que as cercam e, mesmo na barriga, os bebês vão obtendo suas próprias percepções. A psicologia pré e perinatal explica que, desde a sua concepção, ainda na vida intrauterina já se criam memórias e o bebê vem absorvendo e guardando informações. O vínculo começa no período uterino, a saúde física e mental está intimamente interligada com a vida uterina e as experiências da gestação podem refletir nos comportamentos, na parte fisiológica e emocional do ser humano.

Muitas sensações, bloqueios ou medos podem vir do período da gravidez porque todas as experiências que o bebê vivenciou ficaram registradas, sejam traumáticas ou não, e podem se manifestar na criança ou no adulto em algum momento da vida. Quando não encontramos um motivo específico para uma queixa, buscamos na época da gravidez e normalmente encontramos a resposta, como nesse atendimento a seguir.

Caso de raiva

A mãe de um menino de dez anos não entendia a raiva que era gerada pelo seu filho, algo que doía muito dentro dele. Muitas terapias, exames e não melhorava. Em casos assim, questionamos sempre como foi a gravidez, o que ela passou, quais sentimentos teve naquela época, se foi fácil, se teve intempéries ou algo que a impactou.

A mãe relatou que passou muita raiva no período da gravidez, o marido a traiu e ela precisou se separar. Não foi necessária nenhuma procura além, estava bem ali a resposta, a criança absorveu toda a raiva que a mãe passou. A mãe relatou que não conseguia fortalecer um vínculo com o filho, pois quando olhava para ele sempre vinha o período de sofrimento que ela passou e o menino então, inconscientemente, sentia que não era amado, não se sentia necessário e manifestava tudo expressando sua raiva. Com o entendimento do ocorrido e o desbloqueio da mãe, o menino melhorou.

O olhar da nova medicina germânica

Outra abordagem, ainda não tão conhecida, que podemos trabalhar o olhar de forma integral, e que ajuda muito com as crianças, surgiu na década de 80 com o médico alemão Dr. Ryke Geer Hamer, que a partir de seus estudos descreveu as 5 Leis Biológicas que fundamentam o conceito da Nova Medicina Germânica. As leis descrevem que a doença corporal e sintomas podem ser resultados de algum choque biológico, que é definido como um evento inesperado, intenso e dramático. Esse choque afeta três níveis: a psique, o cérebro e o órgão. E cada pessoa manifesta ou reage ao choque de acordo com a sua percepção.

Quando algo impactante foi vivido e não foi solucionado de imediato pela criança, se ela não soube explicar, falar, demonstrar, tudo isso pode ser revertido em sintomas físicos também, e tais sintomas normalmente não conseguem ser diagnosticados de forma específica e podem se repetir com frequência caso algo parecido aconteça novamente.

Podemos destacar alguns sintomas que se manifestam na infância e a interpretação do que pode estar associado ao conflito vivido pela criança de acordo com Dr. Hamer:

- Dores de garganta: quando não conseguem expressar o que estão sentindo.
- Tosse: algo que ficou preso na garganta e queria muito falar.
- Dores de ouvido: por não gostar de alguma coisa que ouviu ou por não ter conseguido ouvir algo.
- Região do nariz (incluindo espirros ou nariz escorrendo): normalmente envolvem medo, situações de perigo, o pensamento comum "algo não cheira bem".
- Alergia de pele: envolve conflitos de separação.
- Vômitos e refluxos: contrariedade indigesta, situação difícil de digerir.

Como podem notar, cada região do corpo é influenciada de acordo com a situação que a pessoa viveu. Quando vivemos um momento de estresse ou um conflito, aguçamos nossos cinco sentidos e, por meio deles, manifestamos os sintomas relacionados. Abaixo, três casos reais para melhor compreensão.

Caso de tosse

Uma criança de sete anos com uma tosse persistente, exames realizados, remédios prescritos e a insistência da tosse permanecer. Às vezes diminuía um pouco e logo voltava. Nesse caso, olhamos um pouco além. Utilizamos o olhar questionador e percebemos o alerta de algo emocional interligado. Na conversa, descobrimos que a criança tinha se sentido injustiçada na escola e não soube responder ou rebater e seu corpo manifestou tossindo, ficando preso na garganta o sentimento. Com terapia guiada, explicando todo o processo que ela passou e fazendo a liberação emocional, após alguns dias a criança estava sem a tosse e de volta à rotina normal.

Caso de dor no ouvido

Uma criança de oito anos começou a reclamar de todo e qualquer barulho: o som da televisão, a conversa mais alta dos adultos, o próprio jogo eletrônico. A mãe, sem entender, levou ao médico, fizeram vários exames e nada foi diagnosticado. E a pergunta que sempre surge: o que o meu filho pode ter? Algum conflito emocional estava ali registrado. O conflito que ocasionou o incômodo foi porque o pai havia brigado e gritado com ela de forma intensa, e aquilo ressoava a cada som externo que ela ouvia. Com o entendimento do ocorrido, foi feita a liberação emocional e ela ficou bem.

Caso de alergia respiratória

Uma criança de nove anos começou a ter uma enorme alergia, o nariz escorria sem parar e espirros frequentes que se manifestavam somente quando a criança tinha que assistir à aula on-line. Casos com horários e momentos específicos já são alertas de emoções interligadas, lembrando o que ocorreu na época da pandemia, escolas suspensas, onde existia medo, insegurança e fomos obrigados a partir para o mundo virtual. O quarto era limpo diariamente, exames realizados e nada identificado. O conflito era medo e insegurança de como seriam as aulas, como proceder a tantos comandos novos no computador. Conversando e conscientizando a criança que com o tempo ela aprenderia a acompanhar, ela foi melhorando e logo passou.

Olhando além dos sintomas

Jamais substituiremos os profissionais capacitados para lidar com os sintomas dos nossos filhos, mas podemos encurtar o caminho se for emocional, evitar tantas medicações e identificar com mais facilidade o que eles querem nos comunicar ou o que estão sentindo.

Pratiquem essas perguntas quando algum sintoma aparecer:

- Que mensagem preciso entender?
- O que esse sintoma ou comportamento quer me comunicar?
- Que emoção eu preciso compreender?
- O que está por trás desse sintoma?
- Como eu estou me sentindo nesse momento?
- Como está o ambiente em que vivemos?
- Que situação fora da rotina aconteceu?
- O que a criança viu, ouviu ou sentiu para manifestar esse sintoma?
- Será que o sintoma tem alguma relação com a época da gravidez?

Desejo que os pais e cuidadores olhem além dos sintomas, ouçam sempre e prestem atenção nos detalhes, assim será mais fácil acessar os sintomas e o coração das crianças.

Referências

FLÈCHE, C. *Decodificação biológica das doenças*. Rolândia: Cintia Chiarelli, 2020.

GUTMAN, L. *A maternidade e o encontro com a própria sombra*. Rio de Janeiro: Bestseller, 2003.

LOPES, B. *Nova abordagem terapêutica*. Rolândia: Cintia Chiarelli, 2020.

WILHEIM, J. *O que é a psicologia pré-natal*. Casa do Psicólogo, 1997.

18

LIMITES
O NÃO E A SUBJETIVIDADE INFANTIL

Com base em conceitos psicanalíticos e nos estudos de René Spitz e David Maldavsky, este capítulo busca apresentar o signo *não* como elemento constitutivo da subjetividade infantil. Muitas vezes o "não" dito pela criança é considerado como rebeldia ou falta de limites, quando, na verdade, é indício importante da capacidade da criança manifestar sua subjetividade em desenvolvimento.

GABRIEL ARRUDA BURANI

Gabriel Arruda Burani

Psicólogo (UNIMEP). Doutorando em Psicologia pela Universidad de Ciencias Empresariales y Sociales UCES (Argentina). Mestre em Psicologia Infantil e Adolescente (ESNECA, Espanha). Mestrando em Tecnologias Emergentes da Educação pela MUST University (Flórida, EUA). Especialista em Avaliação Psicológica e Psicodiagnóstico (CRP-SP); Especialista em Psicologia do Trânsito (UNIP/FACIMA). Docente em graduação em Psicologia nas disciplinas: Carreira e Gestão; Ciência, História e Profissão; Desenvolvimento Humano I e II; Psicologia da Educação e Aprendizagem; Psicologia Escolar; Teorias da Personalidade; Técnicas e Exames Psicológicos; Psicologia Jurídica e Práticas Integrativas. Docente em pós-graduação em Psicologia nas disciplinas: Normas e Procedimentos de Avaliação Psicológica, Laboratório de Avaliação Psicológica, Avaliação Psicológica da Personalidade, Peritagem e Elaboração de Documentos. Psicólogo credenciado: Polícia Federal e DETRAN/SP. Fator Humano Psicólogo do CENIPA. Pesquisador autor de publicações em Avaliação Psicológica, Desenvolvimento Humano, Educação, Personalidade e Testes Projetivos

Contatos
prof.gaburani@gmail.com
WhatsApp: 15 99630 9354.

Uma vez que existe uma concepção universal e social aferrada na família, nas instituições e nas relações humanas em geral como verdade absoluta e inquestionável, em que o adulto ocupa o lugar do saber, do que sempre tem razão, e a criança é o ser que nada sabe e que nunca tem razão, é esperado da criança uma atitude passiva, submissa que acate o saber, os mandos e desmandos do adulto, emergiu-se o questionamento sobre o "não" dito pela criança como um aspecto evolutivo de sua individuação.

O *não* e a construção da subjetividade

Toda ciência **psi** é herança das ciências naturais que impeliam as pesquisas científicas até fim do século XIX. Segundo a definição de Grinberg, "O termo positivismo é uma referência à fase amadurecida do espírito humano, em que, segundo Comte, o homem estaria preparado para abandonar as explicações teológicas e metafísicas dos acontecimentos, em favor do pensamento racional associado à observação atenta dos fenômenos e experimentação" (2003, p. 20); em outras palavras, o que era válido cientificamente era o observável e o experimentável. Como fica a subjetividade do objeto "homem"?

Segundo o dicionário Houaiss, "negar" é: "1 – formular uma negativa sobre, afirmar que não; (...) 6 – não reconhecer (...); 7 – opor-se a; não consentir; impedir; (...) 12 – pron. Esquivar-se a; esquivar; (...)"; no dicionário PRIBERAM, facilmente acessível pela internet, "negar" é: "do lat. *negare*; v. tr., dizer que (uma coisa) não é verdadeira ou que não existe; contrariar a verdade de; não admitir a existência de; contestar; não permitir; não conceder; recusar; rejeitar; repudiar; desmentir; abjurar; v. int., dizer que não; v. refl., recusar-se; não se prestar a." Na língua portuguesa, o verbo negar ou o não remetem de forma geral ao impedimento.

É sabido que o objeto de estudo das ciências humanas não é regular como o objeto de estudos das ciências naturais, logo o olhar do pesquisador não estará voltado unicamente ao apresentado pelo sujeito, mas o que está muito além, o que está subjetivo. Como apresentado, Spitz (1979) tem os primeiros meses de vida da criança como fundamentais para o desenvolvimento da personalidade. A relação estabelecida entre as perdas que ocorrem nesse período – como a perda do seio para a mamadeira – são de suma importância para a elaboração psíquica da criança, também a relação de dependência e independência entre mãe e filho.

São informações importantes que nos darão pistas de compreensão acerca da criança. Essas perguntas devem ser feitas exclusivamente aos pais, uma vez que tais informações são normalmente vinculadas a eles.

Logo que ouvimos uma negação de uma criança, um "não", comumente atribui-se à criança rebeldia e desobediência; quando ela se recusa a fazer determinada tarefa e/ou ficar em contato com alguém.

Quando essa negação, seja verbal ou pré-verbal, deixa de ser apenas a imitação do adulto e passa a ser um signo importante para a criança? É necessário explicar aos pais e professores que o ato do "não" – por meio de gestos, atitudes, palavras e recusas - pela criança pequena não é rebeldia, mas sim a constituição do sujeito emergente na criança.

A partir de estudos embasados nos primeiros anos de vida, na formação da personalidade e constituição do sujeito, todo e qualquer trabalho de pesquisa que enfoque as etapas iniciais do desenvolvimento são de cabedal importância para ter-se conhecimento dos aspectos mais arcaicos e primitivos – em termos de desenvolvimento – bem como para aplicar esses conhecimentos em nível preventivo.

Essas pesquisas poderão propiciar conhecimentos que poderão ser operacionalizados no sentido de possibilitar, a partir desses, uma estruturação do funcionamento mental mais saudável.

Para Freud (1925), "Negar algo em nosso juízo equivale, no fundo, a dizer: isso é algo que me agrada reprimir. (...) Através do símbolo da negação, o pensamento liberta-se das restrições da repressão e se enriquece com elementos de que não pode prescindir para sua função", ou seja, o ato da negação está intimamente ligado ao juízo, regido pelo Ego inicial (Princípio do Prazer).

Ao adotar-se o símbolo da negação, o pensamento não é reprimido pelo Ego, mas é regido pelo Princípio do Prazer. Ainda em "Psicanálise Aplicada – 13 – Negação", Freud nos fala que o "não" não tem qualquer procedência do inconsciente, mas da manifestação do Ego, numa "fórmula negativa".

Dos estudos de Freud, inúmeras releituras foram feitas, novas suposições foram criadas e assim autores exploraram e criaram não uma ou outra Teoria Psicanalítica, mas novos meios de sua aplicação em diversas releituras.

Spitz e o *não* – um signo de comunicação da subjetividade

Diferente da negação proposta por Freud (1925), perceberemos que a proposta de Spitz ao "não" remete o sujeito a um signo da comunicação, e não uma função do juízo que simplesmente harmoniza as repressões egoicas.

René Árpád Spitz, nascido na Hungria em 1887, fugiu para os Estados Unidos na Segunda Guerra Mundial. Formado médico psiquiatra e, posteriormente, psicanalista, Spitz focou seus estudos inicialmente na relação mãe-bebê. Verificou que essa relação era intimamente ligada ao desenvolvimento da criança. Posteriormente, realizou um amplo estudo com crianças e bebês institucionalizado durante as décadas de 1940 e 1950.

O texto que embasou esse ensaio e estudo é o livro *Não e o sim* (1956), no qual Spitz busca e funda sua tese de que o "não" para a criança é signo de sua constituição como humano. São poucas as publicações nas bases de dados sobre o signo do "não" e a constituição da subjetividade.

Ao contrário de Freud, Spitz vê a negação como uma manifestação pautada na comunicação da criança com o outro. Segundo ele, desde as primeiras semanas de vida, o bebê já expressa seu desprazer com o externo girando a cabeça, como o nosso conhecido ato de movimentar a cabeça para negar alguma coisa – por meio de evitação psicológica – denominado de movimento cefalorígico negativo.

Spitz analisa também o comportamento de "fuçamento", no qual a criança, em vez de evitar, quer se aproximar do outro, no caso em busca de alimento. Esse é o prenúncio de uma comunicação; a criança procura (sonda) um meio de aliviar a tensão gerada pela fome, em busca da gratificação: o seio. Quando saciada, a criança deixa de mamar e retira a cabeça de perto do seio ou mesmo adormece. Diferente do comportamento de "fuçamento", aqui, a criança recusa o seio. A relação entre o "fuçamento" e a "recusa" está intimamente ligada ao desenvolvimento da criança; uma vez que tenha "aprendido" que pode evitar ou permitir o contato com o outro dessa forma, o bebê passa a usá-la em sua sobrevivência. Em ambos os casos, o bebê regride e tenta descarregar a tensão, seja por fuçamento ou evitação.

São fenômenos diferentes que buscam o mesmo objetivo já citado: descarregar a tensão gerada.

Spitz faz uso dos conceitos de "objeto bom e objeto mau" de Melanie Klein para exemplificar o comportamento de Mônica, um exemplo de caso em seu livro. Ali, a criança tem como "objeto bom" o médico que a alimenta, cuida e brinca com ela. Toda e qualquer outra pessoa para a criança são "objetos maus": ela se recusa a manter contato com a pessoa, virando para o lado oposto em que está o outro e adormecendo. O **objeto bom** representa à criança o seio materno que alimenta e acolhe. O **objeto mau** é aquele que lhe causa desprazer. Logo, na sua relação com o objeto libidinal, a criança adquire signos para a comunicação humana.

O aprendizado deste "não", que é elemento de nosso estudo, ocorre durante o processo de imitação e identificação. Segundo Mijolla (2005), "A identificação é um processo psíquico inconsciente pelo qual uma pessoa assimila uma parte mais ou menos importante de sua personalidade a outro que lhe serve de modelo". No caso de nossa pesquisa, a criança começa a apreender o mundo a sua volta por meio de jogos com os adultos.

Nesse ponto, o jogo libidinal entre ela e o outro cria em seu ego uma "memória de ações". O significado semântico do "não" ocorre quando o Id e o Ego já estão determinados no aparelho psíquico da criança. Aqui há uma distinção entre o "não" da regressão do movimento cefalorígico negativo de forma primitiva ao Ego e o progressivo movimento negativo da cabeça, associado ao significado do gesto. É importante notar que em momento algum Spitz vê a negação como modo de "introjetar em si tudo o que é bom, e expulsar de si tudo o que é mau" (FREUD, 1925), em que Freud diz que, ao negar, o sujeito expulsa do Ego o que o juízo orienta a fazer. Spitz tem a negação na criança, à medida que ela se desenvolve maturacionalmente e começa a aprender do outro. Os sinais que simbolizam esse "não" ocorrem na forma de proibições ou advertências por parte do adulto.

Logo, a criança toma para si este ""não que o identifica, por meio da repetição, como impedimento. A frustração causada pelo "não" vem de uma figura afetiva significativa à criança e esse impedimento é guardado em sua memória. Ser impedido, frustrado, dá ao sujeito desprazer, porque este não vem de seu objeto libidinal; assim, seu desenvolvimento narcísico e relacional com o objeto externo é marcado como traço de memória ao ego.

O gesto do "não" para a criança é vivido como um desprazer; é limitado também à imitação da ação física. Onde essa negação – esse "não" – deixa de ser passivo e se torna um ato ativo? Inicialmente temos a manifestação de ansiedade, em que o bebê nega o estranho como defesa, excluindo a sua percepção com o outro – esconder-se do estranho. É um ato passivo em relação ao outro.

Do instante em que a criança expressa sua negação – com atos/palavras – ela adota para si a recusa, por imitação do adulto deixa para trás as ilusões contra o agressor – que lhe propõe desprazer – e a criança se torna autônoma, ativa no sentido de sua estruturação de traços de memória e experiências. Ou seja, o "não" deixa de ser uma imitação e se torna uma oposição contra o adulto.

Maldavsky e o não – conquista da intelecção

O psicanalista argentino David Maldavsky reconhece e apoia os estudos de Spitz sobre o tema, e adiciona uma interpretação interessante do "não" como uma conquista intelectual da criança. Segundo Maldavsky (1992, p. 255), o surgimento do "não" é conquistado como um símbolo que advém "de uma mistura entre a pulsão de morte e as pulsões sexuais e de autopreservação".

Sendo o "não" inicialmente um processo de expulsão daquilo que desagrada a criança durante o desenvolvimento da corrente psíquica anal primária, o autor afirma que, como Spitz, esse é um recurso defensivo inicial frente ao estímulo desprazeroso.

A princípio, a negação é uma forma de realizar uma vontade hostil da criança ou de outro como um recurso opositor. O "não" torna-se, com o tempo, capaz de ligar-se a outras palavras, de acordo com as investiduras libidinais presentes em cada situação. Toda estruturação da frase elaborada pela criança faz parte do processamento complexo intelectual e dos recursos de linguagem infantil.

É a conquista do símbolo do «não» como um ato de repulsa, também como expressão dos valores de juízo de existência da criança. Mecanismos de defesa utilizam-se da negação como elemento constitutivo do juízo de valores e sua relação com o mundo interno e externo da criança. É a emergência das conquistas intelectuais quando o "não" cria um lugar no pré-consciente caracterizado pelas novas lógicas aprendidas. Temos neste sentido intelecção do "não", processos das correntes psíquicas, juízos e valores defensivos. (MALDAVSKY, 1992).

Consideração final

Da submissão ao desprazer, à apresentação do "não" ativo, requer certo grau de abstração da criança. Há uma redistribuição de energia psíquica que até então a criança não dispunha. "É uma realização autônoma de atividade sinética do Ego" (SPITZ, 1956, p. 53). A relação entre a comunicação do bebê com seu objeto libidinal se faz necessária para alcançarmos a relação entre o "não" sendo signo – sinal provido de significação - da comunicação humana.

Não encontramos mais a criança dita por Spitz, que suga o próprio dedo ao sentir-se desolada – buscando o objeto perdido, no caso o seio a quem a acolhe – e nega o contato com o outro instintivamente, mas sim uma criança que nega o contato porque assim o quer.

Como diz Carmem Moloy: "Na psicanálise existe universalidade somente em relação em afirmar que não há experiência humana fora do campo da linguagem." (in RAPPAPORT, 2006, p. 123), ou seja, na articulação da teoria com a prática é impossível pensar a psicanálise fora do campo da linguagem.

De forma breve, apresentou-se aqui alguns elementos que poderão nos auxiliar teoricamente na busca pelo signo do "não" como parte constituinte da personalidade e constituição do sujeito.

Agradecimento

Este capítulo é uma homenagem póstuma à Prof.ª Ma. Maria Dolores Alvarez, querida professora, que foi indispensável para inspiração e orientação acadêmica deste escrito.

Referências

ABERASTURY, A. *Psicanálise da criança – teoria e técnica*. Porto Alegre: Artmed, 1992.

FREUD, S. *Obras completas de Sigmund Freud*. Vol. 11. Psicanálise Aplicada, cap. 13. Negação. Rio de Janeiro: Delta S.A., 1925.

HOUAISS, A. *Dicionário Houaiss da língua portuguesa*. 1. ed. Rio de Janeiro: Editora Objetiva, 2001.

MALDAVSKY, D. *Estruturas narcisistas – constituição e transformações*. Rio de Janeiro: Imago, 1992.

MIJOLLA, A. *Dicionário internacional de psicanálise – A-L & M-Z*. Rio de Janeiro: Imago, 2005.

PRIBERMAN Informática. *Negar*. Disponível em: <https://dicionario.priberam.org/negar>. Acesso em: 23 fev. de 2022

RAPPAPORT, C. R. et al. *Psicanálise - introdução à práxis - Freud e Lacan*. São Paulo: EPU, 2006.

ROSA, M. D. *Histórias que não se contam: o não dito na psicanálise com crianças e adolescentes*. São Paulo: Cabral, 2000.

SPITZ, R. A. *O não e o sim – a gênese da comunicação humana*. São Paulo: Martins Fontes, 1979-1998.

19

CRIANÇAS E ANIMAIS
BENEFÍCIOS DA INTERAÇÃO

Os benefícios da interação entre crianças e animais podem favorecer os pequenos de muitas maneiras, auxiliando no desenvolvimento de diversas habilidades sociais, emocionais e cognitivas. Dessa forma, essas relações contribuem na formação de adultos mais responsáveis, empáticos e emocionalmente estáveis.

GABRIELA A. CRUZ E
KAREN THOMSEN CORREA

Gabriela A. Cruz

Graduada em Psicologia pela Universidade Braz Cubas. Especialista em Neuropsicologia pelo Hospital Israelita Albert Einstein. Reabilitação Neuropsicológica pelo HCFMUSP. Formação em Desenvolvimento Cognitivo com Base nas Neurociências. Fundadora e coordenadora do Programa Roda Pets Literária – Incentivo à Leitura Infantil. Atua em Intervenção Assistida por Animais há 8 anos.

Contatos
gabriella.cruz@live.com
Facebook: gabrielacruz
Instagram: @gabrielacruz.psi
12 98894 6094

Karen Thomsen Correa

Graduada em Psicologia pela Universidade Braz Cubas. Especialista em Psicologia da infância pela UNIFESP/EPM. Psicologia Hospitalar HAS/HCFMUSP. Fundadora e coordenadora do Projeto Patas no Divã – Terapia Assistida por Animais. Atua em Intervenção Assistida por Animais há 14 anos.

Contatos
www.patasnodiva.com.br
thomsen_karen@yahoo.com.br
Instagram: @ka_thomsen
11 99132 7580

Os animais estão presentes na vida das crianças tanto de maneira real quanto simbólica e, desde o nascimento, desempenham um papel extraordinário na vida dos seres humanos. Inicialmente, este primeiro contato surge de maneira simbólica, por meio dos primeiros presentes dados ao bebê, sendo comum receberem pelúcias ou paninhos com imagens de animais carismáticos e, ao longo do desenvolvimento, esses personagens estarão presentes em vestimentas, brinquedos e nos personagens de animação, se tornando figuras centrais de interesse da criança. Em lembranças de nossa infância, frequentemente temos imagens de personagens infantis que marcaram nossas brincadeiras e essas representações sempre trazem figuras simpáticas de animais, com os quais nos sentimos motivados, envolvidos e alegres.

Os animais reais ocupam e exercem um papel importante no interesse da criança e cada vez mais famílias multiespécies – configuração familiar em que há o laço afetivo e vínculo estabelecido entre humanos e animais - reconhecem e valorizam essa relação e proximidade, em que animais são incluídos até mesmo na cerimônia do nascimento do bebê, em partos naturais realizados em casa ou então esse vínculo é estabelecido nos primeiros dias de vida, após a alta da maternidade e o retorno ao lar, quando o bebê e o animal passarão então a conviverem juntos.

Conforme o crescimento da criança, notamos que este interesse por animais se estende e vai além do vínculo estabelecido com o animal de companhia da família. Surgem os pedidos por passeios e visitas a espaços que tenham animais, como zoológicos, parques, aquários, fazendinhas e também se fazem presentes nos temas de curiosidade e estudo. Pesquisas apontam que, em redes de busca na internet, a procura por assuntos relacionados a animais é um dos maiores acessos feito por crianças.

Segundo Serpell (1999), cerca de 90% das crianças têm expectativa e demonstram desejo de terem um animal de companhia e expressarão essa vontade ao menos uma vez ao longo de sua infância. A busca por essa convivência e interação é algo natural e intrínseco nos humanos, podendo ser constatada pela teoria da biofilia, de E.O. Wilson, biólogo e pesquisador que apresentou que temos uma forte ligação emocional e um desejo instintivo pela busca em interação e troca afetiva com outras espécies como algo inato do seres humanos. Porém, este interesse sofre influências de experiências pessoais, sociais e culturais, havendo necessidade de contato constante para que esta conexão perpetue. Em outras palavras, um bebê nasce com uma forte ligação emocional pela interação com os animais, mas essa conexão somente se estabelecerá se houver o incentivo de um adulto que possa mediar e incentivar essa relação. Notamos que essa interação entre crianças e animais é cada vez mais valorizada por famílias que notam contribuições no desenvolvimento das crianças em diversos níveis como cognitivos, sociais, morais e físicos.

Animais promovem companhia, entretenimento e oportunidade para que a criança desenvolva o senso de responsabilidade por meio dos cuidados – alimentar, escovar, passear etc. Com essas atividades, o laço é fortalecido e muitos benefícios podem ser observados na criança como aumento de autoestima, sentimento de realização e autoconfiança.

Pesquisadores das interações homem-animal sugerem que os benefícios são ampliados ao contato físico, alcançando respostas fisiológicas como redução da pressão arterial e dos batimentos cardíacos. Esses benefícios também são notados nos animais, ou seja, essa troca de afeto é mutuamente benéfica. Ainda, nota-se aumento de ocitocina, endorfina e dopamina, havendo o a redução de estresse, agitação e o aumento da calma, afetividade, atenção e disposição. Os animais, especialmente os cães, são facilitadores das interações sociais, encorajam atitudes afetuosas e empáticas ao dispor a atenção a outro ser. A criança percebe a real necessidade do outro, que muitas vezes vai além de sua própria vontade e, assim, compreende que o animal tem sentimentos e vontades próprias: saber respeitá-las pode ser um excelente treino de habilidades sociais.

A relação com os animais também promove a regulação das emoções. Uma criança que apresenta o comportamento de gritar e se bater como forma não funcional de comunicar algo que deseja pode ser incentivada a manifestar essa comunicação de uma maneira adequada se o adulto souber conduzir e ajudá-la a perceber que os gritos e o comportamento agressivo são prejudiciais a ela, mostrando como seu cão fica triste e assustado. Esse manejo pode fazer com que a criança desenvolva um treino de autocontrole e ajuste de seu comportamento. Além disso, outras situações cotidianas que ocorrem e podem ser uma excelente oportunidade para o diálogo de fatos da vida, como doença, morte e orientação sexual, são temas presentes e necessários ao diálogo familiar entre pais e filhos.

De acordo com Severson (2014), crianças que convivem com animais tendem a serem mais sociáveis e apresentarem melhor relação com seus familiares e amigos. Os animais de companhia estão cada vez mais presentes nos lares brasileiros, segundo dados do Instituto Brasileiro de Geografia e Estatística (IBGE). Em 2020, foram registrados 48 milhões de lares brasileiros que têm, ao menos, um animal em casa, sendo as espécies mais comuns os cães e os gatos.

Observando a interação entre crianças e animais, quando há respeito e troca sincera de afetos, notamos o desenvolvimento de uma série de habilidades: aperfeiçoamento da linguagem, senso de si, a conexão com as pessoas, a imaginação e as brincadeiras funcionais. Há uma forte associação entre a maneira que a pessoa aprende a se relacionar com os animais em sua infância, com o comportamento e atitudes que apresenta na fase adulta.

Segundo Paul (1992), estudos apontam que adolescentes com comportamentos violentos apresentavam na infância indicadores de violência na relação com seus animais pelo treino com base na punição, sendo tais atitudes aprendidas de maneira intergeracional – transmitidas entre gerações. Podemos pensar que é algo muito além da mediação dessa interação, sendo necessário o comportamento de respeito e afetividade entre os adultos e os animais, pois será com essa referência que as crianças desenvolverão seus comportamentos adequados nas interações sociais e considerarão as interações entre todas as espécies. Se pensarmos no conceito de neurônio espelho – aqueles que são ativados como um espelho refletindo a ação de outra pessoa –, crianças que observam os pais agirem de maneira estável, assertiva e afetiva nas interações com os animais aprendem por meio da observação como se relacionar com os animais e este aprendizado será estendido nas relações com outras pessoas. Portanto, crianças que convivem com animais de maneira saudável e adequada tendem a apresentar melhor qualidade nos relacionamentos interpessoais.

Atualmente muitas pesquisas demonstram benefícios da interação entre crianças e animais em ambiente terapêutico ou ambiente escolar, em que profissionais capacitados utilizam a presença do animal como facilitadores do alcance de resultados em programas com propostas preestabelecidas, a denominada técnica de intervenções assistidas por animais, podendo ser: atividade, educação ou terapia, a depender do propósito e contexto desenvolvido.

No ensino infantil, professores incorporam cada vez mais programas de educação envolvendo natureza e animais. Essas atividades desenvolvem de maneira dinâmica o senso de responsabilidade e o treino de autonomia e autocuidado, estimulam a criatividade e promovem um aprendizado de maneira divertida e espontânea (MELSON & FINE, 2010). A presença do animal também pode servir como base de apoio para a criança proporcionando-lhe consolo e aceitação incondicional, desviando a pressão que a criança possa sentir por dificuldades de adaptação escolar (DOTTI, 2005).

Desenvolver as habilidades de leitura na presença dos animais cria um vínculo afetivo que torna a leitura mais prazerosa, pois o animal atua como recurso motivador, desprovido de preconceitos ou julgamentos, promovendo aprendizagem nas diferentes áreas do conhecimento. O contato com os animais, além de facilitar a aprendizagem, torna a leitura mais dinâmica, estimula as habilidades emocionais e sociais, tranquiliza o ambiente, provoca melhoria no comportamento e na concentração da criança. Por meio dessa prática, a criança melhora o funcionamento do cérebro, amplia o conhecimento, fortalece o desenvolvimento da criança, auxilia na construção do senso crítico, desenvolve a linguagem, enriquece o vocabulário e aprimora a escrita.

A intervenção assistida por animais – na modalidade terapia, inserida dentro do processo terapêutico, no caso em clínica de psicologia infantil –, pode favorecer de diversas maneiras o indivíduo, promovendo a comunicação, a expressão de sentimentos, engajamento e motivação em participar dos atendimentos. Os animais que participam dessas intervenções são animais que foram previamente selecionados, treinados e socializados a fim de participarem dessas ações terapêuticas. Deve-se entender que o animal será incluído no tratamento de acordo com a demanda comportamental apresentada pelo paciente. Portanto, é uma técnica que desenvolve um plano de intervenção, com objetivos, metas e tem controle de resultados. Um dos benefícios observados é que determinadas reações expressas pela criança podem ser reguladas observando a reação do animal, pois uma criança que apresenta características de agitação e dispersão pode perceber que o cão tende a se agitar e não responder às solicitações que ela faz, como o treino de truques.

A criança diz repetidas vezes "dê a pata. Dê a pata. Dê a pata" e, uma vez que o cão não responde, ela se frustra e tende a apresentar um comportamento não adequado. Nesse momento, o profissional pode dialogar com a criança para que entenda o motivo do cão não ter respondido àquela solicitação e, assim, se identifique que a resposta do cão se deu por efeito do comportamento apresentado pela criança, sugerindo um treino de ajuste e autocontrole com o auxílio do cão. Os benefícios do tratamento em psicologia infantil aliada à técnica de terapia assistida por animais são inúmeros, pois notamos uma evolução e respostas mais rápidas ao tratamento se comparado à terapia convencional – sem a utilização da técnica.

O animal de estimação é companhia constante, pois sua presença promove calma e a troca de afeto entre homens e animais é extremamente benéfica já que há fortalecimento de vínculos familiares naqueles que encontram no animal um propósito em comum e se unem para cuidá-lo ou simplesmente admirá-lo. Ainda, para pacientes hospitalizados que participam de programas de terapia assistida por animais, a interação promove melhora do quadro clínico, há a redução de sintomas depressivos e isolamento social: os enfermos passam a conversar mais entre si e também com os profissionais. A presença do animal no atendimento a pacientes hospitalizados é vista como um momento de alegria, pois há o desvio da dor e da doença, a quebra da rotina hospitalar e a motivação e ressignificação de vida são também relatados por pacientes que participam dessas intervenções.

A criança nasce com capacidades afetivas, emocionais, cognitivas e sociais, necessitando estar próxima de outras pessoas e da natureza para um desenvolvimento saudável. No contexto da pandemia, a saúde mental de crianças vem sendo afetada pelos efeitos do isolamento social, as mudanças na rotina, a ausência das atividades presenciais escolares, maior exposição aos eletrônicos e o distanciamento social vem gerando alterações emocionais e comportamentais, como irritabilidade, medos, dificuldade no sono, piora no quadro de imunidade, ansiedade, atraso no desenvolvimento, dificuldade as interações sociais e depressão. O contato com os animais contribui na produção de endorfina e serotonina, que regulam o humor, o sono, o apetite e reduzem as taxas de cortisol, hormônio relacionado ao estresse. O nível de ocitocina, considerado o hormônio da felicidade, aumenta rapidamente em crianças que convivem com cães, tendo menos probabilidade de sofrer ansiedade infantil. O contato com cachorros pode diminuir risco de apresentar asma, além de influenciar positivamente no sistema imunológico e reduzir chances de desenvolvimento de alergias. Os animais também contribuem para que as crianças sejam mais empáticas, atenciosas e solidárias, e favoreçam as habilidades sociais, promovendo a interação e a socialização.

De maneira geral, os animais, sejam eles de companhia ou inseridos em processos terapêuticos e de aprendizagem, contribuem para o desenvolvimento global de crianças. Para que tais benefícios possam ser alcançados, se faz necessário monitoramento e mediação contínua de um adulto, especialmente no ambiente doméstico, para que essa interação se mantenha mutuamente benéfica e haja respeito ao bem-estar animal.

É válido notar que crianças pequenas ou bastante agitadas podem não reconhecer imediatamente os limites do animal, podendo causar assim um estresse e possível desgaste nessa relação.

Referências

ASCIONE, F. R. *Children and animals: exploring the roots of kindness and cruelty*. USA: Purdue University Press, 2004.

BOSSARD, J. *The sociology of children development*. New York: Harper, 1948.

BOSSARD, J. *The Mental hygiene of owning a dog*. New York: Harper, 1948.

DOTTI, J. et al. *Terapia e Animais*. Campinas: Noética, 2005.

FUCHS, H. O animal em casa. Um estudo no sentido de desvelar o significado psicológico do animal de estimação. São Paulo: Editora USP, 1987.

MELSON, G. F.; FINE, A. H. Animals in the lives of chidren. *Handbook on animal assisted therapy: theoretical foundations and guidelines or practice*. Estados Unidos: Academic Press, 2010.

PAUL, E. S. *Pets in childhood*. Unpublished. PhD Dissertation. University of Cambridge. Inglaterra, 1992.

SERPELL, J. Guest editors introduction: animals in childres lives. *Society & Animals: Journal of Human-Animal* 7(2):87-94, 1999.

SEVERSON, R. L. *The value of (Research on) Animals in childrens lives*. Disponível em: <https://doi.org/10.1159/000357792>. Acesso em: 2 fev. de 2022.

20

LIMITES RESPEITOSOS: POR QUE E COMO DÁ-LOS?

Neste capítulo falaremos sobre a importância dos limites e como podemos ensiná-los de forma respeitosa, gentil e firme aos nossos filhos. Explicitaremos, por fim, o quanto os limites contribuem para o desenvolvimento de seres realmente mais humanos, autodisciplinados e felizes.

GISLAINE GRACIA MAGNABOSCO

Gislaine Gracia Magnabosco

Mãe do Davi, pedagoga, professora e educadora parental certificada pela *Positive Discipline Association* (PDA). É formada em Letras e Pedagogia pela Universidade Estadual de Londrina (UEL), além de ser especialista em Psicopedagogia e Neuropedagogia. Também fez mestrado em Estudos Linguísticos pela Universidade Estadual de Maringá (UEM). Atua na área da educação há mais de 10 anos, estando, hoje, na coordenação dos Anos Iniciais em uma escola particular na cidade de Londrina. Somada à sua experiência na área da educação (docência, orientação e coordenação), atua também como educadora parental, orientando pais não só em prol do seu autoconhecimento, como também para transformação do seu maternar/paternar, visando ao desenvolvimento de relações mais conectadas, conscientes, gentis, firmes e respeitosas.

Contatos
gigracia@hotmail.com
Instagram: @Elo_Consciente
43 99124 6508

O que é dar limites? Como saber a hora de dá-los, realizando de forma assertiva e respeitosa? Essas são algumas das muitas dúvidas que permeiam a parentalidade de muitos de nós. Isso porque fomos educados em outro tempo e, quiçá, em uma outra cultura, na qual criança não tinha vez e voz. Por isso, muitos dos limites eram dados de forma autoritária e, assim, desrespeitosa, desconsiderando, de tal modo, o ser ali em desenvolvimento: suas capacidades, sentimentos e medos.

Os pais puniam e castigavam como um direito legítimo, pois era dever do educador corrigir, mesmo que com rigor físico, as "rebeldias" da infância.

Outros, ainda, educavam no extremo oposto, isto é, em um ambiente permissivo no qual simplesmente concedia-se muito mais, repudiando a punição em prol de uma amizade extrema que beirava ao esvaziamento do modelo parental (GOMIDE, 2014). Esses pais, perdendo-se no seu papel de educador, deixaram, muitas vezes, de estabelecer regras, gerando um lar caótico.

Há ainda outros que buscam não "cair" nesses dois modelos extremistas e estar em um equilíbrio, educando de forma gentil e firme (NELSEN, 2015). Nesse "novo" modo de educar prevalece uma postura parental mais engajada na busca de uma consciência (de si, dos filhos, do contexto, das ferramentas que podem usar) para orientarem tendo como norte uma educação respeitosa que estabeleça limites, mas sem punir, humilhar, desencorajar, baseando-se no respeito mútuo e na cooperação.

Esse, provavelmente, é o desejo de todos aqueles que leem este capítulo: dar limites de forma respeitosa, firme e gentil. Você quer saber como pode fazer isso? Venha comigo que vou te mostrar.

Por que dar limites?

Ensinar limites é ensinar sobre o mundo e sobre o sentimento das pessoas que nos rodeiam. É também deixar que nossos filhos expressem seu posicionamento, sabendo dizer não com convicção quando necessário (DUMONTEIL-KREMER, 2009).

Todo limite é uma referência de vida e está interligado a valores diversos (morais, éticos, religiosos etc.). Por isso que, muitas vezes, o que se configura como limite em uma família pode não ser em outra. (JULL, 2009).

No entanto, ainda que estejam interligados a valores particulares, todos nós, ao educarmos, temos uma responsabilidade e um dever: atender às necessidades (alimentação, vestuário, higiene etc.) e julgar a adequação de alguns desejos, dizendo "não" quando necessário. Em outras palavras, devemos saber distinguir o que nossos filhos realmente precisam, combinando e impondo certos limites quando necessários.

Assim é nosso dever comprar roupas, mas não necessariamente é nossa obrigação comprar a roupa da marca X ou Y (avaliaremos esse desejo e julgaremos se é pertinente ou não, limitando-o ou não).

Por isso, para educar filhos saudáveis, criativos e socialmente responsáveis, é preciso ensinar-lhes limites com consciência, entendendo, também, dos nossos próprios limites.

Quando damos limites, nutrimos "o Eu – que representa a consciência crítica e a capacidade de escolha. Sem limites, o Eu se torna egocêntrico, individualista e egoísta. Os limites não podem ser castradores ou punitivos, mas devem ser promotores da formação do ser humano como líder de si mesmo, como ser autônomo, protagonista de sua história e corresponsável pelo bem-estar social" (CURY, 2018, p.38).

Nesse sentido, os limites quando dados de forma consciente, respeitosa, gentil e firme, contribuem para a formação de seres mais felizes, responsáveis socialmente e emocionalmente saudáveis (autodisciplina), que conseguem, facilmente, se adaptar às normas sociais. Além disso, os limites favorecem enormemente na criação de um lar mais tranquilo.

Mas como podemos fazer isso de uma forma realmente consciente e respeitosa?

Como dar limites de forma consciente, respeitosa e firme?

De forma geral, há duas vias pelas quais nossos filhos podem nos atender: **ou por medo** (motivador eficaz no momento, mas que com o passar do tempo, torna-se menos poderoso) **ou por amor**, a saber, por causa da forte relação de confiança e afeto que têm conosco, sendo um motivador eficaz atemporal.

Quando nossos filhos se sentem conectados a nós, não precisam ser ameaçados para colaborar. Eles passam a *querer* atender às nossas expectativas, a *querer* nossa ajuda para lidarem com suas emoções, para que possam (re)agir de forma respeitosa, seguindo o nosso próprio exemplo diário.

> *Buscam, então, aprender a entender suas próprias emoções, resistir aos seus impulsos, desenvolvendo autodisciplina, assumindo responsabilidade por suas ações, inclusive, na reparação dos erros.*
> (MARKHAM, 2019, p.45)

Esse é, então, o grande segredo do estabelecimento de limites respeitosos: a CONEXÃO.

Com ela, conseguimos mais colaboração dos nossos filhos e, também, uma compreensão real e mais participativa dos motivos pelos quais um determinado limite está sendo estabelecido. Eles passam, então, a entender que seu cumprimento é importante pelo bem individual e coletivo, não porque terão um privilégio e/ou para se livrarem de uma punição (MANTOVANI, 2018).

De tal modo, quanto mais presentes e modelos formos, quanto mais afeto, empatia e consciência colocarmos em nossas orientações sobre o que é certo fazer e como fazê-lo, mais nossos filhos terão o desejo de contribuir.

Mas como colocar isso realmente em prática?

Primeiro, temos que conscientizar nossos filhos sobre o problema e sobre a necessidade do limite. É importante que saibamos explicar os porquês da adoção de determinadas restrições, dialogando com os nossos filhos (enquanto eles forem respeitosos, permitindo que questionem a lógica da regra em questão, mas não necessariamente o seu não cumprimento).

Quando sabemos dialogar, em vez de simplesmente forçar nossos filhos a nos obedecerem, auxiliamos na compreensão dos motivos daquele limite e, de tal modo, criamos uma atmosfera mais amistosa à colaboração. Depois, é preciso ensiná-los a praticar os comportamentos desejáveis e, por fim, propor um período de adaptação, após o qual eles terão de adotar a nova postura.

Veja algumas possíveis etapas.

Comece com uma forte conexão de suporte	
Não comece a falar até estar conectado.	Olhe nos olhos. Toque para chamar a atenção. Demonstre que quer conversar, sem pressioná-lo, sem brigar.
Escute de verdade seu filho, demonstrando empatia.	Busque entender as motivações para identificar com quais pensamentos e emoções você deve dialogar. "Por que para você está difícil a hora do banho?"
Pondere sobre os pontos de vista, mostrando que há limitações para a realização dos desejos.	Por meio de um diálogo, ajude seu filho a entender que há limites, distinguindo quais são e como ele pode aprender a viver com eles. Ouça seu filho. Se for possível, troquem ideias sobre como lidarem com essa situação. "Entendo seu ponto de vista, mas precisamos tomar banho. Como acha que podemos entrar em um acordo?"
Fique com ele enquanto estabelece o limite.	Muitas vezes, a mudança de atitude só vai acontecer se ensinarmos como se adaptar às regras.
Estabeleça limites de maneira calma, gentil e com real empatia.	"Não grito com você, então, por favor, não grite comigo. Deve estar muito chateado para usar esse tom de voz. Qual é o problema, filho?"

Reconheça o ponto de vista dele enquanto estabelece o limite.	"É difícil parar de brincar e entrar. Mas agora é a hora do banho".
Ajude-o a se sentir menos "forçado", oferecendo-lhe uma escolha.	"Agora é a hora do banho. Você quer entrar agora ou daqui cinco minutos?"
Esteja de acordo que seu filho seja o "dono" do limite.	"Certo, mais cinco minutos. No entanto, depois que tocar esse tempo, vamos tomar banho, ok? Vamos apertar as mãos para fechar o acordo".
Restrinja as negociações.	"Sei que é difícil parar para tomar banho, mas os cinco minutos já se passaram. O tempo acordado já passou. Vamos lá".
Acolha o sentimento do seu filho ao limite dado, não permitindo qualquer comportamento desrespeitoso (demonstre empatia com os sentimentos, não com as ações).	"Filho, eu entendo que não goste de entrar quando outros amigos ficam ainda brincando. Isso deve ser difícil, mas nem por isso tem o direito de gritar comigo. Eu não estou gritando com você e gostaria que mantivéssemos o respeito. Precisamos entrar e tomar banho agora porque quero ter certeza de que teremos tempo para ler uma história juntos antes de você ir para a cama".
Se chorar ou ficar zangado ao limite dado, "escute" os sentimentos dele.	Quando as crianças se sentem ouvidas, são muito mais cooperativas. Escute o sentimento, nomeando-o se necessário, acolhendo, sem, no entanto, ceder (a não ser que julgue pertinente).
Quando, mesmo assim, ele desafiar, concentre-se na relação em vez da disciplina.	Castigos, ameaças só pioram a situação. Busquem dar uma pausa positiva, para, depois, se reconectarem.

Adaptado de Markham (2019, p. 191-193) e Hanns (2015)

E quando não conseguimos dar limite?

Quando nossos filhos não respeitam os limites dados, a maioria dos pais reage buscando "puni-los" ou "castigá-los", reações, essas, que, além de não ensinarem nenhuma habilidade social e de vida, funcionam apenas quando os filhos têm medo (JULL, 2009).

É muito importante buscar entender o motivo da não aceitação do limite dado: houve a real compreensão da norma e regra estabelecidas? O tom anunciado foi firme, mas gentil ou foi um tom de comando, acompanhado de crítica? Houve espaço para o diálogo ou apenas houve imposição, prevalecendo a lei do mais forte? Os diferentes pontos de vistas foram escutados e levados a sério, sendo, pois, considerados no estabelecimento da regra dada ou foram ignorados?

Quando nos pautamos em uma educação respeitosa, sempre temos que ter em mente que, quando vamos orientar nosso filho a ter um determinado comportamento, precisamos, sempre, estar controlados, conectados a ele e à situação, buscando muito mais aconselhar do que controlar (MARKHAM, 2019), pois essas atitudes favorecem o (re)estabelecimento do elo, da confiança, da empatia e amor.

Nesse sentido, quando nossos filhos nos testarem, podemos:

Deixar que resolvam o problema.	"Você não escovou os dentes ainda e quero ter certeza de que teremos tempo para ler um livro. O que podemos fazer?"
Usar frases que promovam a cooperação em vez de ordens.	"Você quer escovar os dentes agora ou após colocar o pijama" em vez de: "Vá escovar os dentes agora".
Oferecer controle.	"Na nossa rotina, temos que tomar banho, jantar, escovar os dentes, ler um livro e dormir. Já tomamos banho e jantamos. O que temos que fazer agora?"
Começar novamente, talvez dando até uma pausa positiva para se reconectar.	"Opa! Falei para você escovar os dentes, fui ignorado e comecei a gritar. Peço desculpas. Vamos tentar de novo".
Usar o lúdico.	Brincadeiras sempre tornam o ambiente mais leve e promovem a colaboração.

Adaptado de Markham (2019, pp. 194-197)

Considerações Finais

Sabemos que nossos filhos, como qualquer ser humano, têm "quereres", gostos, desejos e até indisposições. Enquanto pais precisamos distinguir esses "quereres" dos direitos, dando limites quando necessário.

Quando vivem o limite, e com o seu amadurecimento, nossos filhos aprendem a:

- Ver o mundo com uma conotação mais social (con-viver) e não apenas psicológica (o meu desejo, o meu prazer);
- Compreender que o nosso direito termina onde começa o direito do outro;
- Tolerar pequenas frustrações no presente para que, no futuro, os problemas da vida possam ser superados com equilíbrio e maturidade (adquirir autocontrole);
- Desenvolver a capacidade de adiar a satisfação pessoal.

A chave para o sucesso no estabelecimento de limites é a CONEXÃO. Com ela, conseguimos ensinar limites SEM ser autoritários; SEM gritar ou bater para ser atendido; SEM deixar de atender às reais necessidades dos nossos filhos. Isto é, conseguimos ouvir e respeitá-los, acolhendo seus sentimentos, seus medos, ao mesmo tempo em que agimos com segurança e firmeza, com afeto e carinho, para o bem-estar deles, dizendo "Sim", sempre que possível, e "Não" sempre que necessário.

Referências

CURY, A. *Socorro, meu filho não tem limites! Manual prático para educar filhos ansiosos, mas muito inteligentes.* São Paulo: Planeta do Brasil, 2018.

DUMONTEIL-KREMER, C. *Educar com limites.* Tradução de Stephania Matousek. Petrópolis: Vozes, 2009.

GOMIDE, P. I. C. *Pais presentes, pais ausentes: regras e limites.* 13. ed. Petrópolis: Vozes, 2014.

HANNS, L. *A arte de dar limites: como mudar atitudes de crianças e adolescentes.* São Paulo: Paralela, 2015.

JULL, J. *Criando uma família competente.* Tradução de Sabine Dorle Krzikalla. Osasco: Novo Século Editora, 2009.

MANTOVANI, M. *Filhos felizes: o segredo da educação de adolescentes para uma vida bem-sucedida.* São Paulo: Paulinas, 2018.

MARKHAM, L. *Pais e mães serenos, filhos felizes: crie uma conexão de empatia.* Tradução de Angélica Halcski. São Paulo: nVersos, 2019.

NELSEN, J. *Disciplina Positiva.* Tradução de Bernadette Pereira Rodrigues e Samantha Schereirer Susyn. 3. ed. Barueri: Manole, 2015.

21

A ARTE DE SE COMUNICAR COM HARMONIA, BELEZA E LÓGICA

A educação é uma forma socialmente estruturada de aprendizagem. Para onde rumamos como pais e educadores em nossa forma de educar, comunicar e ressignificar valores? A nova forma educacional será baseada no aprendizado e na prática de artes e ciências, aplicação da neurociência e dos valores morais refinados. Apresento brevemente minha teoria denominada "7 linguagens naturais".

GIULIA DALLOGLIO

Giulia Dalloglio

Pesquisadora em música e no desenvolvimento humano, sua comunicação e seus estados de consciência; artista; escritora; teórica das "7 Linguagens Naturais"; professora e sócia da escola Armonia Som Educação; palestrante Call to Friendship Association, Istambul-Turkey e Associação dos Amigos do Livro do Conhecimento, Brasil-RS. Formação pela Universidade Estadual do Rio Grande do Sul e experiência nas áreas de Educação Musical (musicalização para famílias e bebês\crianças, técnica vocal Bell Canto, Educação Musical em violão e piano), Artes Clássicas, Biotecnologia e Método DeRose, yoga para crianças e gestantes; capacitações em Neurociências, Marketing, Empreendedorismo, CNV, pedagogias.

Livro *7 Linguagens Naturais* – apresentação da tecnologia da Realidade como Educação, 2016, cadernos de atividades. (Livro digital); Álbum infantil *Alma da Criança* (plataformas digitais); Método DeRose de Yoga, 2009; CTP - Formação Técnica em Educação infantil, musicalização, 2011.

Contatos
www.7linguagensnaturais.com.br
giulia@setelinguagensnaturais.com.br
Facebook: Giulia Dalloglio/ Armonia Som Educação
Instagram: @giulia_dalloglio
Youtube: 7 Linguagens Naturais e Musicais
54 99690 4662

Ambientes menos poluídos geram estímulos de maior qualidade ao aprendizado natural da infância, possibilitam abertura dos talentos e contribuem ao desenvolvimento cognitivo integral do indivíduo. A poluição sensorial é muito diversa e está por toda parte ao nível dos sentidos naturais: audição, tato, olfato, paladar, visão, que se expandem naturalmente em todo tipo de ambientes, ininterruptamente, e quanto mais poluído o ambiente de estímulos, mais difícil se torna a educação dos sentidos naturais. Primeiramente, a percepção capta o que está em seu próprio ambiente próximo, onde habita com sua família. O bebê rastreia e identifica tudo em sua casa e família, registrando fortemente essa impressão do mundo em seus primeiros anos.

Por isso, perceber que "a casa é a primeira escola, os pais são os primeiros professores, a criança é uma planta e seu cérebro uma semente" é muito importante. Tudo é um estímulo mas nem tudo é um bom estímulo, adequado, na hora correta.

Existem fatores essenciais ao crescimento humano que dependem diretamente de seu ambiente de estimulação, seja familiar ou escolar, para receber mudanças naturais, novos comportamentos e se desenvolver pelas transformações vistas em suas 7 linguagens espontâneas. Por meio de estímulos, todo indivíduo modifica, evolui e aprende, passando pelos picos de desenvolvimento.

Aqueles que captam os estímulos são sensores conhecidos como 5 sentidos físicos sensoriais. Eles enviam sinais vibracionais automáticos ao cérebro orientando o indivíduo ao que fazer em cada ambiente. São eles as portas de entrada até a mente e o coração de uma criança. Também, são eles que produzem memória e uma série de fatores mentais dentro do processo de aprendizado na infância.

Conhecendo e se aprofundando nesses pontos essenciais de evolução sensorial aos quais eu chamo de "7 Linguagens Naturais", podemos prover uma vida de avanços, de abundância, de alegrias e de prosperidade para nossas crianças, ajudando-as a completar as fases de desenvolvimento natural saudavelmente, pela convivência familiar ativa, ciente e organizada.

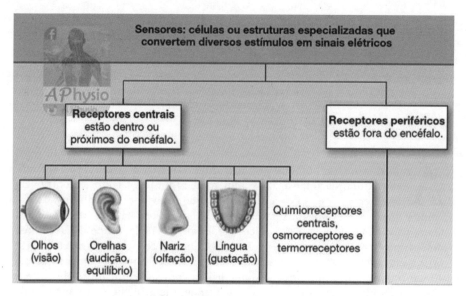

Fonte: ÇORAK, B. V. *O livro do conhecimento*, 1993.

Ainda que sejamos indivíduos separados por nossas culturas, tradições e saberes periódicos, existem coisas que são universais a todo ser humano independente de raça, ou classe: nossa natureza neurológica, sua ordem automática de crescer e evoluir para adquirir consciência e o fato de que aprendemos uns com os outros, de acordo com nosso ambiente de vida pelas relações afetivas. É nessa ordem da infância de 0-7 anos que devemos ter consciência (e prática) de que a criança está pura e receptiva ao aprendizado natural e que seus interesses de criança, seu brincar, são o próprio trabalho de aprendizado por meio do seu corpo. Elas são corporais e sensoriais, precisam de diversidade no sentir e no movimento, e isso é assim em qualquer lugar do mundo. Tão óbvio e tão esquecido.

Devido à falta de prática do simples e do óbvio na educação dos primeiros anos, eis um alerta em prol das crianças e gerações futuras (que ecoe): nossa geração está pulando etapas naturais sem perceber e comprando o desenvolvimento dos filhos sem fazer sua parte. Estamos acelerados.

Seria perfeito se todos os pais tivessem uma mínima noção sobre como o cérebro infantil funciona para andar junto a esse desenvolvimento e não deixá-lo acontecer sem percepção e lucidez sobre sua própria conduta. Nossa cultura e mentalidade sobre o que é e onde inicia o educar precisa ser transformada. Inicia na barriga, quando começam os registros sensoriais, e após o nascimento, só expandem mais.

De acordo com minhas pesquisas, o som é o estímulo primário desde o ventre materno e decisivo produtor das emoções, da construção da fala, da motivação corporal ao movimento, do equilíbrio e centro de consciência espacial, da interpretação das situações de relacionamento, como também da saúde neurológica, memória, foco e raciocínio. O som também pode ser a maior poluição em nosso ambiente, como o excesso de imagens é para a visão, o excesso de lixo é para os oceanos. O excesso de sons, ruídos e volume é uma poluição invisível que se acumula no sistema nervoso, na memória e reflete no comportamento e na saúde das pessoas. Pessoas que trabalham com intensidade de som, como máquinas e trânsito, recebem valor a mais de insalubridade pelos danos auditivos e gerais causados à saúde.

O excesso de gritos, brigas, xingamentos e sua sonoridade parecem como filmes de suspense, terror ou drama, com suas trilhas sonoras vibrando e dando teor emocional de tensão e nervosismo. Até mesmo ansiedade, alteração de humor, estresse, agitação, distração, medo, insônia, náusea, gastrite e bloqueios de comunicação e avanços na infância, o excesso de som e ruídos podem causar. De acordo com estudos do pesquisador Murray Shaffer (1977), da Universidade de Toronto, existem paisagens sonoras ao nosso redor, nós as criamos e somos criados por elas. Ele criou o conceito 'paisagem sonora" para estudar e analisar a Ecologia Acústica, a saúde sonora dos ambientes. (1977 The Soundscape).

Gritos, músicas, histórias, falas em excesso, máquinas, informação sonora demais estão causando um estrago na natureza harmônica humana, que precisa de silêncio para repouso neural, para processar informações e selecioná-las, para ter paz e espaço para o observar, ter e usufruir da saúde sonora em um ambiente de harmonia.

Nós, adultos, somos aqueles que podem controlar o ambiente como um ecossistema vivo de aprendizado e estímulos, cuidar dos excessos e proporcionar diversidade com organização. A organização é fator fundamental para o aprendizado, pois para a criança desenvolver seus sensores ela precisa reconhecer ciclos de trabalho, com um começo, meio e fim, como dizia Maria Montessori (1870). Sem ordem, a criança não consegue estabelecer conexões com o ambiente e adquirir as capacidades naturais de suas fases, consequentemente, não consegue carregar suas linguagens com as informações necessárias para processar e executar tarefas em sua comunicação global.

Gerar um ambiente de confronto, discussões e brigas deixa marcas emocionais, gera tensão e sofrimento psicológico para toda a família. Porém, a parte que cabe à criança é ter recursos para se defender deve ser levada em consideração pelos adultos. Elas estão em construção de suas linguagens de comunicação, relação com a vida e suas memórias; precisam ser apresentadas ao mundo com ordem e harmonia.

Por que gritamos com as crianças se isso pode atrasar seu desenvolvimento?

Aprendemos desde cedo a sermos ouvidos no berro, na luta, na imposição. Isso vem passando pelas gerações como comportamento, como se fosse cantiga de roda. Nesse método velho, rígido, quadrado, tóxico, poluído, tradicional de educar, a criança deve atender a todos os pedidos, fazer tudo o que é esperado, não pode chorar nem ficar cansada, não pode desistir no meio do caminho, fazer cena no supermercado, nem pode dormir junto, nem ganhar muito colo, nem acostumar com a mãe. São muitas obrigações comportamentais tradicionais que já estão derrubadas cientificamente, já que geram maus-tratos e sofrimento, mas ainda são hábitos na comunicação dos adultos. Isso tem cada vez mais caído de moda no comportamento e um novo comportamento está nascendo tanto na educação escolar quanto familiar, dando espaço para uma comunicação mais gentil, cuidadosa, científica e lógica, baseada em uma relação de harmonia e equilíbrio mental, emocional e espiritual.

A comunicação é sim algo complexo, holístico, integrado com o todo, invisível, uma ciência e arte profundas. Ao mesmo tempo, existem níveis de comunicação que variam desde a gestual/corporal até a musical, verbal, escrita, artística e intelectual. Somos uma soma de experiências que mudam nossa comunicação ao longo da vida e amadurecem a nossa personalidade. Ou seja, tudo nos educa. A comunicação que temos apresenta nossa educação.

Vivemos um momento em que a arte de se comunicar e nosso olhar, nossa sensibilidade e paciência serão chaves para um convívio familiar equilibrado diante de uma vida rápida e dinâmica, desafiadora como a que estamos vivendo. Precisamos de menos estímulos e que sejam de maior qualidade.

Tem muita gente perdida sobre o que é educar, sobre o que vem primeiro, o que pode e deve esperar. Está tudo bem. Mas vamos aprender uns com os outos e cocriar a nova educação no caminho do aprendizado e da ciência. Pode parecer mais fácil consertar e pagar pelos problemas do que evitá-los, mas de longe não é a melhor escolha, nem a mais lógica e consciente.

O inimigo não é a tecnologia, nem nunca será. O inimigo da educação é o comportamento humano programado, viciado e irresponsável. São os excessos e a poluição sensorial. A pressa, a intolerância e a repetição. A morte dos talentos e das habilidades. O costume e as crenças. A falta de adaptação e de atualização com a ciência. Educar é se inovar constantemente.

É a velha história de qual lobo queremos alimentar: o lobo bom ou o lobo mau

A educação dos 7 primeiros anos é drasticamente afetada pelos agentes poluentes aos sentidos: imagens e vídeos demais à visão, sons, músicas invasivas, excesso de diversidade material, como brinquedos e atividades, alimentos industrializados que danificam as células e, principalmente, a falta da natureza. São muitos os obstáculos para a criança poder buscar seus interesses e simplesmente brincar.

Excesso de estímulos em desordem – desarmonia

Além disso, o que está dificultando a capacidade natural das crianças de se desenvolverem pela ordem de linguagens é o corpo parado nos primeiros anos, em que deveria estar ativo em exploração e cheio de diversidade cultural, emocional e afetiva.

Essa poluição sensorial afeta drasticamente a mente e as emoções não apenas das crianças, mas a elas o dano é maior, pois estão ainda registrando o mundo em suas memórias: o que é isso?; para que serve?; como se chama?; que cheiro e gosto têm?; como transformo?; etc. Porém, quando recebem informações prontas, sua atividade neurotrófica não é da mesma qualidade.

A educação deve levar a pensar, gerar mais questões

É preciso haver conexões afetivas e emotivas para haver um ciclo de aprendizado neurológico. Esse é o ponto. Sem prazer, não há aprendizado. Não basta receber tudo pronto, não se aprende com isso. O ciclo deve passar por várias das 7 linguagens, como um carregamento de informações até o nível da compreensão e cognição.

Cada vez mais a nova forma de educar se refina e é lapidada pela ciência e pelas artes educativas, pela globalização, pelo retorno e conexão ao natural e ao despertar dos talentos artísticos com ajuda da tecnologia.

Se há pulo de fases, haverá deficiência de linguagens. Portanto conheçam as fases da criança e procurem atendê-la na comunicação diária, com harmonia e beleza. Se a criança está no corporal, apresente os corpos do mundo ao seu redor, de cada cômodo da casa, da rua, por onde ela passar e ajude-a a usar seus sentidos para observá-los, prová-los, senti-los e conhecê-los; deixe-a viver seu corporal intenso. Se está no verbal, fale, cante, brinque, leia, passeie, invista em tempo junto. Nada de isolar o aprendizado da vida, mas de integrar o aprendizado à vida e ao viver espontâneo, natural. Isso gerará harmonia e uma potência incrível de evolução.

É muito importante ajudar as crianças a se comunicarem com seu interior, valorizarem a paciência, a bondade e a pesquisa como formas de se comunicar, pois essas são conquistas de "leitura do mundo", como dizia Freire (1921-1997), imprescindível para o gerenciamento emocional e a socialização funcional no futuro.

Também sabemos o quanto a instituição escola passa por uma "reconfiguração", como diz José Pacheco (1951). Por isso, saibamos: todos estamos em melhoramento de nossa comunicação e atualização de consciência para coexistir em sociedade.

Educar não é se livrar das dores do amadurecimento, mas acompanhar e ser fonte de luz, de clareza e segurança. Incentivar o crescimento, a observação e a exploração das muticapacidades.

Nas 7 linguagens naturais, que são baseadas em neurociências, artes e filosofias, a existência das linguagens comunicativas do ser humano são um mecanismo de crescimento natural, um sistema que todos temos mas que necessita de natureza, liberdade, treinamento e estimulação para evoluir.

Nesse sentido, o ensino da música se mostra de fundamental importância na educação infantil, ao vermos o que a atividade neurológica de ouvir, tocar ou criar

Pirâmide da ordem das 7 linguagens naturais.

música provoca. Tanto físico quanto emocional e mental, os avanços são notáveis: crianças expostas a estímulos da linguagem musical desenvolvem maior quantidade de massa cinzenta, de atividade cerebral e de conexões neurais entre todas as regiões do cérebro, como também facilidade de fala, alfabetização, senso matemático, criatividade e empatia.

Pelas últimas pesquisas realizadas, todos possuímos redes neurais aprendizes, uma neuroplasticidade e que esta é totalmente alterada pelo ambiente, tanto quanto por determinantes genéticos.

Pensar na ordem das 7 linguagens naturais do ser humano é pensar no ambiente como fonte de alimento e de formação do indivíduo, dando mais importância a todos os acontecimentos e relacionamentos, proporcionando ambiente de interação e crescimento multilateral, incentivando a música, as artes, os esportes e as ciências exatas.

Há uma comunicação lógica com a infância, bela e funcional que atende a natureza humana e sua evolução de capacidades, valoriza o simples, é alegre, respeitosa, linda, divertida. Estimula a autonomia e o empreendedorismo. Uma Educação Científica e Harmoniosa, com apresentação de tudo que existe (no tempo certo), livre de condicionamentos e tabus.

Você pode se basear pela pirâmide ao lado para perceber e ativar as "7 linguagens naturais".

O objetivo é promover um ambiente de estimulação equilibrada e natural, que apresente a realidade à criança de forma lógica e técnica em casa ou na escola, onde você e a criança desenvolvem seus multitalentos, juntos, por meio de um relacionamento amoroso, saudável, de harmonia e cuidado com tudo e todos.

O Aprendizado é o guia Iluminador mais Verdadeiro. (ÇORAK, 1993)

Referências

ÇORAK, B. V. *O livro do conhecimento.* Dünya Kardeslik Birligi Mevlana Yüce Vakfi, Istambul, Turquia, 1993.

GUYTON; HALL. *Tratado de fisiologia médica.* 13. ed. São Paulo: Elsevier, 2017.

LENT, R. *Ciência para educação, uma ponte entre dois mundos.* São Paulo: Atheneu, 2018

PACHECO, J. *Reconfigurar a escola, transformar a educação.* São Paulo: Cortez, 2018.

SHAFFER, M. *Educação sonora.* Tradução Marisa Fonterrada. São Paulo: Melhoramentos, 2011.

22

BIRRA OU TRANSTORNO MENTAL?
UM OLHAR HUMANIZADO

São tantos os questionamentos dos pais e cuidadores de crianças que apresentam comportamentos inadequados ou disfuncionais. Como entender uma criança que aparentemente estava seguindo o curso normal do seu desenvolvimento e, sem explicação aparente, retrocede esse processo? Muitos estacionam, outros apresentam comportamentos extremamente agressivos, sem falar naquelas crianças que não conseguem parar um instante, levando seus pais e professores ao estresse sem fim. Ao escrever este capítulo, objetivamos apresentar um olhar ampliado e humanizado, com experiências que podem favorecer a discussão sobre este tema atual e complexo.

JUCILENE OLIVEIRA SILVA

Jucilene Oliveira Silva

Graduada em Psicologia pela Faculdade Castro Alves em Salvador-Bahia. Especialista em Saúde Mental pela Faculdade Rui Barbosa e formação com criança na Clínica Psicanalítica pelo Instituto Viva Infância, também em Salvador. Atua na clínica de Brotas com crianças e adolescentes. Palestrante em escolas com temas relacionados à complexidade das relações em uma sociedade altamente diversificada.

Contatos
jucipsi.site.psc.br
lenesilva-7@hotmail.com
71 99202 0934
71 98168 7485

Eis que os filhos são herança do Senhor, e o fruto do ventre o seu galardão.
SALOMÃO

Às vezes parece que o mundo vai desabar na minha cabeça, um misto de sentimentos: impotência, rejeição, fracasso. O que está acontecendo com meu filho? Escuto com frequência na clínica essa pergunta dos pais que não conseguem entender muitos dos comportamentos dos seus filhos ao longo do desenvolvimento.

"Ele era tão bonzinho!", comentou uma mãe. Parece que agora a criança se tornou má, como assim? Antes de mais nada, precisamos compreender que as mudanças comportamentais não tornam nossos filhos pessoas más, as mudanças podem ocorrer por diversos fatores e, na maioria das vezes, encontram os pais e cuidadores despreparados, o que pode promover um prejuízo maior nas relações interpessoais, potencializando inclusive comportamentos ainda mais disfuncionais. Importante salientar que não pretendemos aqui levar vocês, pai e mãe, a se sentirem culpados pelos comportamentos inadequados apresentados por seu filho, mas fazê-los refletirem nas situações ocorridas que, se tivessem outro olhar, o resultado poderia ser diferente.

Vamos pensar um pouco sobre as possibilidades que nos foram oferecidas na nossa própria infância. Alguns de nós tivemos pais severos ou negligentes, pais que dificultaram o nosso desenvolvimento, acreditando que estava tudo certo, pois também estavam repetindo o que lhes foram ensinados. Lembrando que, anos atrás, as palavras do nosso vocabulário eram bem diferentes: crianças que não conseguiam ficar paradas para estudar, não se concentravam, tinham dificuldades de permanecer muito tempo fazendo qualquer atividade, até mesmo não conseguiam ir até o fim de uma brincadeira, eram rotuladas mal-educadas, rebeldes etc. Hoje, a ciência apresenta que pode existir comprometimento neurológico no cérebro da criança, dificultando essa atenção necessária ao aprendizado. Sendo assim, essa criança não leva mais o rótulo de burra ou indisciplinada como no passado, mas a depender dos sintomas apresentados essa criança pode ser avaliada com o Déficit de Atenção e Hiperatividade (TDAH), autismo, entre outros. Apesar de tantas informações a respeito dos diversos transtornos infantis, ainda tenho encontrado pais me dizendo o seguinte: "Dra., na minha época, quando eu errava, ficava sentado de castigo o dia inteiro, depois de ter tomado várias chicotadas e não morri. Tornei-me um homem honesto e trabalhador. Confesso com toda sinceridade que, se os meus filhos não entenderem essa linguagem, eu não tenho mais o que fazer." Por exemplo, o pai que me disse isso recebeu o diagnóstico do filho de autismo severo e ele recusou o tempo todo esse diagnóstico dado pelo neurologista. Lamentavelmente, esse é o retrato de inúmeros pais que têm muita dificuldade em aceitar alguns transtornos mentais dos filhos que envolvem mudanças comportamentais e que, muitas vezes, são consideradas birras.

Acredito que existam recursos para ajudar os nossos filhos, sejam eles crianças com alguma limitação cognitiva, neural ou simplesmente criança temperamental, e aqui quero passar algumas dicas importantes para você que está vivendo o desafio de educar e cuidar de crianças e adolescentes nesse contexto.

Responda às perguntas com sinceridade:

- Você se conhece?
- Qual o seu temperamento?
- Você tem facilidade em lidar com uma pessoa com o mesmo temperamento que o seu?
- Qual o temperamento do seu filho, você conhece?

Uma criança falou para mim na clínica, muito irritada: "eu não suporto mais ouvir minha mãe gritar comigo para eu falar baixo. Na verdade, eu falo baixo, mas ela grita o tempo todo comigo e com o papai. Às vezes acho que a mamãe é surda ou louca", acrescentou a criança. Será que você está conseguindo lidar com você mesma em suas dificuldades pessoais? Muitas vezes nossa dificuldade em lidar com o temperamento do nosso filho se dá por não sabermos lidar com o nosso. Se não sabemos lidar com o nosso temperamento, como lidar com o temperamento mais forte e desconhecido do nosso filho ou ajudar uma criança que tem alguma alteração neurológica?

Quando se trata de temperamento, vale ressaltar que estamos falando de uma variável do indivíduo que interage com outras variáveis ambientais, podendo, assim, influenciar a trajetória do desenvolvimento da criança. Ou seja, se o seu filho tem um temperamento colérico e encontra um ambiente propício para ele apresentar características impulsivas, como você acha que essa criança se comportará quando contrariada sendo portadora ou não de transtorno mental?

Entende-se que um pai, uma mãe ou outro cuidador tem facilidade em lidar com seu próprio temperamento, já há meio caminho andado para o entendimento das dificuldades do outro.

Você consegue lembrar quando tinha sete anos de idade quais brincadeiras você tinha dificuldade de parar quando solicitado pela mamãe para cumprir as normas da casa? Qual abordagem te deixaria menos irritada? O exercício de retornar à infância nos favorece um olhar mais empático com nossas crianças. Vale lembrar que empatia não significa permissividade, pois toda criança necessita de limites. De acordo com estudos recentes, uma criança que recebe educação pautada em limites, regras e normas, sente-se mais segura, amada e bem mais preparada para encarar os desafios da vida.

Lembro-me de um casal que me procurou para falar que não conseguia colocar o filho para tomar banho sem antes gerar muito estresse. Pedi para falarem comigo da mesma forma que falavam com o filho. A mãe reproduziu o comportamento dizendo que, da cozinha mesmo, chamava a criança uma, duas, três vezes. Na quarta, ela saía da cozinha, vinha para frente do computador aos gritos desligava, puxando o filho pelo braço extremamente irritada e, claro, com a criança chorando o tempo todo.

"Eu não sei mais o que fazer", acrescentou aquela mãe desorientada. Fiquei pensando: "Que jeito mais ultrapassado de convidar uma criança para o banho!"

Orientei-a sentar ao lado do filho, na frente do computador, 10 minutos antes do horário do banho. Pedi para se envolver no programa do filho com atenção e carinho, mostrando que se interessa pelo que agrada a ele e anunciasse que logo seria o horário do banho, mas que ele ainda teria cinco minutos para terminar a partida do jogo. Aquela criança sentiu-se respeitada, amada e, aos poucos, estava indo tomar banho sem os pais solicitarem. O casal foi se envolvendo mais nas atividades lúdicas do filho e o horário do banho passou a ser prazeroso.

Apresentar para seu filho novas possibilidades, ter um olhar de compaixão para você mesmo, entender que os tempos mudaram e que as crianças têm outros estímulos, se envolver mais com as crianças oferecendo tempo de qualidade para os seus filhos pode propiciar uma família mais ajustada com crianças se desenvolvendo de forma mais equilibrada, independent de ser temperamental ou de apresentar um transtorno mental.

E se for transtorno mental? Continua sendo o seu filho e mais do que nunca você precisa estar bem informado desse comprometimento para ajudá-lo no que for preciso. O professor de psiquiatria Daniel Siegel, em *O cérebro da criança*, salienta o papel central que o cérebro exerce e que é muito importante para os pais conhecer, pois envolve disciplina, tomada de decisão, autoconhecimento, entre outros. Ele acrescenta que o cérebro determina quem somos, o que fazemos e, assim, moldado pelas experiências que você como pai e mãe está promovendo.

Dito isto, sugiro mais informação sobre quem é esse ser tão especial que muitas vezes tira você do sério. Contudo, você o ama. Se for mais bem compreendido, mais amado e levado a sério como um ser que também tem sentimentos e limitações, que é único, possivelmente haverá mais harmonia e tranquilidade no lar. Muitos dos questionamentos dos pais relacionados aos comportamentos inadequados dos filhos serão melhor ajustados, pois amor e paciência serão muito bem-vindos nesse processo.

Referência

SIEGEL, D.; BRYSON, T. P. *O cérebro da criança*. São Paulo: nVersos, 2015.

23

POR QUE EDUCAR SEM PUNIÇÃO?

A justificativa de que para educar é necessário fazer uso de punição é o mesmo que dizer que, para aprender, uma criança precisa sofrer, ser penalizada ou sentir medo. Aprendizado se relaciona com amor, conexão, atenção, foco, disciplina e autonomia. Aprendizado sem punição se relaciona com o comprometimento do adulto em atender plenamente às necessidades da criança, garantindo o direito de se desenvolver em todas as áreas do conhecimento e fazer uso de todas as suas potencialidades.

JULIANA VIERO

Juliana Viero

Empresária, advogada, especialista em Direito do Trabalho e Direito Previdenciário, pós-graduada em Administração, Finanças e Geração de Valor, diretora executiva da Construtora Viero S/A, educadora parental pela Associação de Disciplina Positiva – Brasil, certificada em Parentalidade e Educação Positiva pela Escola da Parentalidade de Porto/Portugal e certificada em Inteligência Emocional pela mesma escola. Autora do conteúdo do @maezinhaocaramba, trabalha tanto em empresas como em atendimentos individuais para famílias em aconselhamento parental.

Contatos
www.maezinhaocaramba.com.br
@maezinhaocaramba
juliana@viero.com.br
51 99757 3635

É fácil compreender o fato de que agimos conforme o que aprendemos. Muitos de nós, pais de crianças, replicamos o modelo que recebemos. Nossos pais deram o melhor que podiam, mas a chamada "educação tradicional" era baseada em sofrimento, punições e muito medo.

Nossas crianças interiores sabem as dores que carregam: angústias, medos e a falta de habilidades socioemocionais que temos até hoje. Reconhecer isso não nos faz filhos ruins nem ingratos. Continuamos honrando nossos pais, nossos cuidadores, mas temos consciência de que podemos fazer melhor pelas nossas crianças de hoje e que, para educarmos nossos filhos, precisamos reconhecer que existem feridas internas.

Como diz Thais Basile (2020), "para reconhecer nossa realidade, necessidades e faltas, enquanto crianças que fomos, e entender o quanto isso afeta nossa maneira atual de sermos mães e pais, é preciso falar das nossas feridas emocionais" (BASILE, 2020). A respeito de "punição", podemos entender como quando os pais se utilizam de um comportamento negativo (estímulo aversivo), ou de retirar algo positivo da criança para que ela aja de determinada maneira.

Já se têm estudos que mostram que o cérebro responde negativamente com aumento demasiado de cortisol, redução de massa cinzenta e do tecido conjuntivo entre as células cerebrais quando alguém é ameaçado pelo medo de ser punido. É preciso esclarecer que a massa cinzenta, uma camada externa ao cérebro, trabalha no processamento de informações. É o córtex cerebral. É a competência para o pensar, para o raciocínio, é a motilidade voluntária, são as habilidades para a linguagem, para o julgamento, para a percepção. Dessa forma, é parte integrante do sistema nervoso central e influencia tanto a inteligência quanto as habilidades de aprendizado, incluindo áreas do cérebro envolvidas na percepção sensorial, fala, controle muscular, emoções e memória.

A construção cerebral vai depender da qualidade das experiências infantis. O órgão vai se fazendo, se moldando, evoluindo numa velocidade assustadora na primeira infância. No período do nascimento até os seis anos, o cérebro infantil precisa de muito estímulo. Isso quer dizer, caso nesse intervalo de tempo não aconteçam cuidados efetivamente adequados, interações assertivas com pais, cuidadores, outros membros da família, muitas coisas importantes vão deixar de acontecer. Muitas ligações entre os neurônios não se darão, o que vai repercutir em conexões cerebrais - milhões delas –, que também vão deixar de acontecer e que, por isso, não poderão contribuir com o potencial de aprender e se desenvolver da criança. Isso ainda vai além: a criança será afetada na sua capacidade de se adaptar às transformações da vida, dos ambientes em que estará inserida, será prejudicada e muito em sua capacidade de resistir a situações difíceis e suportá-las.

As punições dos pais em relação às crianças, a meu ver, podem ser classificadas em: ameaças, castigos físicos, violência verbal (agressão verbal), violência física (agressão física) e quando ignoramos nossas crianças. O silêncio, no intuito de ignorar, de se negar a ouvir, a conversar, também pode ser uma maneira de punir.

Seja qual for a maneira de punir escolhida pelos pais, todas elas têm uma única intenção, a saber, extinguir determinado comportamento ou fazer com que a criança aja de uma forma específica, aquela que os pais entendem como adequada. No entanto, não é a forma que se deve escolher para que a criança mude o comportamento ou deixe de agir de uma maneira que entendemos não ser a melhor.

Rapidamente percebemos que a punição exige pouco esforço de nós adultos. O ensinar, o efetivamente fazer com que uma criança aprenda, requer esforço dos pais, dedicação, tempo e disponibilidade não só física, mas emocional. Castigar uma criança não ensina a fazer diferente, não faz com que ela passe a agir da forma que nós entendemos como correta. Ela simplesmente age com medo das consequências ou para nos agradar, mas de forma alguma porque entendeu a razão de agir dessa maneira.

Esse é o ponto-chave da questão quando falamos que "educar" pressupõe ensinar, dar exemplo, ser empático e respeitoso com a criança. Não se educa ameaçando, violentando nem tratando a criança com indiferença. Recentemente, em abril de 2021, foi publicada uma matéria na revista *Pais e Filhos* com o seguinte título: "Palmadas podem atrapalhar o desenvolvimento cerebral de crianças, diz estudo". Realizada pela Universidade de Harvard, com 147 crianças de 10 e 11 anos, o estudo mostrou como castigos físicos podem ser prejudiciais em níveis neurobiológicos, além do que já se sabe: desenvolvimento de transtornos como ansiedade, depressão e dificuldade de tomar decisões.

> Um estudo feito pela Universidade de Harvard revelou que bater no seu filho pode afetar o desenvolvimento do cérebro dele. Para essa conclusão, os pesquisadores analisaram os efeitos dos castigos corporais no cérebro de 147 crianças. A descoberta é impactante: bater em crianças pode ter um efeito negativo no desenvolvimento cerebral delas de maneira semelhante a "formas mais graves de violência e maus-tratos". Como consequência, isso afeta a capacidade de tomar decisões e assimilar situações. O estudo mostrou também que crianças que levaram palmadas tiveram um maior número de respostas cerebrais em várias regiões do córtex pré-frontal, inclusive nas que fazem parte da "rede de saliência", que responde aos sinais de um ambiente que tendem a ter consequências como ameaças – e tudo isso afeta o poder de tomar decisões da criança. Um porta-voz da Sociedade Nacional para a Prevenção da Crueldade contra Crianças, localizada no Reino Unido, comentou sobre a pesquisa: "Há evidências claras de que o castigo físico prejudica o bem-estar das crianças e está relacionado a resultados piores na infância e na idade adulta". "Nós encorajamos os pais a usarem métodos alternativos para ensinar aos filhos a diferença entre o certo e o errado, com uma abordagem positiva dos pais, como estabelecer limites claros e consistentes", declarou. A ideia do estudo era descobrir também se as palmadas poderiam causar danos em níveis neurobiológicos, ou seja, em como o cérebro está se desenvolvendo. Para realizar essa pesquisa, McLaughlin analisou outro grande estudo, realizado com crianças de 3 a 11 anos. Para sua própria investigação, ela analisou 147 crianças

de 10 e 11 anos que tinham apanhado dos pais, além de excluir as que também haviam sofrido com formas mais graves de violência. As crianças que participaram do estudo foram analisadas em um aparelho de ressonância magnética enquanto assistiam a vídeos de atores fazendo diversos tipos de expressão facial, dentre elas "assustadas" e "neutras". A máquina capturou as atividades cerebrais que elas davam como resposta para cada tipo de rosto. Essas imagens foram analisadas para determinar se havia um padrão diferente na reação das crianças que apanharam do que a das que não sofreram com castigos corporais. "Em média, em toda a amostra, rostos assustados provocaram maior ativação do que rostos neutros em muitas regiões do cérebro", os pesquisadores explicaram em seu artigo, publicado na revista *ChildDevelopment*. "Crianças que foram espancadas demonstraram maior ativação em várias regiões do córtex pré-frontal por medo em relação a rostos neutros do que crianças que nunca foram espancadas". Já foi comprovado que punição física está ligada ao desenvolvimento de problemas de comportamento, ansiedade, depressão e dependência do uso de substâncias – mas é a primeira vez que um estudo analisa (e comprova) que bater em crianças afeta também o desenvolvimento neurobiológico do cérebro. "Embora ainda não possamos categorizar a palmada como uma forma de violência, está claro que o cérebro de uma criança reage a elas da mesma maneira que a outras formas mais graves de violência". "Esperamos que essa descoberta encoraje famílias a não baterem em seus filhos e que o estudo abra os olhos das pessoas para as consequências negativas que um castigo corporal traz para uma criança de uma maneira que ainda não tinham levado em consideração", os cientistas comentaram.
MC LAUGHLIN, 2021.

Dito isso, é importante que tomemos consciência de que as punições não são eficientes no objetivo de ensinar e educar. Pelo contrário, causam danos sérios às nossas crianças. O caminho da Parentalidade Positiva traz aos pais um novo olhar, uma oportunidade de a cada dia lembrar que a relação que temos com nossos filhos é a verdadeira chave mágica para a educação e bem-estar.

A partir do momento que entendemos e percebemos a criança como ser humano que merece respeito, ela também aprende sobre como tratar os pais e demais pessoas. Criança que é ouvida pelos pais aprende a escutar. Criança que se sente amada, importante e pertencente ao ambiente, à família a qual faz parte, colabora com os pais.

Crianças pequenas têm dificuldade de lidar com emoções desafiadoras como frustração, medo, tristeza, raiva porque não possuem o córtex pré-frontal totalmente desenvolvido. Possuem uma parte do cérebro pouco desenvolvida o que torna a ação racional difícil de acontecer sozinha. Por essa razão que os adultos precisam, em momentos como a birra, como ataques em shopping e supermercados, dentre outros, auxiliar os pequenos a se acalmarem para que possam acessar, aos poucos, a área do cérebro pouco desenvolvida e, assim, alcançarem, no seu tempo, harmonia entre as partes do cérebro.

As crianças precisam aprender sobre autorregulação. Não existe fórmula mágica. Precisamos ser exemplo e auxiliá-las nesse processo. Quando os pequenos estão em dificuldade, é a chance que temos de ensiná-los sobre manter o equilíbrio para tomar boas decisões. Que saibamos encarar esses desafios como grandes oportunidades.

Para que saibamos lidar com os momentos desafiadores de maneira eficiente, isto é, com o objetivo de ensinar nossos filhos a aprender habilidades importantes sobre a vida, é fundamental que busquemos informação e conhecimento. Conhecer sobre desenvolvimento infantil, entender nossa criança como pessoa, focar naquilo que pode ser feito em vez de só dizer o que não pode ser feito, usar do bom humor, praticar escuta ativa, envolver as crianças no dia a dia da casa, permitir que os pequenos tenham escolhas, utilizar combinados, reconhecer esforços das crianças, questionar mais do que afirmar são recursos que facilitam o longo processo de educar e tornam a relação parental mais consistente e segura.

É relevante salientar que o desenvolvimento saudável do cérebro de nossos filhos é muito mais do que uma herança ou legado genético, ou seja, não depende só da natureza de quem os pariu. O desenvolvimento é muito mais do que criação, instrução, isto é, vivências ou o meio cultural, é também interação, relação ativa, positiva, legítima com genitores, com cuidadores, com tios, com avós, com colegas, com quem quer que seja.

Por que educar, então, sem punição?

Porque não há mais espaço para violência. Punir é violência.

As gerações anteriores mostraram que não dá certo. Por mais que nossos pais, avós ou nossos cuidadores tenham feito por nós, cometeram erros que temos o dever de corrigi-los. É claro que vamos continuar a errar, mas não é necessário que cometamos aqueles que já, comprovadamente, sabemos que deixam marcas, feridas. Existe alternativa.

Talvez nossos pais não tivessem os recursos que temos hoje. Podemos fazer diferente. Dá trabalho? Sim. Precisa de muita paciência? Sim. Será necessária muita disponibilidade física e emocional? Sim. Mas vale a pena. Eu fiz esta escolha. Escolhi educar minha criança pela Parentalidade Positiva.

Acredito que o que faço pela minha criança está contribuindo para que ela cresça emocionalmente mais saudável, para que ela possa ser um adulto que saiba lidar com seus sentimentos e com os desafios da vida de uma forma mais leve, que ela estabeleça com seus grupos sociais relações sadias, benéficas, positivas e empáticas.

Referências

ABRAHÃO, T. *Pais que evoluem: um novo olhar para a infância.* São Paulo: Literare Books, 2020.

BASILE, T. *Nossa infância, nossos filhos.* Curitiba: Matrescencia Eirelli, 2020.

DIAS, G. M. *Crianças felizes: o guia para aperfeiçoar a autoridade dos pais e a autoestima dos filhos.* São Paulo: Manole, 2019.

MALAVOLTA, C. Palmadas podem atrapalhar o desenvolvimento cerebral de crianças, diz estudo. *Revista Pais e Filhos.* 2021.

MCLAUGHLIN, K. Palmadas podem atrapalhar o desenvolvimento cerebral de crianças, diz estudo. *Revista Pais e Filhos.* 2021. Disponível em: <https://paisefilhos.uol.com.br/familia/palmadas-podem-atraoalhar-o-desenvolvimento-cerebral-de-criancas-diz-estudo/>. Acesso em: 03 mar. de 2022.

SIEGEL, D. BRYSON, T. *O cérebro que diz sim: como criar filhos corajosos, curiosos e resilientes.* Tradutor? São Paulo: Planeta, 2019.

24

PARA BOM ENTENDEDOR, MEIA PALAVRA (NÃO) BASTA
ESCUTA ATIVA E DIÁLOGO NA INFÂNCIA

Neste capítulo, os pais e as pessoas que convivem com crianças encontrarão partilha de experiências e práticas de brincadeiras para realizar junto com elas, assim como estratégias de escuta ativa e acolhimento, na busca por uma comunicação assertiva, não violenta e de conexão com os filhos, contribuindo para o fortalecimento de vínculos.

KAUANNE BRAGA

Kauanne Braga

Especialista em Tecnologias Digitais na Educação Básica pela Universidade Estadual do Ceará – UECE/SATE e Gestão Escolar com Coordenação Pedagógica pela Faculdade KURIOS. Graduada em pedagogia pela Universidade Estadual do Ceará – UECE/FACEDI. Mestranda em Educação UNIFUTURO/FCU. Experiência com Brinquedoteca, Educação Infantil, Ensino Fundamental I e II, Ensino Médio, Educação de Jovens e Adultos – EJA, Ensino Superior e Formação de Professores. Professora efetiva da Educação Básica no Município de Itapipoca - CE. Professora autora Nova Escola, material educacional para a Educação Infantil do Ceará (2020). Professora Formadora MAISPAIC – SEDUC Itapipoca.

Contatos
kauannebragamoreira@gmail.com
Instagram: @kauannebraga_
85 99685 2789

Sempre vejo anunciados cursos de oratória. Nunca vi anunciado curso de escutatória. Todo mundo quer aprender a falar... Ninguém quer aprender a ouvir.
RUBEM ALVES

Passeando por nossa memória afetiva, quais lembranças temos de nossa infância? Façamos uma busca por lembranças de como os adultos nos ouviam quando éramos crianças, como eles conversavam, como era o tom da voz, como se expressavam e como nos estimulavam a falar, a expressar nossos sentimentos, desejos, frustrações. Aprofundando um pouco mais, qual postura o adulto assumia quando falava conosco na infância? De pé? Sentado? Abaixado em nossa altura? Hum, talvez essa lembrança seja mais difícil. Mas você conseguiu lembrar-se de algum momento de escuta com seus pais? Avós? Cuidadores?

Historicamente a concepção de criança vem mudando, ela não é ou pelo menos não deveria mais ser vista como adulto em miniatura, as crianças não são pequenos adultos. Elas são potentes, dotadas de cultura, com muito para nos contar e expressar se nós, enquanto pai, mãe, avós, tios, adultos, assumirmos uma postura de escuta ativa e diálogo respeitoso. Para bom entendedor, meia palavra (não) basta, é necessário falar claramente e de maneira assertiva.

A escuta ativa desdobra-se no ouvir a criança, estando afetivamente presente e disponível, remete a estar ali, naquele momento, com ela e para ela, sem mexer no celular, por exemplo, ou tentando resolver outro assunto, ou procurando algo para fazer que não seja ouvi-la. Por mais difícil que seja, por mais demandas que tenhamos, elas necessitam de nosso tempo. Os pais não precisam tentar 'adivinhar' o que as crianças querem, pensam ou desejam, nem as crianças precisam 'adivinhar' o que os pais querem comunicar. É necessário falar, expressar claramente, dialogar respeitosamente, para que os vínculos sejam fortalecidos e, de fato, pais e filhos vivam a plenitude da conexão, da disponibilidade afetiva. De se fazer presente.

Essa escuta pode e deve ser praticada. Conto de uma experiência que tive como professora de Educação Infantil, trabalhando com crianças e famílias, assim como vivenciei a experiência como mãe por meio do Projeto Conexão Família no Território do Brincar, que desenvolvi junto à escola em que trabalhei, Cei Francisca de Sousa Braga, no ano de 2020, em Itapipoca, Ceará.

Projeto Conexão Família no Território do Brincar – importância do socioemocional no fortalecimento de vínculos

O lar remete a refúgio, proteção, aconchego, afeto. E em uma época globalizada, em que tudo acontece muito rápido e com muita intensidade, os compromissos do dia a dia muitas vezes privam as pessoas de aproveitarem seus lares e, o mais importante, as pessoas que fazem parte desse ambiente. Mas, de repente, no ano de 2020, a pandemia da covid-19 chega ao Brasil e nos "obriga" a voltarmos para nossas casas, a ter mais "tempo" com a família. A pandemia trouxe consigo muitos males, alguns devastadores, porém, com o isolamento social, a família teve a oportunidade de rever seus relacionamentos e conexões uns com os outros, principalmente com as crianças. Mesmo diante de toda desilusão e medo, nossas crianças estavam ali, estavam e estão sob nossa responsabilidade, cuidado e amor.

O convívio familiar saudável e amoroso influencia positivamente no desenvolvimento integral da criança. Não basta conviver, é necessário se conectar. Essa conexão valida as emoções da criança, passando para ela que seus sentimentos são importantes, e que a família está ali para acompanhá-la, ajudá-la a entender, reconhecer e lidar com essas emoções. Por meio dessa conexão, ela tem a possibilidade de desenvolver-se integralmente, contribuindo com seu desenvolvimento cognitivo, físico, cultural, social, digital e principalmente emocional, de maneira saudável e feliz.

Este período de pandemia não foi e não está sendo um momento fácil para ninguém, principalmente para as crianças que, de repente, tiveram 'isolados' de suas vidas a escola, os amigos, as praças, os parques, a praia, as brincadeiras ao ar livre, a convivência com muitos familiares, a casa da vovó, do vovô, sua liberdade de se conectar com o mundo lá fora. Suas interações foram reduzidas ao convívio familiar e muitas tiveram perdas de familiares e amigos. Isso tudo gera muitas emoções nas crianças, nos adultos. Mais do que nunca, se faz necessário voltar a atenção para o socioemocional delas.

Mediante essas emoções, que podem causar, na criança, sensação de bem-estar ou mal-estar e a maneira de como cuidar disso tudo, foi pensado o projeto Conexão Família no Território do Brincar, objetivando ajudar a criança a identificar e manejar suas emoções, e como as famílias podem fazer esse acompanhamento, por meio de vivências com contação de história, interações, brincadeiras, rodas de conversa. Foram vivenciados momentos significativos na convivência familiar. Tivemos muitos depoimentos de famílias relatando o quanto foi válido para as crianças e para toda a família tratar das emoções, brincar com a criança, ouvi-la. Em um dos retornos, no qual foi perguntado o que deixava as crianças calmas, uma respondeu "O banho de açude me deixa calmo", outra disse "Bolinha de sabão deixa calminho, calminho", outra falou "Quando fico bravo, muito bravo, eu gosto de brincar, de andar de bicicleta". Pode parecer simples, mas é grandioso a criança ter a oportunidade de vivenciar momentos que a estimulem a conhecer as emoções, nomear o que sente, reconhecer as emoções no outro, compreender que as emoções não devem ser escondidas ou presas.

Como nós, enquanto pais, podemos ajudar a diminuir o impacto dessas perdas na vida de nossas crianças? Como podemos suprir suas necessidades afetivas? É comprando-lhes presentes? É lhes oferecendo o mundo? Será que é cedendo a todas as suas vontades sem limites? Nossa missão de pais, de responsáveis pela criança, é de fato muito difícil. Gostaríamos de livrar os pequenos de todo e qualquer sofrimento, mas isso não é possível, nem deveria. As emoções, as frustrações, as raivas, tristezas, desilusões, conflitos fazem parte do processo de desenvolvimento da criança, nosso papel é estar disponível, ser paciente. O melhor e mais valioso presente que podemos dar para nossas crianças é nosso tempo, são as experiências que vivemos juntos com elas, é a maneira que essas vivências as tocam, que irão se tornar memórias afetivas e acompanhá-las por toda a vida.

Embora falhemos muitas vezes como pais, responsáveis, e acredite, falharemos mais, é importante falar, conversar, pedir desculpas. Meia palavra não basta, é necessário se comunicar assertivamente, com uma linguagem que nossas crianças consigam compreender. Não se trata somente de falar o que penso, trata-se de ter empatia pelo que a criança vai compreender e sentir; ouvi-la sem julgamento e sem um discurso pronto de defesa ou persuasão, uma comunicação não-violenta.

E como é essa comunicação, esse diálogo respeitoso? Em uma comunicação não-violenta e escuta afetiva, tudo pode ser dito e ensinado, mas a maneira de dizer é o diferencial. Por exemplo, ao invés de dizer "Já falei que estou ocupado(a), estou trabalhaaaaaando, vai brincar!", poderíamos dizer "Filho(a), eu lhe ouvi e sei que você quer brincar. Estou trabalhando agora, quando terminar a reunião brincaremos. Combinado? Ficarei muito feliz em brincar com você" ou "Que coisa feia falar com seu amigo assim, peça desculpas agora". Poderíamos dizer "Já conversamos e não falamos assim. Você não está falando de maneira respeitosa. Vamos tentar falar com seu amigo com respeito?". A criança aprende pelo exemplo e também pela repetição, é nosso papel como adulto lhe proporcionar comunicação respeitosa dentro e fora de casa.

O brincar na infância como estratégia de escuta e diálogo

É necessário compreender, respeitar e valorizar a vivência da infância. Respeitando seu ritmo, seu tempo, sua curiosidade, imaginação, suas emoções, sejam elas de alegria ou de frustração. E isso tudo é possível por meio das interações e brincadeiras.

O brincar para a criança é a essência de sua vida, ela desenvolve as mais variadas habilidades intrapessoais e interpessoais por meio da ludicidade. Graças às brincadeiras, a infância expande sua ressignificação e dignidade. Quando e como temos brincado com nossas crianças?

Que todas elas tenham a oportunidade de estarem envolvidas em ambientes e experiências que as levem a perceber o que estão sentindo, começando a entender a importância das emoções em suas vidas. Descartamos qualquer possibilidade de colocar a saúde física de nossos filhos em risco, mas por que arriscamos sua saúde emocional?

A seguir serão apresentadas brincadeiras estratégicas que contribuem com momentos de escuta, acolhimento, assim como estimulam o desenvolvimento de habilidades socioemocionais, de atenção plena e conexão com o outro.

Tudo em nossas vidas é um processo, e para contribuir com esse processo de escuta, diálogo, acolhimento no fortalecimento de vínculos com nossas crianças, sugiro brincadeiras estratégicas, que podem auxiliar nessa comunicação assertiva e busca por conexão. Brincadeiras para realizar em família:

Massagem de amor – prepare um cantinho para oferecer massagem para a criança sempre que ela sentir necessidade. É possível inventar diferentes técnicas de massagem junto com a criança, como a massagem da formiguinha, subindo os dedos pela barriga ou costas, para momentos de descontração. Massagem do leão fazendo cafuné na cabeça para momentos tensos.

***Mindfulness* e/ou meditação** – remete à atenção plena, presença total da mente naquilo que estamos fazendo, no espaço que estamos percorrendo, nas sensações que estamos sentindo. É necessário que a meditação seja vista pela criança como uma brincadeira. É importante que essas propostas sejam recorrentes, elas necessitam de continuidade. Uma boa proposta de brincadeira é a meditação guiada, na qual o adulto brinca de faz de conta com a criança.

Mandala para colorir – seu objetivo principal é favorecer a concentração da energia em um só ponto durante a pintura. Para pintar, a criança precisará de lápis de cor e desenhos de mandala para colorir. É um momento de atenção plena em que a criança e a família têm a oportunidade de conversarem e se conectarem.

Diário das emoções – trata-se da construção de um diário pela própria criança, no qual ela vai desenhar, escrever, fazer colagem, expressar suas emoções da maneira que desejar. A customização fica a critério da criança e de sua imaginação.

Conexão com a natureza – contemplar e apreciar a natureza, assim como explorá-la, proporciona leveza, relaxamento e encantamento. Promova caminhadas, trilhas, colher objetos da natureza, observar ambientes, observar animais, pássaros, brincar com água, explorar os sons do ambiente. São alternativas de momentos para serem vivenciados com as crianças e suas famílias.

Contação de história – a contação proporciona, para os pequenos, muitas vivências, estimula sua criatividade, comunicação, linguagem e expressividade. Pelas histórias, a criança tem a possibilidade de se conhecer e conhecer suas emoções. Também são importantes no processo de escuta ativa e acolhimento.

Essa conexão com as crianças em momentos de brincadeira é importante ferramenta para a convivência e o fortalecimento de vínculos. E pode ser enriquecida por meio da observação do adulto e da escuta ativa com as crianças, percebendo suas necessidades e desejos. Esse tipo de comunicação, de conexão que respeita e acolhe, mesmo quando estabelece limites, possibilita aprendermos a entrar em contato com nossa essência, a buscar equilíbrio nas diversas situações vividas.

Enquanto adultos, que convivemos com a infância, necessitamos nutrir crianças tolerantes, potentes, empáticas e criativas que terão recursos para contribuir com uma sociedade pacífica e resolver conflitos de maneira responsável, autêntica, autônoma e reflexiva. Resultando em ambientes amorosos, de escuta, acolhimento, confiança, afeto, segurança, apoio emocional, bem como entendimento mútuo e respeitoso entre pares e grupos em que se estabelecem relações e convivência. Ouçamos nossas crianças. Deixemos as crianças serem crianças. Como estamos aproveitando a infância junto com nossa criança? Valorizemos, pois é passageira. Levando em consideração os 12 primeiros anos de nossos filhos, observa-se que a infância dura somente 624 domingos, isso mesmo, tem data para acabar. O que estamos esperando? Que vivamos esse tempo com qualidade junto de nossos pequenos!

Referências

CEARÁ. Secretária da Educação do Estado do Ceará. *Documento curricular referencial do Ceará: educação infantil e ensino fundamental.* Fortaleza: SEDUC, 2019.

GOLEMAN, D. Ph. D. *Inteligência emocional: a teoria revolucionária que define o que é ser inteligente*/ Daniel Goleman. 2. ed. Rio de Janeiro: Objetiva, 2012.

ROSENBERG, M. B. *Comunicação não violenta: técnicas para aprimorar relacionamentos pessoais e profissionais*/ Marshall B. Rosenberg; Tradução Mário Vilela. - São Paulo: Ágora, 2006

25

PARENTALIDADE POSITIVA
UM DIÁLOGO NECESSÁRIO

Conhecer a nossa criança interior e respeitar as vivências que tivemos na infância são passos importantes para começarmos este diálogo. Quem somos, como estamos lidando com nossas emoções e histórias de vida, o que é a Parentalidade Positiva e quais os principais pontos dessa escolha serão observados no decorrer das linhas que escrevi para plantar essa semente em todas as famílias.

KÉSSIA OLIVEIRA

Késsia Oliveira

Especialista em Amamentação pela UNIEDUCAR, certificada em Disciplina Positiva pela DPB e facilitadora em Educação Emocional Positiva pelo EEP- por Miriam Rodrigues. Especialização em Terapia Cognitivo-comportamental pelo CTCC, formação em Educação Para o Futuro com Leveza e Criatividade pelo modelo SEMPRE DISRUPTIVA e Regulação Emocional para crianças com dificuldades comportamentais, com Poliana Martins. Atualmente, graduanda em Psicopedagogia e em especialização de Educação Para Prevenção ao Abuso Sexual Infantil.

Contatos
www.sementinhadeleitura.lojavirtualnuvem.com.br
contatodasementinha@gmail.com
Instagram: @sementinhadeleitura

Quem é você?

Eu já estive exatamente no mesmo lugar em que você está agora: o lugar da busca por respostas. Sei que você não desejava abrir um capítulo e precisar responder a questionamentos, mas é assim mesmo. É por aqui que a gente começa – por quem somos e quem gostaríamos de ser, e mais, quais adultos desejamos que as nossas crianças sejam.

Vou começar por uma citação de Antoine de Saint-Exupéry, em *O pequeno príncipe*, quando diz: "É com o coração que se vê corretamente, o essencial é invisível aos olhos". Antes de viver a relação parental, eu jamais observaria essa citação de maneira tão intensa. Um dos maiores desafios das relações talvez seja exatamente este: a dificuldade de enxergar, inclusive a si mesmo, com o coração. Temos medo de nos tornar permissivos demais e receio do que vamos encontrar dentro de nós mesmos. Afinal, muitos de nós têm total aversão à palavra **terapia**.

Como se a vida viesse nos dar um sacolejo, nossas crianças nascem e despertam em nós sentimentos que jamais imaginaríamos ter. Eu queria mesmo ser responsável por uma criança? Eu desejava mesmo cuidar de outra pessoa mais do que de mim mesma? Seria provável ter certeza de que eu sou a adulta da relação e, mesmo assim, continuar disputando ego com um minisser de menos de um metro de altura?

Expõe-se um emaranhando de perguntas que deveríamos ter feito antes de trazer crianças ao mundo, e não fizemos. O que fazer agora? Não quero que este texto seja apenas mais um que você leu. Desejo que ele vire uma chave incrível em sua mente, que faça você querer de fato ser mais positivo em suas relações, em todas elas, não somente nas relações parentais.

Então, vamos fazer um combinado? Antes de tentar seguir qualquer recomendação minha ou de outro especialista, perceba quem você é. Entenda o que levou você a escolher esta leitura. Acredite no poder do autoconhecimento e busque ajuda psicológica para que isso possa acontecer de maneira leve e respeitosa consigo.

Um pouco sobre emoções

Seria infinitamente mais fácil lidar com nossas crianças se nós, os adultos, tivéssemos praticado a inteligência emocional em nossas infâncias. Mas sabemos que a realidade foi, para a maioria, bem diferente disso. Então, vou pincelar um pouquinho sobre as emoções e como podem ajudar nas relações de modo geral.

As emoções já foram classificadas e, após alguns anos de estudo, faz sentido para mim a linha amplamente explicada por Daniel Goleman, Ph.D., em seu livro *Inteligência emocional: a teoria revolucionária que redefine o que é ser inteligente* (2012, pp. 32-33). Segundo Levenson, Ekman e Friesen (2012), durante muitos anos discutiu-se a natureza das emoções e as formas de expressá-las. Em resumo, temos sete emoções primárias ou básicas, são elas: o medo, a raiva, a felicidade, o amor, a surpresa, o nojo e a tristeza. Cada uma delas desperta em nós respostas físicas e mentais diferentes, e é por isso que estou falando sobre este tema. É de grande valia entender as respostas físicas que cada uma delas promove em nossos corpos, porque aprendendo esse caminho da percepção dos sinais emocionais, podemos quebrar ciclos de raiva e frustração, por exemplo.

Costumo ensinar em meus cursos, que geralmente são para mães, algo que denomino Ciclo da Calma, que visa ensinar às famílias a perceberem os sinais da raiva, compreender em que ponto ela se torna explosão física, e só então ensinar a criança a lidar com isso. Basicamente, precisamos enxergar em nossa mente uma caixa. Localizou aí uma caixa? Pode ser da cor e do modelo que preferir. Escreva nela a palavra **raiva**. Agora, visualize um quarto todo neutro, sem nenhum móvel, e coloque a caixa no centro dele. É assim que funciona.

Quando somos tomados por uma emoção, é como se nosso cérebro ficasse completamente limpo de outras informações e fôssemos tomados unicamente pelo que estamos sentindo naquele momento. O que faremos para enxergar essa experiência como um ciclo? Primeiro, vamos perceber os sinais daquela emoção chegando em nosso corpo; o segundo passo é agir com base nos sinais emocionais, para que afetem os sinais físicos; por fim, vamos sentir a emoção de outra forma e recomeçar o ciclo, até que finalmente a calma chegue.

Sei que tudo isso parece extremamente trabalhoso, e não só parece, mas é mesmo, contudo os resultados vêm. Podemos ser mais assertivos, prestativos, atenciosos e empáticos. Assim, seremos exemplo de tudo isso para as nossas crianças.

Vamos aprender com vivências

Quanto mais estudamos neurociência, mais podemos concluir que a experiência, a vivência, modifica o cérebro. Gosto de tentar colocar você, enquanto adulto e responsável, em outra posição, em outro ponto de vista, para que entenda a base de uma boa relação parental.

Imagine neste momento um lobo selvagem. Basta fechar os olhos um segundo e a imagem virá a sua mente. O lobo selvagem, sendo apenas uma imagem em sua mente, não representa nada, não é mesmo? Talvez desperte em você curiosidade ou medo, e só. Agora, imagine que você adormeceu em sua casa e, ao acordar, sentiu um frio absurdo. Quando abriu os olhos, deu-se conta de que estava em outra casa. Você caminha em direção à janela e percebe que está nevando lá fora. Nesse novo lugar há apenas sua cama e, após algum tempo acordado, você sente fome. A única alternativa agora é sair e procurar algum lugar que tenha alimento lá fora. Ao começar a caminhada, o frio e a fome aumentam e você então percebe um movimento rápido pelo canto do olho, à direita, logo que olha naquela direção enxerga o **lobo selvagem**. E agora? O que esse mesmo LOBO, que há pouco não causava nada, representa para você? Nós apenas modificamos a vivência e o seu cérebro foi capaz de fazer com que você sentisse emoções completamente diferentes.

Onde quero chegar com essa situação hipotética?

As coisas e as pessoas, as ideias e as histórias, tudo o que vivemos toma dimensão à medida que acontece. Você, adulto responsável, vai tomar diversas decisões erradas ao longo da sua caminhada parental. Sabe por quê?

Porque você nunca esteve nessa situação antes. Não é possível agir sempre calmamente diante de um desafio novo, de uma nova criança em seu lar, de todas as mudanças que educar um ser humano exige para a sua vida e para o seu contexto familiar.

Antes de ler e tentar praticar a educação emocional positiva, bem como a disciplina positiva e tudo o que envolve o criar de maneira respeitosa e não violenta, entenda que todos erram e que todos nós vamos continuar errando. O erro não define quem você é, mas sim ensina a lidar com aquela situação em uma próxima oportunidade. Quando erramos e demonstramos aos nossos filhos o quão imperfeitos somos, diminuímos as expectativas e aumentamos a percepção de família real. Nós, responsáveis, não somos seres inatingíveis, mas pessoas com vivências, dores, alegrias, conselhos e rótulos: somos um pacote completo que ainda busca o que realmente deve permanecer e ainda quer separar o que foi positivo da educação que recebemos, para então descartar os modelos educacionais que não nos servem mais.

Parentalidade positiva, o que é?

Sou autora do livro *Maternidade positiva: entendendo os desafios do maternar* (2020) e, aproximadamente seis meses após a publicação do livro, senti que ele estava incompleto. Eu não desejava que apenas as mães fossem positivas em suas relações. O que realmente gostaria de transmitir era que todos os envolvidos no núcleo familiar de uma criança fossem positivos. Que entendessem sobre imaturidade cerebral, que soubessem mais sobre os primeiros cem dias da criança, que enxergassem as necessidades básicas de um bebê, que praticassem a comunicação não violenta entre os próprios adultos e mais ainda com a criança.

Foi então que, começando a ler o livro *Como saber do que seu filho realmente precisa?* (2018), de Luciana Brites e Dr. Clay Brites, deparei-me com o prefácio do mestre em Psicologia Clínica Ivan Capelatto. Esse texto era tudo que eu gostaria de ler naquele momento: traduzia linha por linha a minha visão sobre parentalidade e foi nele que apoiei o meu ingrediente "secreto". O ingrediente que faltava – não era somente sobre mães, na verdade nunca foi, era sobre uma sociedade inteira que precisa redescobrir o desejo de **cuidar**.

Então, eu quis ler mais textos de Ivan Capelatto, encontrei seus dois livros publicados e me encantei ainda mais. Não cabia a mim discordar de absolutamente nada, são obras incríveis. Mas eu queria verdadeiramente me aprofundar em algo. Assim, veio para a minha mente a **parentalidade positiva**, baseada em muita leitura, muitas vivências, atendimentos como facilitadora em Educação Emocional Positiva, deduções do que é ou não aplicável a depender do contexto social. Enfim, a Parentalidade Positiva é uma forma de perceber as relações parentais e encontrar caminhos para estreitá-las, as tornando mais leves e positivas.

Entendendo quatro pontos

Quero convidá-lo a refletir sobre quatro pontos que são suporte para a prática da Parentalidade Positiva. Antes de falar ponto a ponto, preciso que você respire fundo e tente, somente por um momento, apagar tudo o que já aprendeu sobre educação. Sei que é uma tarefa difícil e não estou dizendo que tudo o que você sabe é inútil, mas quanto menos bagagem trouxer, mais fácil será a compreensão.

Vamos começar pela percepção. Pode soar clichê dizer que você precisa perceber unicamente a sua criança, mas não é. Vivemos uma geração acostumada a competir de maneira nada saudável quem tem a criança mais "boazinha". O pontapé inicial é exatamente este: **perceber** a sua criança interior e a criança pela qual **você é responsável** por educar.

Partimos então para o segundo ponto: a **nomeação**. Sim, devemos nomear o que estamos sentindo, tanto para nós mesmos quanto para ensinar sobre isso para as crianças. Quando uma família aprende a nomear o que está acontecendo, a comunicação flui de maneira mais rápida e prática, proporcionando soluções mais efetivas para os possíveis problemas parentais.

O terceiro ponto vem conectado ao segundo: a **verbalização**. Quando conseguimos externar o que sentimos e expressamos o nosso ponto de vista sobre determinado acontecimento, oferecemos a oportunidade de todos os envolvidos se fazerem compreender também. Criamos o hábito de não julgar as ações do outro como sempre negativas, sim diferente das nossas expectativas criadas unicamente por nós. Nenhuma parte envolvida em uma relação parental é responsável pela expectativa que os outros envolvidos criam. Nós somente somos responsáveis pelas nossas ações; as percepções são alheias à nossa vontade.

Por fim, a **ação**. De nada vão servir os pontos anteriores se não estivermos dispostos a agir em favor do bem comum. Para que estudarmos ferramentas emocionais, métodos e mais ensinamentos, se não existir uma verdadeira vontade, um desejo de transformar o que não está fluindo bem?

Desvendando os cinco pês

Para finalizar com chave de ouro, deixando ainda aquele desejo de entender um pouco mais sobre a Parentalidade Positiva, vou ensinar o método que criei no meu primeiro livro. Os cinco pês:

Positividade: o que temos atraído para nossa vida? De qual maneira temos reagido aos fatos que nos acontecem? Praticar a positividade não é estar bem o tempo inteiro, é saber lidar com os próprios sentimentos de maneira positiva, sejam eles quais forem;

Parceria: entender que nossas crianças estão ao nosso lado, são nossas parceiras: não são inferiores ou superiores. É perceber que crianças são tão humanas quanto nós adultos;

Persistência: se você acredita em fórmulas mágicas para educar, sinto muito por informar que não existem. Sem persistência e dedicação, os resultados não vêm;

Prioridade: no singular. Priorize o que de fato importa na sua concepção de família, o que funciona para as suas visões culturais, sociais e de respeito ao próximo.

Pessoalidade: o último "P", não menos importante, nos convida a entender que cada ser é único. Cada criança precisará de uma abordagem e cada família desenvolverá à sua maneira a parentalidade positiva.

Desejo que este texto, mesmo que de maneira sucinta, tenha contribuído para o primeiro passo da sua cura interior, para que ela se exteriorize em forma de afeto e apego seguro para todas as nossas crianças.

Referências

BRITES, L.; BRITES, C. *Como saber do que seu filho realmente precisa?* São Paulo: Gente, 2018.

GOLEMAN, D. *Inteligência emocional: a teoria revolucionária que redefine o que é ser inteligente.* Fabiano Morais. Rio de Janeiro: Objetiva, 2012.

OLIVEIRA, K. *Maternidade positiva: entendendo os desafios do maternar.* São Paulo: skoobooks, 2020.

26

UM JEITO MÁGICO DE NUTRIR OS NINHOS

Neste capítulo os pais descobrirão uma metodologia mais assertiva e amorosa de como nutrir seus ninhos. Vai além de encher barriguinhas, é preciso nutrir as pequenas soldadinhas que moram dentro de nós e adoecem quando não comemos os alimentos certos. Preparem-se: vocês precisarão dar asas à criatividade do mesmo modo que eu ganhei asas de fada para ajudá-los nessa missão.

LILIAN CUSTODIO

Lilian Custodio

Concluí o curso de Nutrição pela Pontifícia Universidade Católica de Campinas em 1999, e já iniciei minha vida profissional, em Saúde Pública e Clínica Hospitalar de 2000 a 2008, em diversas áreas como: Nutrição Materno Infantil, Programas de Diabetes/Hipertensão e Obesidade mórbida. Em 2008, me mudei de cidade e recomecei na minha área preferida de atuação – Educação Nutricional. No ano de 2012, criei o Projeto Nutrir os Ninhos – com um atendimento domiciliar e direcionado exclusivamente às crianças e suas famílias. Em paralelo, desenvolvia um trabalho como Educadora Alimentar em escolas particulares e públicas, no município onde resido, com uma metodologia inovadora e lúdica em Educação Nutricional. Em 2018, lancei meu primeiro livro como coautora, *Mulheres com poder de inspirar outras mulheres*. Atualmente, escrevo livros e *e-books* com ensinamentos nutricionais de tudo que já apliquei na prática, sendo uma Fada da Nutrição (Fada Lily), com a finalidade de ajudar os pais a trasformarem a nutrição dos filhos em uma alimentação mais equilibrada, saudável e mágica.

Contatos
www.fadalily.com.br
lilian.custodio@gmail.com
Instagram: @fada.lily.nutri
35 99845 9168

As crianças são investidas de poderes não conhecidos, que podem ser as chaves de um futuro melhor.
MONTESSORI

No início do ano 2000, uma jovem nutricionista cheia de sonhos adentra o hospital em que trabalha. Apressada, em meio aos "bons-dias" nos corredores, se direciona ao Serviço de Nutrição e Dietética para iniciar uma reunião matinal com a equipe de sua responsabilidade. Coloca seus objetos pessoais sobre a mesa, diz um sorridente "bom-dia"e conclui: "A partir de hoje, vamos mudar o conceito que comida de hospital é ruim. Cada vez que vocês estiverem na panela, pensarão 'essa comida que preparo é para meu filho, marido ou irmão'. Mesmo que a comida seja isenta ou restrita em sal, gorduras, açúcares, toda dieta terá um ingrediente a mais: o amor de vocês. Lembrem-se quando adentrar aos quartos, pois quero sorrisos e todos possuem nomes, não são apenas números de leitos ou patologias".

Continuei minha fala: "Não conseguem ver o tamanho da importância de vocês? Não são apenas cozinheiras, ajudantes ou copeiras: são aquelas que nutrem todos que aqui estão. Essas refeições devem ser verdadeiras demonstrações de cuidado. Vocês têm o dom para fazer isso". Daquele dia em diante, os corredores do hospital cheiravam à comida caseira sendo preparada, bolo recém-assado, feijão refogado, sopas suculentas e coloridas. Todos elogiavam a comida. Quando um paciente ou outro estava inapetente (falta de apetite), imediatamente queríamos saber o porquê. Certa vez, me deparei com um senhor franzino e desanimado sobre o leito. Perguntei por que ele não comia, brinquei dizendo que aquela comida de hospital era especial, mas ele apenas mexia a cabeça negando. Vi o sofrimento em seu olhar e perguntei se havia algo que eu pudesse fazer para ele comer. Ele olhou ao longe na janela, como quem quisesse buscar uma lembrança e, com a voz muito fraca, quase inaudível, me perguntou: "Posso tomar um mingau de aveia?" Respondi, animada: "O senhor pode tudo!"Ele tinha um câncer num estágio avançado. Desci imediatamente para a cozinha e fui preparar o mingau e, enquanto esperava engrossar, pensava em coisas boas e desejava que, por um instante, toda a dor daquele senhor fosse embora. Quando retornei ao quarto, ele já estava sentado, à espera. Devagar colocava colherada por colherada na boca, mas não demorou muito para ouvir a colher raspando o fundo do prato. No final, ele concluiu: "Estava delicioso. Igualzinho ao mingau que minha mãe fazia para mim quando criança."Pronto! Era apenas isso que ele precisava naquele momento. No outro dia, quando passei pelo corredor, avistei seu leito vazio e sabia o que aquilo significava, mas minha consciência estava leve e em paz, um calor aqueceu meu coração naquele momento. O ambiente hospitalar envolve treino emocional e exige agilidade para aplicar técnicas assertivas. Eu era realizada naquilo que fazia, até o dia que ouvi uma fala que mudaria tudo.

 Era mais um dia corrido da rotina hospitalar, estava passando visitas nos quartos quando um médico me abordou no corredor: "preciso que você passe uma orientação de alta para a senhora do quarto tal, ela fez uma amputação de membro inferior (cortou a perna) por complicações de diabetes. Ela precisa entender que, se não cuidar da alimentação, pode perder a outra perna". O médico agradeceu e saiu apressado. Eu pensei: "Detesto ser a portadora de mais limitações!" Entrei no quarto e encontrei uma jovem senhora sentada numa cadeira de rodas à beira da cama com a cabeça baixa. Disse um "bom-dia", mas não obtive resposta. Fiquei uns instantes em silêncio respeitando o momento dela. Depois, perguntei baixinho: "Você quer conversar um pouco? Falar nos ajuda a organizar nossos sentimentos". Ela levantou a cabeça e seus olhos estavam marejados d'água, num longo suspiro ela disse: "Doutora, como vou seguir sem minha perna?" Não sabia o que responder a ela. Apenas pedi que me contasse sua história. Assim ela fez. Enquanto ela narrava, eu pensava que tudo aquilo podia ter sido evitado. Com muito tato, perguntei se ela realmente sabia o que é essa doença: diabetes. Ela respondeu que não compreendia muito. Expliquei de modo ilustrativo, como se fizesse a uma criança. A jovem senhora me ouviu atentamente. Devagar fui direcionando a conversa e mostrando toda importância que uma alimentação equilibrada implica nesse caso. Mais relaxada, mas não conformada, ela olhou nos meus olhos e perguntou: "Por que eu não aprendi tudo isso antes, ainda pequena? Estaria agora com as minhas duas pernas". Essa fala ecoou profundamente dentro do meu âmago por muito tempo. Essa experiência me transformou, pois já não mais conseguia ficar somente prescrevendo dietas, eu desejava com todas as minhas forças estar no futuro.

 Mas antes, me tornaria mãe de dois adoráveis meninos. Aquela técnica toda aprendida nos livros e bancos da faculdade se prestariam a passar pela prova do cadeirão. Assim eu fiz. Dediquei a fazer da minha experiência materna um laboratório e sentir na pele o que qualquer mãe sente. Aprender a administrar o tempo, o cansaço físico e mental, as frustações, as cuspidas, o choro, a negação em comer e enfim, a culpa materna. Em certo momento da minha vida tive dois grandes desafios pela frente: ser mãe e recomeçar profissionalmente. Então pensei, por que não me reinventar? Nessa fase, ideias de trabalho inovadoras começaram a surgir na minha mente.

 Aos dois anos, levei meu primogênito para a escola. Nessa escola recebi a proposta de ser a nutricionista responsável pelo lanche coletivo das crianças. Até aí, tudo bem! Faria um cardápio mensal de lanches para alunos da Educação Infantil até o 5º ano. Certo? A princípio sim, se não tivesse entrado em vigor no estado onde eu resido uma lei que proibia qualquer lanche que não tivesse em sua elaboração ingredientes saudáveis. Um sonho de consumo, mas do sonho à realidade vigora um abismo, pois as crianças estavam acostumadas a comer outros tipos de lanches e não existia essa preocupação nutricional. Para encurtar a história: boa parte das crianças rejeitava o lanche. Era reclamação por toda parte, seja das mães, das professoras, da cantina que tinha um grande índice de desperdícios e da escola que me cobrava resultados.

Numa tarde buscando soluções, achei, navegando na internet, um famoso professor de física ensinando seu método para fazer alunos gostarem da Física. Ele concluiu que se ele conseguiu tal proeza, qualquer um poderia vender uma ideia ou produto, bastava falar a linguagem do público-alvo. Resolvi aceitar o desafio e adotar o método.

Passados uns dias, uma professora me abordou: "Lilian, depois de amanhã é o Dia Mundial da Saúde e Nutrição. A apostila traz um conteúdo para trabalhar esse tema com as crianças, será que você pode nos ajudar?" Uma ideia surgiu. Deixei de lado o meu jaleco branco, coloquei um vestidinho e, por cima, uma capa da Chapeuzinho Vermelho. Fiz duas maria-chiquinhas com laços na mesma cor, peguei uma cesta de palha pintada de azul celeste, enchi de frutas e saí saltitando pelo recreio afora. Sentei no meio da roda e, aos poucos, crianças de todas as idades se aproximaram, curiosas. Quando uma pequena sentou ao meu lado e me chamou de Chapeuzinho Vermelho, comecei a estabelecer uma conversa. Contei que estava indo levar aquela cesta de frutas a minha vovozinha que estava gripada e precisava sarar, pois apenas os elementos mágicos contidos dentro daquelas frutas tinham esse poder. De forma muito despretensiosa, fui pegando as frutas, descascando quando necessário e cortando em fatias. As mãozinhas vinham ao encontro para pegá-las. Quando direcionei meu olhar, vi que uma daquelas mãozinhas era de um menininho que não era fã de frutas e, ali naquele instante, já havia degustado uvas, laranja e maçã. A certa hora, um menino maior que já não acredita mais em conto de fadas entrou na brincadeira: "É verdade, Chapeuzinho, que se comermos muitos doces nós podemos ter diabetes?" Imediatamente a senhora do hospital com a perna amputada veio a minha mente. Numa fração de segundo, eu havia compreendido completamente qual era a minha missão neste mundo.

Depois desse dia, muitas outras personagens entraram em cena e cada qual com um ensinamento nutricional, assim pude testar a metodologia com muitos alunos. Fui orientada a criar a minha própria personagem, algo que tivesse a ver com a minha essência e pudesse trazer verdades às crianças. Comecei a ter acesso às minhas memórias infantis. Lembrei que brincava com fadinhas no quintal da minha casa e que minha avó me ensinava, do jeito dela, a me interessar pelo assunto. Concluí que tinha tudo dentro de mim: memórias, conhecimentos da ciência da nutrição e a vivência materna.

Dei voz para minha criança interior e deixei ela vir à tona na forma de uma fada da natureza. Uma fadinha que sabe muito sobre os alimentos criados pelo papai do céu e ainda sabe como fazer crianças entenderem sobre isso. Lily acredita num mundo mais justo e saudável.

Contei tudo isso com um único propósito. Relatar que eu já estive no fim de algumas histórias e sei como terminam. Muitas doenças podem ser evitadas se tivermos acesso à educação alimentar embasada no equilíbrio e focada na saúde. O primeiro ensinamento que quero deixar aqui registrado a você mamãe, papai, vovó ou titia, é esse: hora de aprender é enquanto somos crianças. Principalmente sobre alimentação. Crianças são puras e curiosas, gostam de aprender, mas tem que falar do jeitinho que elas conseguem absorver. Uma vez que tomam para si o que devem fazer, seguem e replicam. Muitas crianças que foram meus aprendizes repassaram a seus familiares o que aprenderam e obtive relatos emocionantes sobre o êxito dessa investida.

O segundo ensinamento é que, se não olharmos com mais importância e prudência para a educação alimentar infantil, teremos sérios problemas na saúde pública nas próximas gerações. Por experiência própria, não é num leito de hospital que se ensina como alimentar de modo equilibrado. É na mesa de refeições da sua casa ou nas carteiras das escolas. E funciona! Eu já testei das mais variadas formas. Em sala de aula, quando eu adentrava com meu vestido esvoaçante de fada, nunca precisei pedir atenção dos alunos, pois eles já estavam a postos para ouvir a fada falar. Seus olhinhos brilhavam de contentamento e suas perguntas eram sempre pertinentes e elaboradas com inteligência. Isso é prova que existe um interesse por parte do público. Um adendo, no coletivo, o processo de aprendizagem é mais rápido e efetivo, porque uma criança motiva a outra a mudar comportamento alimentar.

Já em casa, existem muitas formas de ensinar sobre uma alimentação saudável. Ele se inicia quando os bebês ainda são banguelas. Apresentar frutas, legumes e verduras, um a um, é um ótimo começo. Assim, a criança conhecerá de fato o alimento que está comendo e treina seu paladar para apreciar todos os sabores e texturas. Os grandinhos podem ser levados às compras no mercado. Desse modo, já vão aprendendo os alimentos que devem ser levados para casa. Outra investida é envolver seu filho em atividades culinárias. Lavar uma verdura e depois motivá-lo a arrumá-la numa travessa já o faz ficar mais interessado nesse mundo verde. Que tal cultivar uma hortinha em casa? Que seja num vaso. É mágico colocar uma semente na palma da mão da criança e orientá-la a regar e esperar até o dia que surja brotinhos verdes que crescerão dia após dia. E, num dado momento, quando os ramos forem puxados da terra, terão deliciosas cenouras que poderão ser comidas ali mesmo, ou ainda transformada em sucos, tortas, sopas ou bolos. Essa experiência faz com que haja um entendimento profundo e as crianças ficam maravilhadas sobre as "magias dos alimentos". Essas são as comidinhas perfeitas para as pequeninas células (soldadinhas) que moram dentro do corpo humano. Lembrando que quando um novo ser está sendo formado dentro da barriga de uma mamãe, são justamente os nutrientes contidos nesses alimentos específicos que promovem essa extraordinária engenharia que somos nós. Se a criança conseguir visualizar mentalmente as "soldadinhas" trabalhando e executando tarefas dentro do próprio corpo, imaginando elas respirando, comendo e bebendo água, saberá por que devemos tomar água e não refrigerantes para matar a sede. Tem que fazer sentido. A criança passa a comer de modo mais consciente e prazeroso. Ela passa a experimentar novidades alimentares com uma percepção atenta a tudo que é oferecido às papilas gustativas, ou melhor dizendo, às "soldadinhas do sabor".

Façam desses momentos divertidos e cheios de aprendizados, pois eles se tornarão inesquecíveis. No futuro, sua criança passará para frente tudo que aprendeu junto a vocês. É isso que eu penso quando preciso parar o que estou fazendo para ensinar, cozinhar ou repetir algo pela milésima vez, essa é a minha missão e a sua também. Deixar um legado. Deixar um ser realmente humano e pensante, de preferência saudável e produtivo, para contribuir com a evolução da humanidade.

27

ESTUDAR PARA EDUCAR, VAMOS JUNTOS?

Neste capítulo, os pais terão a oportunidade de compreender a força e a importância de uma educação baseada em respeito, gentileza, dignidade e amor, sem o uso de agressões, apenas firmeza; além de aprender habilidades para educar nossos filhos e entender o valioso papel de pais e do impacto positivo ou negativo que essa educação pode gerar em nossos filhos. O intuito deste capítulo é contribuir, significativamente, em melhores comportamentos e relacionamentos, consequentemente, fortalecendo os vínculos nessas relações.

LORENA MENEZES DE CASTRO RASSI

Lorena Menezes de Castro Rassi

Psicóloga graduada pela PUC-GO (1999), com mestrado em Psicologia pela PUC-GO (2004). Pós-graduação em Psicodrama Terapêutico pela SOGEP/PUC-GO (2004). Curso em *Positive Psychology: Martin E. P. Seligman's Visionary Science* pela Penn University (USA – 2018). Curso em *Positive Psychology: Applications and Interventions* pela Penn University (USA – 2018). MBA em Desenvolvimento Humano e Psicologia Positiva pelo IPOG (2019). *Teaching Parenting the Positive Discipline Way* – Certificada em Orientação de pais pela Positive Discipline Association (USA). Curso em A Arte de Facilitar Disciplina Positiva pela Positive Discipline Association (USA – 2021). Idealizadora do programa "Amor Consciente". Casada com Paulo de Tarso e mãe de Isabela (12 anos) e Stela (8 anos), seu maior e melhor sonho realizado, sendo fonte de inspiração na busca por uma educação com mais respeito e amor.

Contatos
lorencastro10@hotmail.com
Instagram: @psico.lorenadecastrorassi
62 99694 4303

Quando tratamos as crianças com dignidade e respeito, elas irão disseminar a paz no mundo!
JANE NELSEN

O que desejamos aos nossos filhos? Felicidade, realização, amor, boa autoestima, independência, bem-estar, saúde, confiança etc. Se fizermos essa pergunta em qualquer lugar do mundo, em qualquer cultura, as respostas serão sempre muito parecidas. Para falar um pouquinho sobre estudar para educar, preciso começar perguntando quantos de nós amam ser pais o tempo inteiro? Quantos passam por momentos em que não sabem o que fazer ou como agir para melhorar o comportamento da criança? Preciso dizer também que você não está sozinho, esse é um sentimento que cerca todos os pais em algum momento da relação com nossos filhos. Mas aprender a lidar com esses comportamentos entendendo as fases de desenvolvimento das crianças ajudará muito numa relação mais harmoniosa.

"A infância é o chão sobre o qual caminharemos o resto de nossas vidas" (LUFT). Sabem por quê? Porque o que vivemos e aprendemos na infância vai nos acompanhar pelo resto de nossas vidas, influenciando em nossas escolhas, em nossas crenças, nos nossos relacionamentos etc. E como podemos contribuir positivamente com todas essas decisões que nossos filhos terão que tomar no futuro? Estudando. Isso mesmo, **aprendendo**! Quais são nossos maiores desafios hoje com os nossos filhos? Não nos ouvem, não ajudam, não obedecem, brigam, fazem birras, mordem, bagunçam, muito tempo na internet e tantos outros, não é mesmo? Quais são as características e habilidades que desejamos que aprendam? Responsabilidade, cooperação, gentileza, resiliência, compaixão, respeito por si e pelos outros.

Ufa! Tantas habilidades que desejamos ensinar aos nossos filhos, mas como fazer isso? Quando ouço a queixa dos pais de que "meu filho não me ouve", o que realmente esse pai ou mãe está tentando me dizer? "Meu filho não me obedece". Primeiro devemos pensar em nossas ações com essa criança e observar como agimos quando ela fala conosco. Prestamos atenção em sua fala? Conectamo-nos com seus desejos? Muitas vezes não paramos de mexer no celular, não olhamos em seus olhos. Nós, seres humanos, aprendemos muito por imitação e as crianças mais ainda: são como uma esponja, sugando tudo do ambiente em que estão, observando, interpretando e copiando nossas boas e más atitudes. Se este é o exemplo que damos a elas de como se comunicar com as pessoas, estamos colhendo o que plantamos, simples assim. Desejamos que nos ouçam mas nós não as ouvimos. Rudolf Dreikurs (1991) acreditava que todo ser humano merece ser tratado com dignidade e respeito, inclusive as crianças. Isso significa dizer que devemos ensiná-las a ouvir, as ouvindo, dando nosso exemplo.

Outra forma de nos conectarmos melhor com nossos filhos é por meio de perguntas. Quando perguntamos em vez de mandarmos, fazemos com que eles pensem e, assim, desenvolvam o raciocínio, conduzindo-os a aprender a resolver problemas por si mesmos. Além disso, quando mandamos alguém fazer alguma coisa, a mensagem que chega ao cérebro é de que ele deve resistir, deixando o corpo tenso e contraído. Quando perguntamos, a mensagem que chega ao cérebro é de que devemos pensar e tentar cooperar, porque nosso cérebro entende que o outro está interessado no que desejamos e, por isso, nosso corpo relaxa. Assim, eles têm a oportunidade de aprender autodisciplina, responsabilidade, colaboração, comunicação etc.

Aprendemos melhor num ambiente de aceitação, amor e empatia. Por que seria diferente com as crianças? Quando estamos num momento de raiva e briga, não conseguimos resolver nenhum problema. Essa pode ser outra grande oportunidade para ensinar a nossos filhos sobre respeito por si e pelos outros. Afastar-nos para acalmar e esperar o momento certo para resolver aquele mal-estar não quer dizer que estamos cedendo aos desejos e caprichos da criança. Com isso, estamos ensinando que precisamos nos acalmar por respeito a todos e, apenas depois de mais tranquilos, tentar resolver o problema em questão. Daniel Siegel (2011), psiquiatra e escritor americano, nos explica de forma bem didática sobre o que acontece com nosso cérebro no momento de raiva e estresse. Nessas horas, somos comandados por nossa parte cerebral mais primitiva, o cérebro reptiliano, e suas únicas decisões são de luta, fuga ou paralisação, porque essa parte do cérebro é responsável por nossos instintos de sobrevivência. Sendo assim, gritamos, brigamos e tentamos a todo custo impor nossas ideias e desejos sobre o outro, pois não aceitamos perder. Nesse momento, a parte cerebral responsável por nosso controle racional, o córtex pré-frontal, não está ativada e, nas crianças, não está totalmente desenvolvida ainda: sua maturação se dá por volta dos 25 anos. Engraçado, pois muitas vezes exigimos das nossas crianças controle emocional que ainda não têm, totalmente, desenvolvido, enquanto nós mesmos não conseguimos nos controlar, apesar de, fisiologicamente, o córtex pré-frontal do adulto estar totalmente amadurecido.

Viu como é importante conhecer um pouquinho do desenvolvimento infantil? Possibilita-nos compreender melhor nossos filhos e nos ajuda a entender e lidar melhor com as diferentes situações. Quando tomamos consciência de que estamos sendo controlados por nossa parte cerebral mais primitiva, o melhor é respirar fundo, tomar água ou dar uns pulinhos, pois estas simples atitudes sempre nos ajudam a recobrar a consciência. Estudos comprovam que precisamos de apenas 90 segundos para sair dessa espécie de "transe" em que entramos quando estamos em determinadas situações de estresse. É comum ouvirmos as pessoas dizerem que não sabem como fizeram "aquilo", como tomaram algumas atitudes extremas das quais se arrependem. É porque estavam agindo impulsivamente, sendo controladas pelo sistema límbico.

Qual é nossa maior tendência quando recebemos insultos e ofensas de alguém? Quando perdemos o controle de nossas emoções? Revidar da mesma forma, não é? Isso também tem um "responsável": são os nossos neurônios espelho. Neurônios espelho são uma classe de neurônios que espelham, em nosso cérebro, as ações que vemos no outro e essa simples observação ativa as mesmas regiões do cérebro do observador. Sendo assim, reflete esse comportamento ou emoção, podendo gerar empatia ou não, como no caso em questão. Por isso, quando estamos alterados, o melhor mesmo é nos afastarmos e acalmarmos e só depois retomarmos o assunto para decidirmos qual melhor solução tomar. Agindo dessa maneira, poderemos evitar falar e agir de forma que possamos nos arrepender, mantendo ainda uma relação saudável com nossos filhos e não ferindo sua autoestima e seus sentimentos. Devemos nos lembrar sempre que eles são nossas maiores riquezas e nosso trabalho mais importante, por isso é tão importante estudar para educar. Afinal, estudamos para realizar tantas tarefas e para exercer tantas profissões, por que não estudar para exercer nosso principal papel?

As crianças se comportam melhor quando se sentem melhor. Por que é que as colocamos de castigo, então? O famoso cantinho do pensamento provoca nas crianças várias e diferentes emoções, mas com certeza não são as que desejamos. Por um instante, recorde-se de quando era criança e seus pais o colocavam de castigo: quais eram seus sentimentos? De injustiça, porque não havia sido culpa sua. De vingança, porque da próxima vez ninguém saberá que foi você. De baixa autoestima, pois ninguém me ama, faço sempre tudo errado. Enfim, qual criança algum dia esteve no cantinho do pensamento e decidiu que estava realmente errada? Que, da próxima vez, agiria melhor, que concorda que os pais têm razão e que merece estar ali? Nenhuma, não é? Essa atitude causa justamente o contrário do que desejamos. Por isso, devemos mudar.

"De onde tiramos a ideia absurda de que para uma criança se comportar melhor, primeiro precisamos fazê-la se sentir pior?" Essa é uma famosa frase de Jane Nelsen (1981), doutora em educação e criadora do método da disciplina positiva. Essa frase resume bem todos esses sentimentos causados, entre outras coisas, pelo cantinho do pensamento.

Educar sem humilhar, sem provocar dor, culpa ou vergonha deveria ser nosso maior objetivo como pais. Eis o motivo que estudar e aprender habilidades que nos ajudem a tomar consciência das nossas atitudes seja imprescindível. Muitas vezes agimos de forma contrária aos nossos desejos não porque queremos, sim porque não sabemos e não percebemos que estamos provocando em nossos filhos sentimentos contrários aos desejados.

Não devemos bater, não podemos colocar de castigo, mimar não é recomendável, ser permissivo então, nem pensar. Uai! Como faço para educar meus filhos? Podemos aprender inúmeras atitudes diferentes para lidar com cada situação e com cada criança. Sempre é válido lembrar que cada família tem sua dinâmica e seus valores, porém, ainda que cada família tenha sua própria dinâmica e valores, existem padrões de respeito e boa convivência em sociedade que são unânimes, nunca mudam.

Devemos permitir que nossos filhos se frustrem e se responsabilizem por seus próprios erros, que aprendam que toda atitude tem uma consequência, positiva ou negativa, e que eles são responsáveis por cada um de seus atos. Não podemos nos esquecer que essas consequências devem ser de acordo com suas idades e fases do desenvolvimento. Não devemos punir nossos filhos, mas permitir que aprendam com consequências lógicas. E o que seriam consequências lógicas? São aquelas consequências que estão relacionadas com os 4 "R"s:

1. Relacionada;
2. Respeitosa;
3. Razoável;
4. Revelada com antecedência.

Relacionada significa que a consequência deve estar de acordo com o comportamento da criança e não uma consequência que não tenha nada a ver com sua atitude naquele momento.

Respeitosa significa que a consequência não deve provocar culpa, vergonha ou dor.

Razoável significa que ninguém tirará vantagem dessa consequência e é razoável do ponto de vista também da criança.

Revelada com antecedência significa avisar a criança qual será nossa atitude se determinado comportamento acontecer ou tornar a se repetir.

Não devemos causar dor em nossos filhos, mas permitir que se frustrem fortalecerá seus "músculos" da resiliência. É como a história do menino e da borboleta, em que um garoto incomodado com o casulo da borboleta resolve ajudá-la a sair de lá e o que acontece a partir da atitude dele que só queria ajudar a pobre borboleta? Ele impede que ela desenvolva suas asas e, consequentemente, a impede de alçar voo. É uma metáfora, mas cabe muito bem na forma como algumas vezes lidamos com nossos filhos. No anseio de ajudá-los, de protegê-los, de evitar que sofram, impedimos que desenvolvam seus "músculos" da resiliência e cresçam mais fortalecidos, capazes de buscar soluções para seus desafios enfrentando os obstáculos, as dores, as consequências e desabrochando, voando como as lindas borboletas. Devemos ajudar nossos filhos a desenvolverem a percepção de que são capazes, deixando-os saber que estamos aqui, bem pertinho deles, apoiando e dando o suporte necessário para que cresçam e se desenvolvam.

Para Daniel Siegel (2014), nossas experiências em família moldam como passamos a perceber o mundo ao nosso redor. A família é o berço da aprendizagem da criança e é nela e, a partir dela, que construímos e formamos nossas crenças. Crenças de que somos capazes, de que somos amados, desejados, aceitos, importantes e de que pertencemos a alguém e a algum lugar. Fazer com que a criança desenvolva todos esses sentimentos não é tarefa fácil, mas é possível. Não é a perfeição que buscamos, apesar de parecer em alguns momentos, isso é tarefa impossível, somos todos humanos. Mas a partir do momento que buscamos dar mais do que receber, aprender para desenvolver, dando nosso melhor, apesar de todos os equívocos que cometemos, sairemos vitoriosos, pois as crianças são seres divinos que captam sensivelmente nossos desejos e nossos esforços para darmos sempre o melhor. Todavia devemos compreender que nosso melhor, muitas vezes, vai contra tudo o que buscamos. Compreender e aceitar que somos seres de emoção, frágeis e sensíveis, ajuda a criança a se conectar com nossos sentimentos e que, mesmo quando erramos, acertamos. Não podemos dar o que não temos, mas podemos tomar consciência do que nos falta e buscar aprender qual é o melhor caminho. Porém, depois de aprendermos, não tem como voltar atrás, é um caminho sem volta, se torna nossa responsabilidade nos dar mais e entender que nós, pais, somos o adulto da relação pai/filho e que cabe a nós ceder quando convier e que ceder não significa perder. Ao contrário, muitas vezes ganhamos mais quando "perdemos". E o que desejamos aos nossos filhos? Que eles vençam, pois o sucesso deles será também o nosso.

Referências

NELSEN, J.; RODRIGUES B. P.; SUSYN, S. *Disciplina positiva*. 3. ed. Barueri: Manole, 2015.

NELSEN, J.; ERWIN, C.; DUFFY, A. *Disciplina positiva para crianças de 0 a 3 anos: como criar filhos confiantes e capazes*. Barueri: Manole, 2018.

ROSEMBERG, M. B. *Comunicação não violenta*. São Paulo: Ágora, 2006.

ROSEMBERG, M. B. *Criar filhos compassivamente*. São Paulo: Palas Athena, 2020.

SIEGEL, D. J.; BRYSON, T P. *O cérebro da criança*. São Paulo: nVersos 2015.

SIEGEL, D. J.; HARTZELL, M. *Parentalidade consciente*. São Paulo: nVersos, 2020.

FILHOS DA PANDEMIA
A PANDEMIA DA COVID-19 E OS PREJUÍZOS NO DESENVOLVIMENTO INFANTIL

Durante a primeira infância, as crianças se desenvolvem por meio de seu contato com o mundo. Precisam experimentá-lo com suas mãos e senti-lo com todos os seus sentidos. É assim, agindo sobre o mundo, que a criança se desenvolve fisicamente, que refina sua coordenação motora, que faz conexões neuronais e estimula seus sentidos. É dessa forma que a criança se faz. Viver o isolamento da pandemia nesse período da vida, ser impedida de experimentar o mundo e de ter contato com outras pessoas pode trazer muitos prejuízos para o desenvolvimento infantil.

LUCIANA GARCIA DE LIMA

Luciana Garcia de Lima

Neuropsicóloga. Doutoranda em Neurologia (Departamento de Pediatria da Faculdade de Medicina da Universidade de São Paulo). Mestre em Semiótica, Tecnologias da Informação e Educação (Universidade Brás Cubas), bolsista CAPES. Psicopedagoga (Pontifícia Universidade Católica de São Paulo). Neuropsicologia e especialização em Reabilitação Neuropsicológica (HCFMUSP). Especialista em Avaliação Psicológica (Instituto de Pós-graduação - IPOG) e em Neurologia Clínica e Intensiva (HIA Einstein). Especializanda em Análise do Comportamento (Núcleo Paradigma). Aprimoramento em Análise Aplicada do Comportamento – ABA (Grupo Gradual). *Registered Behavior Technician* – RBT (FIT – Florida Institute of Technology). Formação profissional em Estimulação Precoce baseada no Modelo Denver (Instituto Farol). Diretora da Clínica Sinapses. Autora dos livros *A Negação da Infância* e *Autismo: práticas e intervenções* (organizadora). Coautora do livro *Autismo: um olhar por inteiro*.

Contatos
www.clinicassinapses.com.br
lucianaglima@yahoo.com.br
Instagram: @clinicasinapses / @psico.luciana.garcia
Facebook: clinicasinapses
11 4312 9343

Segundo as teorias clássicas do desenvolvimento infantil, o crescimento, a maturação e o desenvolvimento da criança passam por estágios, que cada teórico nomeia de uma forma diferente. Mas todos enfatizam que o desenvolvimento físico do ser humano é inato e filogenético, ou seja, próprio da raça humana (ocorre da mesma forma para todos). O que é mais recente, entretanto, e que começou a ser desenhado por Maria Montessori, Jean Piaget e outros pesquisadores da sua época é a influência do ambiente nesse desenvolvimento, especialmente no desenvolvimento psíquico.

De acordo com Montessori (1949) e Piaget (1967), a criança desenvolve seu aspecto cognitivo e emocional por meio da sua atuação no ambiente. E, para isso, o ambiente deve estar preparado para recebê-la. O ambiente deve ser enriquecido, ter motivos que chamem a criança à atividade e a conduza às próprias experiências na busca por liberdade e autonomia.

Quando esse ambiente não está preparado, "desviamos" a criança do curso normal do seu desenvolvimento e as consequências podem ser desastrosas: podemos ter crianças excessivamente dependentes, letárgicas, "preguiçosas" ou crianças com problemas sérios de comportamento. Em uma passagem do seu livro *Mente absorvente*, Montessori (1949) ressalta que "se criássemos uma criança num lugar isolado, longe do contato humano, nada mais lhe dando do que uma alimentação material, seu desenvolvimento fisiológico seria normal, mas o mental ficaria seriamente comprometido" (MONTESSORI, 1949, p. 84). A criança teria o que chamamos de "fome psíquica".

O que podemos, então, deduzir desse tempo de pandemia e isolamento social? Sabemos que as crianças, em sua maioria, estão sem a estimulação adequada. Além disso, o uso de telas se intensificou nesse período, trazendo consigo todos os prejuízos ao desenvolvimento global das crianças.

Encontramos, hoje, crianças com atrasos importantes no desenvolvimento: atraso ou ausência de fala, atraso na coordenação motora fina, crianças que não sabem brincar, que não interagem e chegam até a ter medo de outras pessoas. Sem falar que o mundinho delas ficou restrito, muitas vezes, às paredes do apartamento em que moram. Muitas crianças estão desenvolvendo "comportamentos autísticos": atraso na fala, dificuldade na interação social e comportamentos restritos e repetitivos como forma de autorregulação.

Sabemos que são muitos os desafios desse período, que devemos permanecer em isolamento e com todos os cuidados de higiene e saúde recomendados. Mas é preciso olhar para as nossas crianças e estimulá-las em todos os seus aspectos. É na infância que o psiquismo é construído, é na infância que o homem é construído e que, portanto, a sociedade do futuro é construída.

Desenvolvimento infantil

O bebê nasce com instintos que guiam seu desenvolvimento e fará o que for preciso para se desenvolver. Para isso, porém, é preciso que suas necessidades básicas sejam atendidas. Alimentá-lo e fornecer um ambiente seguro e afetivo estão entre essas necessidades básicas, mas não é só isso.

Dos 0 aos 3 anos temos a fase de ouro do desenvolvimento infantil, fase em que a criança absorve exatamente tudo o que está ao seu redor. Trata-se de uma fase receptiva em que a criança aprende tudo com mais facilidade. É o período em que a criança adquirirá muitas das habilidades do adulto que se tornará no futuro. Isso pode ter um efeito positivo ou negativo em sua vida posterior.

A restrição ao ambiente familiar imposta pela pandemia fez com que as crianças perdessem qualquer referência externa de mundo. A criança deixou de se movimentar, que é a maneira pela qual ela vai construindo a infraestrutura do seu cérebro: ela interpreta o mundo por meio dos movimentos.

De acordo com Gogtayel et al. (2004), até os 2 anos de idade se dá metade do crescimento cerebral da criança e, até o terceiro ano de vida, 80% do cérebro da criança já se desenvolveu, necessitando apenas do refinamento das habilidades. O número de conexões entre os neurônios e a qualidade dessas conexões depende das experiências às quais o bebê é exposto. Quanto mais ricas e variadas são essas experiências, mais conectado é seu cérebro. Os sentidos também se desenvolvem nesse contato concreto com o mundo. Combinar todos os sentidos permite à criança criar conexões emocionais, o que é essencial para seu desenvolvimento, crescimento e bem-estar.

Essas primeiras experiências, portanto, importam muito, pois as demais são construídas sobre elas.

Desde o início de suas vidas, os bebês estão sensíveis ao contato e à interação das outras pessoas. O significado emocional que as crianças pequenas dão para essas interações são extremamente importantes para a construção do seu afeto. A evolução das espécies se dá porque elas interagem. Somos a espécie mais social e criativa que há. E o que a covid-19 fez com esse rico processo de desenvolvimento?

Repercussões da covid-19

De acordo com a edição especial do NCPI (2020), o isolamento social acarretado pela pandemia trouxe dificuldades funcionais e comportamentais para as crianças: 36% dependência excessiva dos pais, 32% sintomas de desatenção, 29% preocupação, 21% problemas relacionados ao sono, 18% falta de apetite, 13% desconforto e agitação.

As crianças, durante a primeira infância, são ainda muito concretas como dissemos anteriormente. Não têm o aparato neurológico desenvolvido a ponto de compreender a subjetividade que envolve a pandemia. Elas sentem e observam o estresse e o medo dos adultos ao seu redor. Na maioria das vezes reagem ao ambiente e, como ainda não sabem expressar com a linguagem o que estão sentindo, expressam se comportando: choram, param de comer, apresentam problemas de sono, ficam agressivas.

Essa situação de estresse e vulnerabilidade em que se encontram as famílias e as crianças alteram as atividades físicas, a alimentação e o sono das crianças devido às mudanças bruscas nas rotinas e esses fatores são essenciais tanto para o pleno desenvolvimento infantil quanto para a qualidade de vida das famílias.

Com a pandemia, as 34% das crianças de 0 a 3 anos que frequentavam a creche ficaram sem esse espaço de aprendizagem. O ensino remoto, que foi solução para outras faixas etárias, não é recomendado durante a primeira infância, deixando os pequenos sem os estímulos e a convivência necessários para o bom desenvolvimento. A Sociedade Brasileira de Pediatria recomenda que crianças menores de 2 anos de idade não sejam expostas às telas, inclusive porque nessa fase as crianças aprendem por meio de experiências concretas e sensoriais.

Mas famílias estressadas, sobrecarregadas com afazeres domésticos e filhos para cuidar, trabalhando de casa ou, muitas vezes, desempregadas e passando por dificuldades financeiras, encontram nas telas a solução momentânea para conseguirem dar conta de tudo. As tecnologias em si não são vilãs, pois são ferramentas, só não podemos usá-las como "babás eletrônicas". Dentre os prejuízos causados pelas telas, estão: atraso no desenvolvimento da linguagem, já que a criança é somente receptora e não precisa se comunicar; dificuldades nas interações sociais, pois com as telas não existem trocas sociais; atraso no desenvolvimento motor, pois as crianças ficam muito tempo deitadas e a aprendizagem fica fragmentada e descontextualizada. As crianças precisam olhar nos olhos.

Crianças que vivem isoladas também têm um prejuízo significativo no seu sistema imunológico: ficam mais doentes, apresentam mais infecções e, quando ficam doentes, a gravidade é maior. Não nos esqueçamos: a criança adoece sempre em relação a um contexto.

Estimulação

Estimulação, de acordo com o dicionário on-line (www.dicio.com.br), é "ação ou efeito de estimular (incentivar); ação de despertar o ânimo". É oferecer condições ambientais que permitam à criança passar por determinadas situações que, futuramente, as auxiliarão em suas descobertas, de maneira natural e de acordo com sua maturidade e idade. É ajudar a ampliar seu repertório de atuação no mundo. Os estímulos realizados na infância ficam na nossa memória para sempre e dão base para o cérebro aprender outras habilidades.

Antigamente acreditava-se que o bebê precisava apenas dos cuidados de higiene e alimentação, que sozinho buscava todos os estímulos necessários para seu aprendizado e desenvolvimento. Atualmente, a partir dos estudos em neurociências, sabemos que o bebê necessita de mediadores para essas estimulações. O papel do adulto, especialmente nesse momento de pandemia, é procurar enriquecer a rotina que as crianças já têm em casa.

De acordo com Montessori (1949) e Piaget (1967), o meio em que a criança está inserida é fundamental para o seu desenvolvimento. Os espaços físicos refletem muito no desenvolvimento das crianças (terceiro educador). Quanto mais rico é o ambiente, quanto mais rica é a brincadeira, maior é a criatividade e a inteligência das crianças. Agindo no mundo, a criança interioriza os conceitos. É preciso oferecer experiências relacionadas a todos os aspectos do desenvolvimento: físico, cognitivo, social e psicoafetivo. Fornecer brinquedos ou materiais em que a criança precise atuar, que não faça as coisas sozinho.

Quanto mais experiências adequadas a criança tiver, mais estará apta a vivenciar o mundo ao seu redor e aproveitar suas capacidades, sentindo-se segura para enfrentar a vida. Os pais, nesse processo, aprendem muito e crescem na tarefa de estimular seus filhos. É preciso, porém, conhecer muito bem a etapa de desenvolvimento da criança para lhes apresentar estímulos e atividades adequadas. Quando falamos em etapas do desenvolvimento, não é apenas a idade que importa e sim o nível de habilidade ou capacidade que a criança possui. Estimular não precisa ser caro, precisa ser lúdico e interessante. Criança estimulada é criança motivada e criança motivada é criança feliz.

Considerações Finais

Ainda não conhecemos por completo os prejuízos causados pela pandemia, principalmente a longo prazo. Esse é o momento de se criar políticas públicas e unirmos esforços para pensar programas unindo as áreas da saúde e da educação, dando apoio aos profissionais e às famílias no sentido de combater as lacunas deixadas pelo isolamento.

Lembrando que a identificação precoce de atrasos no desenvolvimento, assim como a intervenção, traz os melhores prognósticos para as crianças e maior qualidade de vida para a família como um todo. Para os governos, traz uma grande economia em recursos e serviços.

Referências

COMITÊ científico do núcleo ciência pela infância. Edição Especial: *Repercussões da pandemia de covid-19 no desenvolvimento infantil*. 2020. Disponível em: <http://www.ncpi.org.br>. Acesso em: 30 mar. de 2021.

DICIONÁRIO Online de Português. *Estimulação*. 2021. Disponível em: <https://www.dicio.com.br/>. Acesso em: 19 maio de 2021.

GOGTAY, N.; GIEDD, J. N.; LUSK, L.; HAYASHI, K. M.; GREENSTEIN, D.; VAITUZIS, A. C.; TOMPSON, P. M. Dynamic mapping of human cortical development during childhood through early adulthood. *Proceedings of the National Academy of Scienses of the United States of America*, 101 (21), 8124-8179, 2004.

MONTESSORI, M. *Mente absorvente*. Rio de Janeiro: Editora Portugália, 1949.

PIAGET, J. *Seis estudos de psicologia*. Tradução Maria Alice D'Amorin. Rio de Janeiro: Forense Universitária, 1967.

29

MEU BEBÊ VAI PARA A CRECHE, E AGORA?

Um momento delicado para a família, mas quem tem um bebê em casa, possivelmente, vai passar por essa experiência. Para isso, é muito importante que a família se prepare e, com isso, possa apoiar seu bebê nessa nova etapa que se inicia na vida dele. A boa comunicação e a parceria com os educadores de seu filho farão toda a diferença nesse processo. Este capítulo possui orientações que apoiarão e auxiliarão as famílias na condução dessa nova rotina, considerando vários aspectos e todos os envolvidos, para que esse momento tão especial e repleto de expectativas possa deixar apenas boas recordações.

LUCIANE FARIAS

Luciane Farias

Graduada em Pedagogia (Universidade Luterana do Brasil); pós-graduada em Alfabetização e Letramento (UNIASSELVI); autora de dois livros; *Nina nas estrelas* (infantil) e *Dia a dia de berçário*; *coach*; palestrante da primeiríssima infância; e estudiosa das Terapias Holísticas e do Desenvolvimento Pessoal. Luciane é educadora de bebês e crianças bem pequenas há quase 13 anos na Rede Municipal de Campinas. Criadora da página *Professoras de Bebês* no Facebook, atualmente com mais de 20 mil seguidores, desenvolve um trabalho que apoia educadores e famílias, visando a uma parceria de confiança e respeito entre todos, considerando o bem-estar das crianças. Luciane realiza cursos e palestras com temas variados, focados na educação da primeiríssima infância e no desenvolvimento pessoal. Também apresenta *lives* quinzenais em seu canal, Luciane Farias, no YouTube. Acredita que para obtermos sucesso em nossas ações educativas é fundamental investirmos em nosso autoconhecimento. "Quem cuida, precisa se cuidar".

Contatos
www.lucianefarias.com.br
contato@lucianefarias.com.br
Instagram: @lucianefarias_autora
YouTube: Luciane Farias

Sem dúvida, muitas mamães e papais ficam com o "coração na mão" quando chega o momento de seus pequenos frequentarem a creche. A insegurança pode tomar conta e, com ela, podem vir também desconfiança e prováveis desentendimentos.

Ao longo de mais de 12 anos, atuando como educadora/professora de bebês, tive diversas experiências sobre as inúmeras questões que envolvem esse processo da primeira separação que ocorre entre famílias e bebês, quando chega a hora de começarem a frequentar a creche. Certamente, muitas dúvidas e expectativas podem trazer desconfortos para famílias e crianças, sem falar no sentimento de culpa que muitas mães e pais podem apresentar. Portanto, é fundamental que os laços entre escola e família se estreitem, permitindo uma convivência harmoniosa, confiável e que tenha como objetivo em comum o bem-estar do pequeno.

Evidentemente, o ambiente caseiro é diferente do ambiente coletivo de uma creche. É importante ter essa clareza para não criar expectativas equivocadas. Os profissionais da creche são responsáveis por muitos bebês e, aos poucos, conhecerão os hábitos e preferências de cada um deles. Entretanto, é necessário tempo para que as relações entre famílias, bebês e educadores se ajustem e funcionem muito bem. A comunicação é fundamental nesse processo. E deve acontecer de forma clara e respeitosa entre todos.

Período de inserção/acolhimento

O período de inserção na creche é algo a ser considerado de forma cuidadosa, pois os bebês podem levar um tempo para se sentirem acolhidos neste novo ambiente. Para tanto, é importante conhecer como se dá esse processo na escola escolhida pela família. O processo de inserção deve ser feito gradualmente, portanto é importante verificar os preparativos que a escola oferece nesse sentido. A disponibilidade da família para que esse período ocorra da forma mais tranquila possível é fundamental. É essencial que a família se organize para que o bebê possa ser atendido da melhor forma durante esse período tão delicado. O ideal é que esse processo possa começar algum tempo antes da licença-maternidade terminar, pois provavelmente o bebê permanecerá na creche por um tempo mais curto no início, sendo gradativamente aumentado conforme ele demonstre segurança. Vale acrescentar que o período de adaptação se estende a todos os envolvidos, crianças, famílias e educadores. Nesse sentido, dizem Ortiz e Carvalho (2012, p. 45):

> *O novo, mesmo quando desejado e esperado, sempre causa estranhamento, surpresas, receios. E isso não apenas quando somos bebês, mas por toda vida encontraremos situações com as quais vamos precisar de um tempo de acomodação ou experimentar algumas mudanças em nós mesmos.*

Pontos importantes a serem considerados no período de inserção/acolhimento

- Não chorar na frente da criança. As emoções estão estampadas nos rostos das mães e pais ao terem de deixar o bebê na creche. No entanto, chorar fará com que o pequeno perceba que há algo de triste naquela situação, o que poderá ocasionar choro e insegurança nele também. É importante demonstrar confiança e segurança nas atitudes, assim como nos educadores e na escola que escolher. Isso fará grande diferença nessa nova rotina que o bebê passará a vivenciar. É importante lembrar que a criança enfrentará desafios como: separação da família por um período do dia, novos adultos que se responsabilizarão por ela, ambiente diferente, ruídos, outras crianças, alterações de horários, enfim, uma série de situações que afetarão seu dia a dia. Para tanto, são fundamentais o apoio e a segurança da família, assim como a parceria com a escola, visando ao bem-estar das crianças.
- Não ficar espiando de longe a criança. Ao contrário do que se pensa, ela poderá perceber e ficará mais insegura, querendo voltar para os braços da mãe ou do pai. Muitas escolas oferecem um local para que os pais possam aguardar um pouco antes de irem embora ou esperar até o horário combinado para o dia, considerando que seja um período curto, devido ao horário gradativo de inserção. Vale destacar que as escolas costumam avisar a família caso o bebê esteja apresentando muita insegurança ou choro. Então, é hora de respirar fundo e mostrar segurança e apoio aos pequenos. E lembre-se, mostrar segurança não quer dizer dar as costas para o sofrimento da criança, mas apoiá-la, demonstrando compreensão e disponibilidade nesse momento.
- Facilitar a entrada da criança. Caso seu bebê já ande, procure caminhar com ele de mãos dadas a partir do portão da escola, enquanto percorrem o caminho da sala. Isso facilitará mais a entrada dele, uma vez que é mais fácil transferir a sua mãozinha para a mão da educadora do que o transferir de seu colo. Para o bebê que não anda, mas fica bem na cadeirinha do automóvel, pode-se fazer esse deslocamento do carro até a sala utilizando-a. Procure descrever sempre para a criança o que está acontecendo, para onde estão indo e despeça-se dela, dizendo que voltará depois para buscá-la.

Amamentação

Algumas mães ficam muito preocupadas com a questão da amamentação, pois querem continuar amamentando, mas precisam trabalhar. É importante conversar com os educadores da escola e solicitar informações e apoio para que o bebê continue recebendo o leite materno. Geralmente, as creches dispõem de um local para que as mães possam amamentar seus filhos em determinados horários. Esses horários podem ser combinados de acordo com a disponibilidade da mãe. Há também a possibilidade de se levar o leite congelado para a escola. Existe a forma correta para se armazenar o leite materno e prepará-lo para o bebê na creche. Essas questões podem ser previamente combinadas entre a mãe e os educadores da escola.

Pertences do bebê

As creches costumam mandar por escrito tudo o que é necessário ter na bolsa do bebê, assim como a melhor forma de organizá-la. É importante dar atenção especial a isso, pois facilitará muito para os educadores e para as famílias. É comum faltarem alguns pertences do bebê na bolsa. E quando isso acontece, certamente os pais receberão um telefonema da escola solicitando a entrega dos itens que estão faltando, o que poderá trazer transtorno a todos.

Mas a escola não teria esses materiais para emprestar para os bebês?

Muitas vezes não. E muitas creches optam por não utilizar qualquer material que não seja enviado pelas famílias. Isso acontece para evitar riscos de contaminações e alergias ao bebê, uma vez que poderão ser produtos de marcas diferentes das quais ele utiliza.

Facilita muito não deixar para organizar a bolsa do bebê próximo à hora de deixá-lo na creche. A orientação que dou é que essa bolsa seja arrumada na véspera, de preferência em companhia da criança. Dessa forma, esse momento poderá ser aproveitado para conversar com ela, explicar o que está sendo feito, ir mostrando o que é colocado na bolsa, envolvendo-a em cada etapa de sua nova rotina e familiarizando-a com seus pertences.

Comunicação é fundamental

Muitas vezes, na correria do dia a dia, as famílias podem se esquecer de comunicar coisas importantes aos educadores. E o que seria importante compartilhar com os educadores da criança? É uma boa pergunta, e quando falamos em bebês e crianças bem pequenas, tudo é importante. Sim, geralmente, os pequenos não se comunicam oralmente ainda, e quanto mais detalhes as famílias puderem compartilhar com os educadores, melhor será a qualidade do atendimento ao bebê na creche.

Alguns exemplos sobre o que é importante comunicar:

- Quando o bebê se machuca em casa;
- Aspectos sobre o desenvolvimento da criança (sentou-se, engatinhou, falou, entre outros);
- Suspensão da amamentação;
- Quando há convivência com parentes desconhecidos na casa da família, por exemplo, uma tia que veio visitar e passar um tempo. Ou uma avó que vai morar com a família, ou outras crianças, como primos;
- Espera de um irmão;
- Quando há mudança de casa;
- Quando há separação dos pais;
- Quando há luto na família;
- Casos de doenças em familiares.

Enfim, sempre que acontecer alguma situação diferente que possa afetar a criança. Tudo isso pode alterar o comportamento do bebê, deixando-o mais sensível e desconfortável no ambiente escolar. Portanto, é prudente comunicar esses fatos aos educadores, pois poderão atender melhor o bebê, considerando essas fragilidades temporárias.

É comum, às vezes, por insegurança, os pais perguntarem sobre seus filhos a outros profissionais que trabalham na escola, inclusive por conhecê-los de fora dela. No entanto é importante frisar que, sempre, quem terá as informações mais corretas sobre a criança serão os educadores, que convivem e cuidam diariamente dela. Muitos equívocos podem ocorrer quando a comunicação se desvia.

E quando os educadores, por algum motivo, não puderem fornecer alguma informação, certamente buscarão respostas, direcionando e orientando a família do bebê.

Contudo, há casos em que a família possa estar se sentindo insegura com a postura de algum educador, ou por alguma situação desagradável que esteja se repetindo, embora já tenha sido sinalizada. Caso isso aconteça, e a família perceba que não há respaldo correspondente e adequado por parte dos educadores, deve-se, então, recorrer à equipe gestora responsável pela creche, solicitando uma reunião de forma que tudo possa ser esclarecido entre todos.

Cuidado com os comentários

É comum acontecerem comentários sobre a creche, afinal de contas, é algo que faz parte da vida de famílias e crianças. No entanto, é importante tomar muito cuidado com determinados comentários. Comentário com teor negativo, que seja feito próximo à criança, poderá acarretar situações constrangedoras.

Em alguns casos, a criança poderá passar até a apresentar um comportamento diferente, recusando-se a ir para a escola ou se negando a entrar.

Quando há alguma insatisfação, o ideal é resolver a questão marcando uma reunião com os educadores ou com a equipe gestora, quando for o caso.

Participar de grupos de WhatsApp com as famílias dos outros alunos da turma também poderá resultar em mais situações constrangedoras. Há muitas histórias desagradáveis sobre isso. As informações que passam por esses grupos muitas vezes são equivocadas, causando grande mal-estar em todos.

As famílias e os educadores devem nutrir uma relação de confiança e parceria, visando sempre ao bem-estar da criança.

Fortalecendo vínculos

Uma das experiências mais gostosas é acompanhar os aprendizados que os pequenos trazem da escola para casa. Uma nova canção, uma brincadeirinha, um novo gesto etc.

Garantir um tempinho na rotina caseira para acolher e valorizar essas pequenas conquistas da criança fará grande diferença. Que sejam 20 minutos, mas 20 minutos com qualidade.

Procure saber com os educadores as novas canções que estão cantando com as crianças para que possam cantá-las em casa também. Peça ideias de brincadeiras. Alguns educadores até já costumam compartilhar essas novidades com as famílias. Portanto é importante acompanhar o trabalho desenvolvido na escola, participar de reuniões e eventos, ter atenção com avisos, convites e comunicados. Esse acompanhamento é uma grande oportunidade de fortalecer os vínculos entre todos, afinal, o objetivo em comum é promover o bem-estar e a alegria dos pequenos nessa nova etapa que se inicia na vida deles.

Sem culpa

Família feliz, filho feliz.

É a mais pura verdade! Quando a família decide que o momento de o bebê frequentar a creche chegou, é importante ter toda segurança e certeza dessa decisão. Caso contrário, a culpa poderá aparecer, atrapalhando todo o processo.

Algumas mães e pais podem apresentar culpa por diversos motivos. Nesse sentido, diz Tiba (2007, p. 69): "O principal "veneno" da educação dos filhos é a culpa. Culpa de trabalhar fora, quando pensa que devia estar com os filhos. Culpa de estar com os filhos, quando acha que devia estar trabalhando".

Nesse momento, então, é importante acolher-se dentro da escolha que foi feita. Caso o bebê vá para a creche, a família deve estar consciente e satisfeita com essa decisão, envolvendo a criança e apoiando-a na nova rotina. Certamente, o bebê corresponderá positivamente ao sentir-se amparado e percebendo segurança nas ações de sua família perante a nova rotina.

E lembre-se! Cuide-se para melhor cuidar.

Referências

ORTIZ, C.; CARVALHO, M.T. V. de. *Interações – ser professor de bebês: cuidar, educar e brincar, uma única ação*. São Paulo: Blucher, 2012.

TIBA, I. *Quem ama, educa! Formando cidadãos éticos*. São Paulo: Integrare, 2007.

30

A CULPA MATERNA NÃO É CULPA DA MÃE

A culpa materna não é um processo individual. Ela se revela quando a mãe não se encaixa nos papéis que a ordem social vigente de cada época atribui à mulher ao exercer a maternidade. Construir essa consciência ajuda a resgatar o senso de responsabilidade materna em detrimento da culpa materna e coloca a mulher como sujeito ativo e livre de suas escolhas dentro do seu maternar.

MANU BENIGNO

Manu Benigno

Educadora Parental certificada em Disciplina Positiva pela Associação Americana em Disciplina Positiva e no curso em Estudos Familiares, coordenado e ministrado por Lua Barros e Elisama Santos. Foi aluna do curso de fundamentação em Antroposofia, pela Associação Beneficente Três Fontes. Especialista emocional, formada pela Sociedade Brasileira de Inteligência Emocional. Formada em Direito. Pós-graduada em Direito Público. Ministra workshops em disciplina positiva e curso de parentalidade positiva e consciente, atua em atendimentos de inteligência emocional de mães e mulheres, em grupo e individual, e realiza atendimentos parentais.

Contatos
manubenigno.com
contato@manubenigno.com
manubenignocontato@gmail.com
Instagram: @manu.benigno
85 98899 6106

A culpa materna é um fenômeno vivo. É um peso que as mães carregam, mas não é um processo individual. Fazer essa desassociação é fundamental para que a maternidade possa ser um lugar mais real, possível e leve, para que a mulher se aproprie de suas escolhas. É importante que ela se desvencilhe de expectativas e não viva à mercê de aprovações ou olhares de plateia externa e, principalmente, para que o amor materno seja construído no campo da honestidade e verdade, e a maternidade no campo da liberdade.

A culpa materna carrega complexidades e não nos propomos, nem de longe, a esgotar sua análise, que, inclusive, tem muitas camadas. Mas, certamente, ela tem origem na estrutura social e nos seus imperativos dominantes. É reflexo de uma construção cultural bem articulada e vendida dentro de uma sociedade patriarcal.

Os valores dominantes na sociedade constroem culturalmente os papéis que os indivíduos vão exercer. Esse contorno, dado por interesses econômicos de dominação, são sutilmente impostos como se fossem características naturais das pessoas enquadradas em classes das mais diversas. Explico: trazendo para nosso tema, a atuação do homem como pai e da mulher como mãe ao longo da história foi tomando contornos diversos e as vozes dominantes de cada época, os comunicadores e formadores de opiniões apresentaram esses formatos por meio de textos, imagens, guias, opiniões e até estudos.

Entretanto, se cada época deu um contorno diverso à atuação feminina e masculina dentro da parentalidade, como podemos justificar na natureza de cada sexo as funções que lhes eram apresentadas? Essa conta não fecha.

Por isso, seria injusto atribuir individualmente à mãe esse sentimento de culpa, seria cruel dissociá-lo do contexto histórico, social e cultural. E, certamente, a forma como o sistema enxerga a mulher e a sua suposta natureza ditará as configurações consideradas corretas no maternar.

Elisabeth Badinter (1985), em seu livro *Um amor conquistado: o mito do amor materno*, fez um rico apanhado histórico sobre a construção dos papéis sociais do pai e da mãe. Trago aqui, com fundamento nessa obra, um breve resumo. O papel da mãe passou, diante do legado aristotélico, pelo único mérito de ser um bom ventre. Por meio do Código Napoleônico, a fraqueza e a invalidez feminina foram fundamentos para o poder paterno. O absolutismo político trouxe para dentro de casa o conceito de autoridade soberana. O Estado Monárquico fortaleceu o direito de correção como forma de controle na menor célula social, a família, e de manutenção da ordem hierarquizada. Aqui, a obediência era a grande virtude e o grande valor, de forma que, dentro das relações parentais, o amor não encontrava muito espaço, fenômeno esse reforçado pelos casamentos arranjados. Por meio de Rousseau, as carícias e ternuras maternas eram condenadas, vistas como sinal de fraqueza e moralmente culpáveis, pois estragariam as crianças.

Já se pode imaginar a construção da culpa nas mães que queriam demonstrar amor.

Essa dinâmica de afastamento e autoridade entre os pais e os filhos, de desvalorização da infância, trouxe para a sociedade o hábito de as famílias levarem seus filhos, desde recém-nascidos, às amas de leite, depois aos cuidados por tutores e aos internatos. A sociedade valorizava os homens, portanto as esposas o priorizavam e não os filhos.

Segundo Elisabeth Badinter (1985), o amor materno não parecia ser um valor social e moral. Portanto, não pesava ameaça e culpa sobre as mães a ausência desse amor, mesmo àquelas abastadas financeiramente que tinham condições materiais de ficar em casa com os filhos, pois escolhiam ocupar-se de outros assuntos, ambições ou projetos.

Conta a autora que a mortalidade infantil estava muito alta e uma nova necessidade surgiu: convencer as mães a exercer suas funções. Isso foi feito sob a promessa de igualdade, felicidade e plenitude. Para Elisabeth (1985), "A maternidade tornou-se, ao mesmo tempo, objeto de súplica e de acusação". A mãe se tornou a grande responsável pelo lar e pela felicidade do filho. O século XX transformou essa responsabilidade em culpa.

Construiu-se o conceito de natureza feminina atrelada às características de boa mãe e essa natureza foi elaborada a partir de valores como: maternidade sagrada, plenitude, dedicação, vocação, sacrifício da própria vontade pelo bem da família, devotamento, felicidade dos filhos acima da felicidade das mães, realização pela maternidade. Quando à mulher é atribuído o poder dentro de sua casa, a ideia é limitar sua atuação no mundo exterior. Mas a mulher passou a ter consciência disso e buscou ocupar outros espaços, não sem precisar realizar rupturas.

Colocar em contraposição o papel de mãe e de mulher como forma de controlar e afastar a mulher da atuação fora de casa, diminuir ou valorizar a função materna de acordo com interesses dominantes, despolitizar e trazer, apenas para a esfera individual, assuntos caros a toda a sociedade, o não olhar ou olhar diminuto para a infância, gera consequências. Tais gestos apagam a figura da mulher de diversas formas, e sempre a serviço de algo, impossibilita escolhas e atuações livres e prazerosas. Existe liberdade individual quando papéis são impostos? E quando a falta de identidade da mãe clama e ela não se enquadra no papel de sua época? Caso ela assuma uma postura diversa da esperada, como a sociedade a verá? Certamente a condenará. Quando ela não consegue se desvencilhar desse papel e cede para se sentir aceita e inclusa socialmente, como ela se sentirá internamente? O peso e a culpa a acompanharão.

Nossa sociedade é dinâmica e responde às celeumas que surgem. Por vezes, o sistema cede parcialmente e constrói uma espécie de contrato social invisível que contenta uma classe que se rebela. Entretanto, algumas armadilhas podem se apresentar. Quando a mulher adentrou no mercado de trabalho, ocupando funções até então consideradas masculinas, veio a sobrecarga. A figura da supermulher, que trabalha, cuida de casa, dos filhos, da sua beleza, foi vendida. O conceito de autocuidado veio junto e uma série de produtos de beleza oferecidos para as mulheres como essenciais. O dinheiro da mulher passou a ser amplamente direcionado a esse mercado. A praticidade foi vendida em forma de alimentos embalados. E, mais uma cilada, a saúde das crianças, que passaram a comer mais comidas não naturais, ficou comprometida.

Nesse emaranhado, o cansaço materno vem à tona e vem com força, não sendo desacompanhado da culpa por senti-lo. Vivemos em uma geração em que a divisão das funções de cuidado da casa e dos filhos e o trabalho externo entre mãe e pai é pleiteada. Nesse encontro do pai com seu papel de cuidador cabe amorosidade, desmentindo um histórico que o colocou no lugar de provedor, de autoridade, de frieza e construiu uma estrutura opressora por meio de um conceito de masculinidade distorcida, confundida com agressividade, falta de habilidade emocional, incapacidade de ser vulnerável e distanciamento. O caminho para uma maternidade livre passa pela paternidade ativa e pela desconstrução dessa masculinidade.

A culpa materna foi construída dentro de cada mulher antes mesmo de se tornar mãe. Ela se revela, inclusive, na mulher que não quer ser mãe e recebe pressão e questionamento por sua escolha. As mulheres que não se enquadravam nos conceitos construídos em cada época naturalmente se viam como estranhas ou carregavam uma culpa ao não corresponder à expectativa social. Hoje, a culpa materna é carregada pela mulher que não dá conta das inúmeras funções que lhe são colocadas, pela mãe que não consegue seguir a cartilha do passo a passo de como lidar com seu filho, pela mãe que quer voltar a trabalhar mas sente um peso por deixar seu filho sob outros cuidados, que reclama as privações de suas necessidades, e tantas outras formas. Sobretudo, todas relacionadas com o olhar para si em detrimento do tempo dedicado ao filho, ou mesmo com dar conta de múltiplas funções.

Os desafios emocionais que a pressão da ordem social estabelecida traz para a mulher e a moralização de sentimentos considerados negativos – raiva, tristeza, medo, frustração – deixa as mães em uma situação complicada. Não lhes é permitido sentir e essas emoções se acumulam. Em algum momento, as emoções transbordarão e essas mães serão julgadas como loucas ou como descontroladas.

Como sair desse lugar da culpa? Ou como evitar entrar?

Não há uma fórmula mágica nem tampouco um passo a passo, mas um processo de consciência.

Esse processo passa por dois aspectos: individual – questões emocionais, história de vida, experiências e social – e noção do contexto e da dinâmica do sistema que vivemos e que nos cobra. De onde vem nossas cobranças internas? De onde vem as expectativas e os conceitos de mãe perfeita, onipresente? Entender que a culpa materna não é um processo unicamente individual nos trará para esse estado de consciência que nos leva de volta para a responsabilidade.

Que responsabilidade é essa? É a que nos afasta do peso da culpa e nos abre os olhos para entendermos nossos processos emocionais e sociais. Ela nos coloca como sujeitos ativos de ação dentro da realidade que damos conta, dentro do contexto que vivemos, dentro da sociedade que nos cobra. Entender o que nos é genuíno e atravessar a cobrança externa pode nos trazer as respostas que buscamos e nos ajudar a sustentar o que faz sentido e a transformar o que não faz. Pode nos ajudar a ter mais clareza de onde vem nossa frustração, nossa raiva, nossa tristeza, sentimentos que se não compreendidos e vivenciados com consciência serão internalizados e virarão culpa.

Em uma palestra, como convidada, no Curso de Formação em Estudos Familiares, coordenado e ministrado por Lua Barros e Elisama Santos, Thais Basile trouxe uma ideia transformadora: quem tem que facilitar nossa vida não é a criança, é o companheiro, o Estado e a sociedade. A sociedade que nos cobra não dá suporte, o que é uma contradição e traz mais peso para a mãe.

Você é realmente responsável por tudo que acontece com você? O propósito não é defender a ideia de que não há nada que possamos fazer, ou nos colocar como vítimas. Há muito o que fazer, tanto na esfera individual como na esfera social.

Perguntas podem nos guiar mais do que respostas prontas. O que posso dar conta? Como posso ter ajuda? Qual é o papel do pai? Aqui é importantíssimo que os pais assumam uma postura social. Participar de rodas de conversas com outras mães e priorizar o fortalecimento no coletivo e não a comparação, nem da maternidade nem das crianças. A comparação traz uma carga grande que pode gerar culpa e a sensação de uma falta nossa, quando, em verdade, dentro de uma sociedade que massifica, precisamos sempre lembrar as diferenças que nos compõe. Cuidar das nossas emoções, se permitir sentir e compreender como elas se manifestam. Como nossa história, nossa infância, os eventos não resolvidos, construíram nossas respostas emocionais e nossos padrões de comportamento?

Olhar para a mulher significa apagar a mãe? Nós temos muitas versões e elas precisam ser olhadas sem entrarmos em uma disputa de mãe versus mulher. Vamos falar em conjunção como seres complexos que somos. Vamos falar em integrar nosso pensar, sentir e querer, mas sem perder de vista que o contexto histórico-social compõe esse despertar de liberdade.

O maior convite é que a gente pense e elabore qual o nosso papel enquanto mãe, sabendo que se trata de um aprendizado. Trata-se de um convite de autojornada, carregar a crença de que as mulheres nascem vocacionadas para a maternidade poderá gerar frustrações, que cuidar de uma criança não deveria ser atribuição de uma ou duas pessoas, mas missão da sociedade e do Estado por meio elaboração de políticas públicas eficazes de proteção da infância e da maternidade.

Que a gente traga o autoperdão e a resiliência como norte nessa caminhada, inspirados em Lua Barros (2020), em seu livro *Eu não nasci mãe*: "E eu materno sem medo de errar, porque já sei que o erro faz parte, é do fluxo natural das relações. Por que temer algo que está ali me acompanhando e me melhorando?".

A humanidade vive historicamente tentativas de condução externa por caminhos prontos. Elisama Santos, em seu livro *Por que gritamos* (2020), fala dos padrões de felicidade que querem nos encaixar: "Querem nos dizer quando devemos nos casar, comprar a casa própria, ter filhos. Querem nos empurrar um *cheklist* de uma vida feliz, como se a felicidade fosse uma receita de bolo de liquidificador. Mas há muitas variáveis únicas e singulares nessa equação. O que faz seu coração vibrar?".

Convido para que possamos encontrar caminhos próprios: que cada núcleo familiar descubra dentro do fluxo de suas especificidades o que lhes serve e que esse equilíbrio não se revele por meio de receitas prontas e papéis definidos externamente, mas pelas relações verdadeiras e honestas, de amor e cumplicidade. Que cada família se estruture da forma que lhe convém, sempre tomando o respeito ao coletivo como base indissociável, mas que tome o cuidado por cada membro como guia.

31

CRIANDO FILHOS PARA O PROTAGONISMO E A CRIATIVIDADE DESDE A PRIMEIRA INFÂNCIA

Este capítulo traz uma reflexão teórica acerca da importância do estímulo ao protagonismo infantil na aplicação de sua criatividade envolvendo o processo de desenvolvimento e crescimento.

MANUELA OLIVEIRA

Manuela Oliveira

Pedagoga pela Universidade Federal de Pernambuco. Mestre em Psicanálise da Educação pela FURNE. Pós-graduanda em Alfabetização e Letramento pela UNIFB. Atuou em gestão escolar na Educação Infantil. Atua como professora há 14 anos em turmas de educação infantil e alfabetização. Mãe do João Guilherme de 6 anos.

Contatos
manufreitas100@gmail.com
81 98702 2295

Muitas são as expectativas que nós, pais, criamos sobre nossa prole. Desde antes de nascerem, planejamos cada etapa do seu desenvolvimento e, com o advento de uma maior gama de estudos sobre a Primeira Infância, a todo momento, mesmo quando eles ainda são bebês, pesquisamos e lemos sobre como é possível desenvolvê-los e estimulá-los. Projetamos nos nossos filhos aquilo que gostaríamos de ter sido, mas por algum motivo não alcançamos. O conceito *narcisístico* de Freud nos ajuda a compreender um pouco essa condição. Comparamos constantemente com "No meu tempo...". Nossa geração foi a melhor, mais assertiva, toda sorte de hábitos, brincadeiras, a escola, tudo, absolutamente tudo era melhor do que hoje. Vemo-nos perdidos diante de uma simples atividade escolar, pois tudo parece diferente de como era. Muitas vezes, somos até resistentes aos novos e variados métodos utilizados nas escolas. Parece estranho que há trinta, vinte anos aprendíamos a ler com a cartilha "Ivo viu a uva". Hoje, os professores fazem uso de recursos que parecem um tanto confusos e desajustados já que, a nosso ver, não apresentam resultados prontos, moldados e mecânicos. Tememos por crer que nossos pequenos estão expostos a um perigo desconhecido, que nem sabemos ao certo. E é ele, esse fantasma do que ignoramos, que nos assombra continuamente.

Lapoujade (2013) nos diz que as expectativas parentais sobre as crianças são, na verdade, baseadas no presente uma vez que do futuro não se tem certeza sobre nada. Uma característica marcante da atualidade é o imediatismo e o modo como ele influencia nas mais diversas relações, não escapando a relação familiar no que concerne ao seu núcleo. Poderíamos destacar aqui o uso da tecnologia, que avança cada vez mais em tempo recorde como um dos fatores que mais contribui para o cenário em vigor.

A urgência em ter e ser e projetar

A melhor escola possível, um esporte que fortaleça corpo e mente, curso de idiomas, aula de música, boas companhias, uma fé para professar. Um *checklist* básico para pais que vislumbram um futuro promissor para seus filhos.

É preciso, contudo, cuidado com o atropelo às etapas importantes que cada criança precisa vivenciar. Também é preciso cuidado a uma fixação em cumprir de modo litúrgico cada uma delas. Quando se trata da primeira infância, essa preocupação é ainda mais relevante.

L'Ecuyer (2015) observa que não existem, em esfera alguma, estudos que comprovem o êxito da estimulação precoce em crianças "saudáveis e normais". Pelo contrário, os estudos falam da importância em enriquecer a relação com a família nos primeiros anos de vida. Essa relação, inclusive, é responsável pela iniciação de processos internos e autônomos importantes. Processos, esses, capazes de suscitar a sede por conhecimento, baseados na curiosidade. O que basicamente significa e é o que a autora frisa bem, "a aprendizagem começa de fora para dentro."

Em meio a toda essa reflexão, é preciso ainda considerar um fato, o quanto ainda subestimamos as crianças e os jovens. Quanto menos idade eles têm, mais chances possuem que suas habilidades e iniciativas sejam ignoradas.

Se pensarmos um pouco, isso tem muita relação com a forma como fomos educados e com uma cultura de reprodução em que as crianças saem como bolos colocados em uma forma e que, a qualquer sinal de dissonância com os nossos ideais, precisam ser adequadas e corrigidas "enquanto é tempo." Isso quando não damos espaço às opiniões alheias e às comparações.

Onde acaba e começa esse limite entre a disciplina e a permissão para construção da individualidade? Outro ponto a se levar em conta são as "necessidades" que uma vida cada dia mais agitada impõe aos pais e cuidadores. São muitas responsabilidades e afazeres, prazos e horários. A pandemia nos trouxe ainda mais para dentro desse universo da preocupação simultânea. Os afazeres e obrigações da vida adulta e burocrática não oferecem espaço para o olhar mais aguçado para a criança, sua voz e sua carência.

Dentro de tantas demandas, é comum os pais caírem na armadilha do uso excessivo de telas. Enquanto a criança está na tela consumindo todo tipo de "conteúdo infantil", mas não necessariamente adequado para infantes, o responsável garante realizar as demais atividades sem que haja risco de acidentes, ou sem que o pequeno o interrompa ou precise tanto de suas intervenções. É cômodo e **perigoso**.

Na própria escola é comum que os professores estejam preocupados com o currículo em virtude da quantidade de dias letivos e ainda aos materiais que precisam ser consumidos durante o ano, como livro e apostilas. Materiais que, em sua maioria, não colaboram com esse protagonismo infantil. Tempo e espaço para reflexão e "respeito ao tempo de cada um" são escassos.

Para Siegel, (SIEGEL apud L'Ecuyer, 2015), o equilíbrio é a chave para uma estimulação bem-sucedida. Nem demais nem de menos. A superestimulação é outra armadilha. A ânsia por muito oferecer, por variar e forçar a aprendizagem o tempo inteiro traz malefícios.

Quando compreendemos a essência da aprendizagem e da educação, desmistificamos tantas questões que trazem peso a nossa tarefa de criar filhos fortes e inteligentes. Brandão (1989) traz em sua obra a reflexão essencial sobre como a educação pode acontecer de modo intencional e despretensioso.

> *Ora, no interior de todos os contextos sociais coletivos de formação do adulto, o processo de aquisição pessoal de saber, crença-e-hábito de uma cultura, que funciona sobre educandos como uma situação pedagógica total, pode ser chamado (com algum susto) de endoculturação. Dentro de sua cultura, em sua sociedade, aprender de maneira mais ou menos intencional (alguns dirão: "mais ou menos consciente"), através do envolvimento direto do corpo, da mente e da afetividade, entre as incontáveis situações de relação com a natureza e de trocas entre os homens, é parte do processo pessoal de endoculturação, e é também parte da aventura humana do "tornar-se pessoa".*
> (BRANDÃO, 1989)

Embora a educação com esse fim não seja nosso foco aqui, desejo provocar o pensamento sobre como é possível contribuir para estimulação eficiente e saudável dos pequeninos sem tanto trabalho. Utilizando-se das rotinas de cuidado, por exemplo. É o que também defende L'Ecuyer:

- Aproveite o momento da alimentação para incentivar a criança a explorar a textura, o cheiro e as cores dos alimentos.
- O banho é um convite a explorar os sentidos, a independência, autocuidado, a percepção de movimentos e das partes do corpo.
- Organizando os brinquedos eles conseguem classificar, organizar e empilhar.

Não é preciso muito. Mas é preciso deixá-los fazer, escolher e perceber. Dá ainda mais trabalho, pois requer supervisão, tempo e paciência. Tudo o que na maioria das vezes não temos. Mas será que não valeria a pena se esforçar em ter?

Educando para o protagonismo, a iniciativa e a criatividade

Pode parecer incômodo pensar numa educação em que a criança é protagonista. Precisamos pensar o que isso significa para que não haja confusão nem achismos desconexos pautados na percepção de que pretendemos tornar a criança dona das suas vontades, fazedora do que bem quer, um ser sem limites, sem disciplina. Não se trata disso.

Aqui nos referimos, essencialmente, ao fazer da criança que busca o conhecer e conhecer sem atender a modelos prontos e terminados. Para L´Ecuyer (2015), toda criança, aliás, todo ser humano, possui uma curiosidade nata, que lhe inquieta, impulsiona a investigar, descobrir e criar. É dessa curiosidade que o adulto deve se valer para estabelecer uma aprendizagem ampla e desafiadora, instigante e provocativa.

Chamamos à luz o fato de que é preciso subestimar menos as crianças, sua ótica e suas necessidades. Tendo em vista que tudo o que diz respeito a elas são resolutivos apenas do ponto de vista do adulto. É o que nos traz Filho e Dornelles (2018, pág. 12), quando apresentam o cenário dos Direitos da Infância sem que sejam levados em consideração os principais afetados por essas leis e diretrizes. É o que nomeiam como "adultocentrismo".

Mais uma vez é necessário frisar que a proposta não é uma visão em que apenas a perspectiva da criança seja considerada. A proposta é que ela seja incluída no processo de tomada de decisões sobre seu desenvolver. Se compreendermos que a criança possui estruturas neurais prontas para a evolução de sinapses e que existe uma aprendizagem independente de estímulos externos. Muito mais, uma vez que compreendemos que essa aprendizagem é fruto de suas próprias inquietações internas, notamos prontamente que os pequenos são gabaritados para conduzir os mais variados processos de construção de conhecimento.

- Ao observar a natureza e suas variadas formas no mundo real que vão além de ilustrações de um livro.
- Ao utilizar objetos variados de modo não convencional de forma criativa e expressiva.
- Realizando composições e autoria de canções e histórias.

- Oralizando sua opinião sobre assuntos do dia a dia da casa, da família, da escola e sobre as pessoas com as quais convive.

Novaes (2008) fala de uma criatividade nata, que parece desaparecer ao longo dos anos quando é podada ou inibida:

> *Sabemos que todos têm a capacidade de criar e que o desejo de criar é universal; todas as criaturas são originais em suas formas de percepção, em suas experiências de vida e suas fantasias. A variação de capacidade dependerá das oportunidades que tiverem para expressá-lo.*
> (NOVAES apud LA TORRE, 2008, p.22)

La Torre ainda alerta para a ideia errônea que temos do que é criatividade, acreditando que ela só é capaz de se expressar em atividades artísticas. De fato, a criatividade se expressa das mais diversas formas e nas mais diversas Ciências e não está restrita aos gênios, precisa apenas ser estimulada.

Estímulo à criatividade

A independência permite criar. Ainda baseados na obra de La Torre, compreendemos que, quando a criança tem espaço para exercer a fantasia e sua espontaneidade, ela consegue. Algo muito comum é que o adulto sinta a necessidade de moldar os pequenos dentro das convenções sociais. Sabemos da importância do "bom comportamento", do respeito às regras de convivência e de "boa educação". Contudo, é válido avaliar o momento, necessidade e intenção. Como dito antes, com as famílias cada vez mais atarefadas, muitas vezes a criança é submetida simplesmente a ser condicionada a determinada condição no intuito único de não representar incômodo e obstáculo àquilo que o adulto precisa desempenhar.

Quando essa tentativa de adequação às normas é exacerbadamente constante, impedimos a criança de descobrir por si. Oferecemos o que já está pronto, porque não vai haver sujeira, desconforto, desorganização. Assim, barramos as descobertas livres de julgamentos alheios. Uma criança não se incomoda com o que vão pensar dela, nós incutimos isso nelas. Lembro-me muito de algumas frases que costumava ouvir e que depois passei a reproduzir com meus alunos e meu filho: "Muito bem! As pessoas vão olhar pra você e achar lindo o que você fez!" ou "Que feio! Todos vão dizer que você não se esforçou!"

Elogios ou críticas fora da medida podem blindar as crianças de sua criatividade natural, restringindo e as estimulando apenas a reproduzir o que consideram aceitável.

A criança precisa:

- Perguntar e insistir em suas questões quando não satisfeita.
- Explorar objetos e elementos de formas não convencionais. Ex: uma caixa de sapatos pode se tornar um carrinho, um berço de bonecos, uma caixa de tesouros, uma tela artística, um cofre.
- Cantarolar e batucar melodias e expressar canções inéditas que ela mesma criou.
- Pensar e executar soluções para problemas que surjam no contexto de suas vivências.

Afeto

Até aqui já entendemos que superestímulos, comprovadamente, não oferecem os benefícios que se esperava algum tempo atrás.

Existe algo muito mais poderoso que ativa as sinapses cerebrais e promove pleno desenvolvimento aos pequenos. É o afeto. O relacionamento que as crianças desenvolvem junto a sua rede de cuidado faz toda diferença. Isso toca principalmente a construção da identidade deles, que é responsável pelo fomento de aprendizagens significativas e direcionadas a um objetivo. É o que defende grandes teóricos, como Vygotsky e Wallon.

L'Ecuyer (2015) enfatiza bem essa necessidade humana como ser afetivo quando ilustra que muito mais válido do que, por exemplo, cursos e conteúdos absorvidos por meio de uma tela, é o aprendizado que acontece por meio dos relacionamentos. Se existe algo em que verdadeiramente devemos investir para afetar nossos filhos no que concerne a desenvolver melhor suas potencialidades, em primeiro lugar é a dedicação a vivenciar momentos de diálogo, brincadeiras, exposições e aconchego de uma família que corrige, mas acolhe. É importante a família que usa os erros para direcionar a conquista, utiliza-se da reflexão, da empatia, da indicação para falar, ouvir e, às vezes, somente observar.

Pode até parecer complexo já que estamos mais acostumados com a reprodução de como fomos cuidados, mas é apenas natural e até visceral se permitimos que esse amor e a intuição divina, que dispensa qualquer manual, conduza o processo para o qual toda humanidade foi designada: cuidar uns dos outros.

Referências

FILHO, A. J. M.; DORNELLE, L. V. (Org.). *Lugar da criança na escola e na família: a participação e o protagonismo infantil.* São Paulo: Mediação, 2018

LAPOUJADE, D. Desprogramar o futuro. In A. Novaes (Org.), *Mutações: o futuro não é mais o que era.* São Paulo: Sesc, 2013.

LA TORRE, S. dE. *Criatividade aplicada: recursos para uma formação criativa.* São Paulo: Madras, 2008.

L'ECUYER, C. *Educar na curiosidade: a criança como protagonista da sua educação.* São Paulo: FonsSapientiae, 2015.

L'ECUYER, C. *Educar na realidade.* São Paulo: FonsSapientiae, 2018.

PESSOA, C. T.; COSTA, L. H. F. M. Constituição da identidade infantil: significações de mães por meio de narrativas. *Revista Quadrimestral da Associação Brasileira de Psicologia Escolar e Educacional.* São Paulo. Volume 18, Número 3, Setembro/Dezembro de 2014: 501-509.

32

O BRINCAR E AS HABILIDADES SOCIOEMOCIONAIS

O presente trabalho tem como objetivo compartilhar as contribuições das brincadeiras para o desenvolvimento das competências socioemocionais. Essas se encaixam no conjunto de habilidades que desenvolvemos para lidar com nossas emoções durante os desafios cotidianos e estão ligadas à nossa capacidade de conhecer, conviver, trabalhar e ser.

MARCELLA S. BELMONTE

Marcella S. Belmonte

Pedagoga e psicopedagoga clínica. Atua há mais de dez anos em sala de aula e desenvolve o trabalho de alfabetização e letramento no contexto clínico e escolar. Especialista em Transtorno do Espectro Autista (TEA) pelo CBI of Miami. Uniu seu conhecimento decorrente da prática pedagógica e clínica com crianças típicas e atípicas para aprofundar seus estudos na área de habilidades socioemocionais por meio da brincadeira. Realiza atendimentos clínicos, palestras, cursos e *workshops*.

Contatos
psicopedagogia.msb@gmail.com
Instagram: @psicopedagogia.msb
11 98621 4481

Historicamente, a educação formal se estruturou em torno da transmissão dos conteúdos legitimados pela sociedade e privilegiou por muito tempo o pensamento lógico, priorizando somente os aspectos cognitivos e conteúdos pragmáticos. Pais, educadores e cuidadores, ao longo dos anos, foram validando o aprendizado de conhecimentos já existentes e pouco incentivaram os novos conhecimentos e a aquisição de novas habilidades. No entanto, tivemos muitas transformações no contexto social, político e econômico, colocando o sistema educacional e a prática pedagógica em questionamento.

Atualmente, a sociedade exige um novo cidadão: aquele que é mais flexível no mercado de trabalho, hábil para se adaptar e compreender as adversidades cotidianas, que possua pensamento crítico e que, além de muito conhecimento, saiba lidar com as questões socioemocionais. Habilidades estas muitas vezes deixadas em última na lista de prioridade pelo próprio indivíduo.

Fazendo um breve comparativo educacional (tanto escolar quanto parental), podemos afirmar que a educação era baseada na perspectiva do respeito pelo medo. A criança deveria realizar determinada tarefa, caso contrário era punida ou pela professora ou pelos pais. Não havia espaço em casa para discussões ou questionamentos.

No entanto, profissionais da saúde, pedagogos, antropólogos e sociólogos, por meio de estudos e análises sobre o desenvolvimento da sociedade e da educação, tratam este último ponto como parte de um processo social que não deveria ser fragmentado. Então, enxergando a educação como uma prática social, surgiu a necessidade de olhar para a infância com mais cuidado e integridade.

Será que os conteúdos haviam tomado o lugar das brincadeiras? Havia espaço para falar sobre emoções? De que forma as habilidades socioemocionais impactavam o desenvolvimento da formação humana?

Chegamos então na educação baseada em valores, moral e ética. Educar formal ou informalmente uma criança para que ela se sinta segura, se posicione, seja capaz de tomar decisões, identifique e exponha seus sentimentos, além de assumir responsabilidades.

Os jogos e brincadeiras, muitas vezes levados como passatempo ou desprovidos de demandas de aprendizagem, possuem relevância no desenvolvimento infantil, pois além de despertar o interesse, o prazer e a curiosidade da criança, proporcionam o desenvolvimento das competências socioemocionais que são imprescindíveis para a consolidação da aprendizagem.

Jean Piaget (1971), psicólogo e epistemólogo, e Lev Semenovich Vygotsky (2007), psicólogo, precursor da psicologia histórico-cultural, argumentam que as atividades lúdicas proporcionam o alívio dos problemas emocionais e do temperamento agressivo, estimulando o desenvolvimento da segurança e da autoestima.

Desde os primórdios, há registros que o homem brinca e utiliza a brincadeira não apenas de forma recreativa, mas também para interagir com o mundo.

Segundo Luckesi (2004), o conceito de brincar que perpassa nosso cotidiano é bastante moralista. Diversas vezes dizemos ou ouvimos "acabou a brincadeira, já chega, vamos trabalhar"; "não é lugar de brincar, isto é sério". Essas expressões e muitas outras que reproduzimos não pertencem ao conceito de brincar.

Jean Piaget dedicou grande parte dos seus estudos à importância da brincadeira para o desenvolvimento infantil descrevendo diferentes etapas do brincar na infância. São elas: jogos de exercício, jogos simbólicos e jogos de regras. Os jogos de exercício são a primeira fase do brincar, tem como característica principal o exercício, os movimentos, em que a criança tem a oportunidade de descobrir o mundo por meio dos sentidos. Os jogos simbólicos ocorrem com o aparecimento da simbolização da realidade, ou seja, a criança reproduz as atividades do mundo adulto, brinca de faz de conta, imita, experimenta o mundo a sua volta, facilitando a compreensão do mesmo. Por último, os jogos de regra, que é a fase em que a criança adquire compreensão das regras e combinados. Os jogos com regras definidas ou elaboradas ganham destaque, pois contribuem para o início da vida em sociedade.

A brincadeira é uma ferramenta bastante importante para a criança se comunicar com o mundo e desenvolver habilidades físicas, sociais, afetivas, emocionais e cognitivas. Vejamos o documento Referencial Curricular Nacional para a Educação Infantil sobre a importância do brincar:

> Brincar é uma das atividades fundamentais para o desenvolvimento da identidade e da autonomia. O fato de a criança, desde muito cedo, poder se comunicar por meio de gestos, sons e mais tarde representar determinado papel na brincadeira faz com que ela desenvolva sua imaginação. Nas brincadeiras as crianças podem desenvolver algumas capacidades importantes, tais como a atenção, a imitação, a memória, a imaginação. (BRASIL, 1998, p. 22)

Pensando no contexto socioemocional, podemos afirmar que brincadeira é uma grande aliada no desenvolvimento de capacidades como a socialização, interação e representação de papéis sociais. Sendo assim, ela contribui na formação de um adulto ético e moralmente capaz de viver em sociedade.

Como dito anteriormente, os tipos de brincadeiras e jogos trazem benefícios para quem utiliza dessa ferramenta, mesmo que de forma inconsciente, pois a criança ainda não possui o entendimento de que todos esses processos possam ajudá-la em diversos contextos na vida adulta.

Mas de que forma os pais podem propor situações para aquisição de habilidades socioemocionais sem invadir a brincadeira ou tomar controle dela? Vejamos alguns exemplos de habilidades socioemocionais:

Assertividade – Forma com que o indivíduo consegue expor os seus sentimentos e opiniões de forma equilibrada, sabendo ouvir e respeitar a opinião alheia, mesma que esta o desagrade.
Empatia – Saber se colocar no lugar do outro levando em consideração a situação e os sentimentos do colega.
Saber escutar – Escutar com atenção, procurando entender o que o outro tem a comunicar.
Definir um problema – Saber intervir com o problema, analisando tudo e todos que estão envolvidos.
Avaliar soluções – Ser capaz de tomar uma decisão levando em conta as consequências, sabendo analisar os prós e os contras.
Negociação – Encontrar uma solução que seja aceita e adequada entre todos os envolvidos.

Tomando conhecimento de tais habilidades, podemos pensar em brincadeiras que proporcionem o desenvolvimento socioemocional. Faz de conta, circuitos, jogos de regras, tabuleiro e muitas outras atividades são oportunidades para trabalharmos esses temas com as crianças.

Para isso, devemos permitir que a criança exponha suas vontades e sentimentos, dar voz ao que ela tem a nos contar e, ao surgir um entrave, propor uma situação em que ela seja orientada a encontrar a solução mais adequada para a resolução do problema.

Um exemplo prático para entendermos melhor: os pais e o filho estão jogando dominó, mas cada um sabe uma regra diferente. Cada um poderia impor sua regra e talvez gerar um incômodo. No entanto, os pais podem sugerir de criar novas regras e combinados, avaliar como será o jogo, se está adequado para todos, se a criança pode sugerir alguma ideia, mesmo que esta torne o jogo mais fácil. Não podemos desconsiderar a faixa etária da criança, ela está elaborando e vivenciando novas estruturas cognitivas.

Outra situação com o mesmo jogo: a criança perde e se chateia. Como abordagem, os pais podem abrir um espaço de discussão com o filho e permitir que ele conte o motivo desse sentimento, sabendo analisar os aspectos bons e ruins, como resolvê-los, se há algo a ser ponderado e como agir diante de situações semelhantes.

Na brincadeira, vivenciam concretamente a elaboração e negociação de regras de convivência, assim como a elaboração de um sistema de representação dos diversos sentimentos, emoções e construções humanas. Isso ocorre porque a motivação da brincadeira é sempre individual e depende dos recursos emocionais de cada criança, que são compartilhados em situações de interação social.

Ao brincar, a criança experimenta o poder de explorar o mundo dos objetos, das pessoas, da natureza e da cultura para compreendê-lo e expressá-lo por meio de variadas linguagens. Mas é no plano da imaginação que o brincar se destaca pela mobilização dos significados. Enfim, sua importância se relaciona com a cultura da infância, que coloca a brincadeira como ferramenta para a criança se expressar, aprender e se desenvolver.

Referências

BRASIL. *Referencial curricular nacional para educação infantil.* Brasília: MEC / SEF, 1998.

LUCKESI, C. C. *Estados de consciência e atividades lúdicas, em educação e ludicidade, Ensaios 03: ludicidade onde acontece?* FACED/ UFBA, 2004.

PIAGET, J. A *Formação do símbolo na criança, imitação, jogo, sonho, imagem e representação de jogo.* São Paulo: Zahar, 1971.

VYGOTSKY, L. S. *A formação social da mente.* São Paulo: Martins Fontes, 2007.

33

ESTILOS E PRÁTICAS PARENTAIS NO DESENVOLVIMENTO DA CRIANÇA

O desejo da maioria dos pais é de propiciar a seus filhos uma vida plena e feliz. Um dos maiores desafios nessa jornada é a busca de ações que contribuam para o desenvolvimento saudável da criança, evitando causar impactos negativos nesse percurso. Neste capítulo, abordaremos algumas práticas e estilos parentais mais problemáticos, bem como aqueles que ajudam na construção de relacionamentos mais amorosos, colaborativos e porporcionam maior bem-estar.

MARIA CARMELA CIAMPI

Maria Carmela Ciampi

Nascida na Itália e radicada no Brasil, com graduação, formação e licenciatura em Psicologia pela Universidade de São Paulo (USP-São Paulo e Ribeirão Preto), especialização em Arteterapia, pós-graduanda em Neuropsicopedagogia e formação em Terapia Cognitivo-comportamental. É membro da Federação Brasileira de Terapias Cognitivas (FBTC). Com experiência de 25 anos em contexto clínico e educacional, realiza atendimentos de crianças, adolescentes, adultos, orientação de pais e professores. Além da atividade clínica, atua como supervisora de casos e ministra *workshops*, palestras e mentorias. Uma grande paixão é a criação de jogos e recursos para intervenções terapêuticas que favoreçam o autoconhecimento e o desenvolvimento pessoal. É consultora e cocriadora de alguns jogos em parceira com a Mitra Jogos, que visam ao desenvolvimento de aspectos cognitivos e habilidades socioemocionais.

Contatos
mari.ciampi8@gmail.com
Instagram: @mari.ciampi8psico
11941161644

A família ocupa um lugar fundamental no processo de desenvolvimento cognitivo e psicossocial da criança. Mesmo sendo um ser frágil, vulnerável e dependente, sabemos que é uma fonte extremamente rica de possibilidades, tendo um enorme potencial de desenvolvimento inigualável aos neonatos de qualquer outra espécie. É papel da família proporcionar condições favoráveis a esse desenvolvimento, oferecendo apoio, proteção, segurança, afeto e condições para que isso aconteça.

As práticas educativas têm evoluído muito nas últimas décadas. Hoje se sabe que o desenvolvimento funcional e estrutural do cérebro da criança pode ser alterado se exposto a altos níveis de estresse, o que pode contribuir significativamente para o aparecimento de distúrbios na vida adulta.

Durante mais de duas décadas de atendimentos, ouvi muito na clínica infantil ou no contexto escolar pais alegando não gostarem de gritar, ofender, castigar ou bater em seus filhos, embora às vezes acabassem usando desses recursos para tentar controlar comportamentos indesejáveis de seus filhos. Mesmo acontecendo esporadicamente, o sentimento nos pais é de frustração, fracasso e culpa. Apesar de a maioria ser bem intencionada, buscando soluções melhores a cada novo dia, invariavelmente muito antes do término desse dia, percebem o quão falidos e frustrados se sentem na sua empreitada amorosamente projetada a cada manhã.

Muitos pais sabem da importância do próprio autocontrole nas atitudes com seus filhos, principalmente em situações mais desafiantes. Muitas vezes, passam a agir ao sabor das próprias emoções (hemisfério direito), quase sem controle nenhum da razão (hemisfério esquerdo). O resultado disso é muito conhecido: criança descontrolada de um lado e o adulto descontrolado (e frustrado) de outro.

Se considerarmos o bom desenvolvimento mental, é importante olhar para a estrutura familiar e sua dinâmica. Existe uma vasta literatura sobre estratégias educacionais para crianças e seus impactos no desenvolvimento sócio-cognitivo-emocional da criança. Independente de quantos adultos existem na família nuclear ou do gênero deles, é preciso que exista bons vínculos entre eles e a criança. É essa conexão entre pai/mãe e criança que influenciará mais positivamente no desenvolvimento infantil e possibilitará intervenções educativas mais eficazes e produtivas.

A influência dos pais/cuidadores na formação e desenvolvimento tanto emocional, cognitivo e social da criança é incontestável. Estudos consistentes já nos mostram alguns perigos em estilos parentais mais problemáticos, e outros mais propensos a favorecer o bem-estar e a saúde mental das crianças.

Um aspecto essencial nesse importante projeto de fazer a criança florescer com todos os seus aspectos pessoais fortalecidos é o cuidado que os pais e educadores devem ter consigo próprios e, principalmente, com o estilo e práticas que adotam para suas ações educativas. Ter filhos é ter que olhar para si mesmo e ver o que precisa ser transformado, melhorado, no que é possível evoluir para que a experiência parental seja a melhor possível. Nada disso tem a ver com ser perfeito, não errar nunca, o que seria impossível pela própria natureza humana. Somos imperfeitos. Mas isso não pode ser justificativa para que não se busque aprimoramento e evolução pessoal. Nunca existiu tanta informação como temos atualmente, em todos os campos, o que ajuda muito a guiar os pais nessa tão difícil quanto incrível jornada de criar um ser humano.

Infelizmente, ainda perduram no tempo crenças do tipo "Nossos pais nos batiam e não nos tornamos delinquentes", "Minha mãe me colocava de castigo e nem por isso me tornei rebelde", "A educação mais rígida molda o caráter", entre outros. Pensamentos desse tipo tentam justificar algo que se justifica apenas pela falta de recursos dos pais para lidarem com a criança e suas demandas, ou mesmo dificuldade de regularem as suas próprias emoções em situações mais desafiantes.

Muitas pesquisas dentro de diversas áreas do conhecimento, especialmente da Psicologia, têm salientado a importância e influência das práticas educativas adotadas pelos pais/cuidadores e seus estilos educativos sobre o desenvolvimento saudável da criança. Baumrind (1966, 1971) estimulou o estudo dos estilos parentais apresentando um modelo que integra aspectos afetivos e aspectos comportamentais, bem como a influência deles na criação dos filhos. Esse modelo foi depois reformulado pelos estudos de Maccoby e Martin (1983). Estes autores ressaltam o equilíbrio entre os fatores EXIGÊNCIA e RESPONSIVIDADE, em que a EXIGÊNCIA refere-se a toda a atitude dos pais que tem por finalidade controlar o comportamento dos filhos, estabelecendo limites e regras, cuidando para que sejam entendidas e cumpridas. São atitudes de supervisão e monitoramento do comportamento dos filhos, estabelecendo uma disciplina adequada, respeitando o grau de maturidade deles. A EXIGÊNCIA parental visa aos relacionamentos da criança. A RESPONSIVIDADE refere-se à capacidade dos pais de serem amorosos, receptivos, acolhedores, de se envolverem com seus filhos, buscando a compreensão e oferecendo apoio emocional, favorecendo o crescimento saudável em todos os sentidos. A RESPONSIVIDADE dos pais visa desenvolver e reconhecer a individualidade da criança. A combinação dos fatores EXIGÊNCIA e RESPONSIVIDADE resulta em 4 estilos parentais: autoritário, indulgente, negligente e o autoritativo.

Estilo Autoritário

Pais com esse estilo são mais exigentes, mas não são responsivos. Valorizam a obediência, a disciplina e tendem a ser mais rígidos e autocráticos, não permitindo a participação da criança em qualquer processo decisório. Não incentivam a autonomia ou a comunicação de seus filhos e colocam ênfase no respeito à ordem e à autoridade, tendo baixa empatia, não levando em consideração a perspectiva de seus filhos. Comunicam-se de maneira pouca afetiva, com postura emocionalmente distante.

De maneira geral, não ensinam a criança maneiras melhores de enfrentamento, focalizando mais a culpa pelos erros cometidos. As regras são restritivas e fazem mais uso das estratégias punitivas em detrimento da gratificação como fator de controle comportamental.

O impacto desse estilo parental na criança tende a ser mais negativo do os pais esperam: os filhos tendem a ser mais inibidos e apresentam mais dificuldades diante de pressões ou situações que exigem mais esforços deles. São crianças mais inseguras, com uma baixa autoestima e menos independentes. Dificilmente conseguem manter relacionamentos estáveis e afetuosos. Nas famílias em que predomina esse estilo parental, há um impacto negativo no desenvolvimento infantil, tendência a surgimento de quadros ansiosos, depressão e consumo de substâncias ilícitas na adolescência.

Indulgentes (ou permissivos)

São pais responsivos, mas que não fazem (ou fazem poucas) exigências. Muito afetivos, comunicativos e receptivos com seus filhos, porém não colocam regras ou limites para a criança. Demonstram atenção às necessidades e expectativas de seus filhos, mas suas práticas disciplinares são inconsistentes. Buscam satisfazer qualquer expectativa dos filhos pela dificuldade que têm de colocar regras ou limites. Não querem ser julgados negativamente pelos filhos, por isso tendem a satisfazer todas as necessidades deles.

Para alguns autores, pais permissivos viveram na sua infância excessivo controle e muitas restrições. Como pais, querem proporcionar a maior liberdade possível aos filhos, para que não vivam as mesmas restrições que viveram. Acabam sendo opostos aos autoritários, com excessiva tolerância e permissividade. Permitem o automonitoramento da criança e estabelecem poucas demandas que propiciam a responsabilidade e a maturidade dela. Tendem a assumir a postura mais de "amigo" que de educador. Mesmo que aparentemente favorável à criança, esses pais acabam por não contribuir para a capacidade dela se autorregular.

Nos filhos, a ausência de limites gera confusão e estresse, dificultando o respeito das regras em outros contextos. Tendem ao egocentrismo e possuirem poucas competências sociais, com dificuldades para controlar o próprio comportamento e para relacionar-se com seus pares. No campo acadêmico, filhos de pais indulgentes/permissivos tendem a ter maior dificuldade nos estudos e menor desempenho acadêmico. A autoestima também sofre prejuízo, sendo mais rebaixada.

Negligentes

Pais negligentes não são nem exigentes nem responsivos. Deixam que os filhos se gerenciem por si só, fazendo o que querem. Tendem a não demonstrar afeto, nem fazem exigências. Desenvolvem uma fraca relação parental, sem se envolverem em seu papel de pai/mãe/educador, o que significa pouco envolvimento com a educação e desenvolvimento da criança. Esse estilo reflete incapacidade de cuidar e de exercer esse papel de genitor. São pais emocionalmente distantes, muitas vezes centrados em seus próprios interesses e projetos, alheios ou indiferentes às necessidades afetivo-emocionais dos filhos. Embora havendo implicações graves, muitas vezes esses pais não têm consciência que estão sendo negligentes.

Os filhos de pais negligentes não adquirem capacidade de autorregularem suas emoções e têm maior probabilidade de desenvolver comportamentos impulsivos perigosos na fase adulta, trazendo maiores riscos de dependência química ou tendência à delinquência.

Autoritativo

Os pais autoritativos apresentam bons níveis de exigências e responsividade, o que significa dizer que colocam limites e regras de maneira firme e amorosa ao mesmo tempo. É o estilo com maiores chances de proporcionar resultados melhores em quase todos os aspectos da vida da criança. Comunicam-se de maneira mais assertiva e não violenta, permitindo as manifestações afetivas de seus filhos. Mostram mais empatia e validação dos sentimentos e emoções dos filhos, quaisquer que sejam, orientando-os para comportamentos mais adaptativos. Colocam limites e procuram explicar de maneira coerente e consistente, buscam orientá-los de modo a utilizarem estratégias mais efetivas para o enfrentamento das situações.

Buscam ajudar no desenvolvimento da autorregulação emocional da criança e dão o direito a ela de expressar opiniões. Isso não tem a ver com concordar com tudo o que a criança deseja ou demonstra, mas entendem que isso faz parte de um processo de aprendizado, amadurecimento e que a criança precisa de tempo para ter reações e comportamentos mais adaptativos e funcionais. Não costumam usar punições para corrigir manifestações indesejadas de seus filhos, optando por gratificar aquelas aceitáveis e positivas com acordos recíprocos em torno de regras e objetivos. Respondem às necessidades de segurança e bem-estar da criança de maneira amorosa, adequada, coerente e com constância, propiciando à criança um sentimento de confiança e segurança. Buscam encontrar um equilíbrio entre o desejo da criança e a necessidade de serem respeitados em seu papel de educadores.

Ao contrário dos demais estilos parentais, o estilo autoritativo está mais relacionado a resultados melhores em comportamentos de autonomia, autoconfiança, adaptação psicológica e desempenho acadêmico. Os filhos desenvolvem melhor comunicação, capacidade de regulação emocional e resolução de problemas, além de maior proatividade. Esse estilo parental também se relaciona a menores índices de depressão na adolescência, transtornos de ansiedade, problemas de comportamento, abuso de substâncias, fracasso escolar e baixa autoestima. É, portanto, o estilo parental mais facilitador da saúde mental dos filhos e de um crescimento mais saudável, com maior conexão, alimentando continuamente o vínculo afetivo mesmo em situações difíceis. O vínculo afetivo mantido até a adolescência se associa a menores condutas agressivas, isolamento e depressão, o que se deve em boa parte ao enfraquecimento do vínculo entre pais e filhos nessa fase da vida.

Jeffrey Young, em nova abordagem da Terapia Cognitivo-comportamental, aponta para a importância da satisfação 5 necessidades emocionais primordiais da criança, que podem contribuir para nortear as condutas parentais:

- Ter um vínculo seguro, sentir o interesse, a proteção e a conexão emocional com os pais, o que trará sensação de cuidado, estabilidade e segurança na criança.
- Desenvolver as competências da criança, estimulando gradativamente a sua autonomia e autoconfiança, evitando os extremos da negligência e da superproteção.
- Colocar regras e limites realistas, considerando a idade da criança, respeitando a fase de desenvolvimento em que se encontra.
- Favorecer a liberdade de expressão das emoções, em que a criança possa expressar suas necessidades e emoções, de forma que exista empatia e interesse.

- Validação das necessidades e emoções, em que os pais permitem a expressão emocional, demonstrando entendimento sobre como a criança se sente ou quer e, ao mesmo tempo, leva a criança em consideração nas necessidades e desejos dos outros também.

Como vemos, os limites são fundamentais, porém a forma como são colocados é muito importante também. A comunicação de forma clara, consistente, firme e ao mesmo tempo amorosa leva a uma melhor conexão entre pais e filhos. Esta é a chave que permite ações educativas mais eficazes e menos desgastantes para ambas as partes. As regras e limites colocados quando os pais se conectam emocionalmente à criança criam uma estrutura forte para o seu desenvolvimento saudável.

Existem momentos muito desafiadores para os pais (gritaria, birras, problemas de comportamento ou escolares) em que eles mesmos se desregulam emocionalmente, levando à desconexão emocional. Todavia, uma conexão profunda e empática com a criança cria um clima de calma e cooperação, fortalece as funções cognitivas (memória, atenção, raciocínio lógico, funções executivas, controle de impulsos) e permite o desenvolvimento de habilidades e competências importantes para a vida futura da criança. Acessar a parte superior do cérebro (mais pensante) em vez de apelar para a parte inferior (mais reativa) favorece as habilidades relacionais, cognitivas e emocionais, levando a uma vida com mais significado e equilíbrio.

Validar as emoções e sentimentos, mesmo que os pais não concordem com o comportamento que a criança esteja manifestando, é fundamental. Oferecer uma escuta atenta e sincera, o ato de estar presente no aqui e agora com a criança faz uma grande diferença no aumento da conexão entre pais e filhos. Os pais que conseguem regular as próprias emoções, podendo lidar melhor com as situações mais difíceis, ajudam inclusive a criança, oferecendo um modelo apropriado a ser seguido.

Desenvolver o papel de pai e mãe é uma arte, mas é preciso que seja ciência também, e que se baseie em estudos validados e amplamente reconhecidos. A arte traz espontaneidade, sensibilidade e criatividade para superar obstáculos e sermos capazes de nos conectarmos com o outro. Por outro lado, a ciência nos tira dos achismos e nos mostra não só consequências danosas decorrentes de ações ruins, mas também aponta caminhos que podem nos levar a uma vida mais saudável e feliz com aqueles que mais amamos.

Todos os pais erram. O problema está em não buscar alternativas melhores e práticas parentais mais eficientes e assertivas, perpetuando padrões de comportamento que não promovem a validação, regulação emocional e desenvolvimento das capacidades, habilidades e competências cognitivas, afetivas e sociais da criança.

Estando no caminho errado, é importante ousar mudar, buscando momentos em que seja possível estabelecer uma conexão maior, mais humana e saudável com a criança, com uma disciplina mais respeitosa, amorosa e eficaz. Pais melhores, mais engajados e com práticas parentais mais eficientes e assertivas formarão filhos melhores, o que resultará num mundo melhor para todos.

34

O QUE TODOS OS PAIS PRECISAM SABER SOBRE VIOLÊNCIA SEXUAL INFANTIL

Nos deparamos com casos de violência sexual diariamente. As famílias precisam ser orientadas quanto à violência sexual, por isso o nosso objetivo é fornecer ferramentas, orientar, conscientizar, sensibilizar e ajudar os pais a reconhecer e identificar situações abusivas. Não podemos fechar nossos olhos para tal situação. Vamos proteger nossos filhos.

MIRIAM DIAS

Miriam Dias

Pedagoga, graduada pela Faculdade Anhanguera, com pós-graduação em Psicopedagogia Institucional e Clínica (UMESP, 2007), Gestão Escolar, Orientação e Supervisão pela Faculdade São Luís (2016). Especialista em Violência Doméstica (Dom Alberto, 2020). Professora do Ensino Fundamental da Prefeitura Municipal de São Caetano do Sul. Idealizadora do "Projeto Protegendo com Amor", palestrante sobre prevenção ao abuso, violência e maus-tratos para crianças e adolescentes. Autora do livro *Do meu corpinho eu cuido sim!*

Contatos
miriamdias1@gmail.com
Instagram:@protegendocomamor / @miriamdias1
Facebook: mdeoliveiradias / protegendocomamor
11 94194 8368

Para os pais, é ainda assustador abordar um assunto que nunca trataram antes. O abuso infantil acontece e é mais frequente do que se imagina. Acompanhamos nos noticiários muitos relatos sobre abusos e maus-tratos infantis. E uma pergunta nos deixa preocupados.

Quanto é seguro para nossos filhos viver neste mundo? Milhares de crianças sofrem abusos diariamente nos lares, nas ruas, nas escolas, pelos próprios pais, padrastos, familiares, professores, madrastas, vizinhos e outros.

É importante reconhecer que isso ocorre em diferentes contextos, independentemente da classe social, do nível educacional, da etnia, da religião etc.

Por que proteger a criança?

Para que nossos filhos fiquem protegidos de abuso sexual, eles precisam conhecer a sexualidade e entendê-la em uma linguagem adequada à idade e de acordo com o desenvolvimento dela.

A sexualidade das crianças ainda é um assunto difícil para muitos pais e adultos, os quais não se sentem à vontade para falar sobre ele.

Para as crianças. a sexualidade é bem diferente do que é para o adulto, uma vez que não é direcionada especificamente ao prazer genital, mas ao prazer experimentado pelo corpo de como pensamos nosso corpo e nos sentimos em relação a ele, o relacionamento uns com os outros, como crescemos, mudamos e nos reproduzimos. Falar sobre a sexualidade com seu filho é um dos melhores caminhos para evitar os abusos sexuais. Essa conversa deve começar em casa, ter um canal de comunicação com seu filho.

Quando falamos sobre a proteção das crianças, não podemos deixar de ressaltar os direitos da criança.

As legislações do Brasil, no que diz respeito à proteção da infância e da adolescência, são as mais avançadas do mundo, mas ainda é necessário avançar muito adotando políticas públicas capazes de superar essas deficiências.

O que é recente é a instituição dos Direitos da Crianças por meio do Estatuto da Criança e do Adolescente (ECA – Lei 8.069 de 13 de julho de 1990). Aponta o dever da família do Estado e da Sociedade em assegurar à criança e ao adolescente o direito à vida, saúde, alimentação, educação, lazer, profissionalização, cultura, dignidade e respeito.

Art. 5. nenhuma criança ou adolescente será objeto de qualquer forma de negligência, discriminação, exploração, violência, crueldade e opressão, punindo na forma da lei qualquer atentado, por ação ou omissão, aos seus direitos fundamentais.

No entanto, violações a seus direitos ainda são frequentes por todo o Brasil.

O que é uma violência sexual?

> *É impor a uma criança, menino ou menina, baseada numa relação de poder, uma atividade sexual para benefício de um adulto. Essa imposição pode ser por força física, chantagem, ameaça, intimidação, engano, uso da confiança ou afeto, ou qualquer outra forma de pressão.*
> BRODY, J, 1998. *El dolo invisível de la infância*

Os tipos da violência são violência física, emocional, negligência ou abandono.

O maior cúmplice do abuso é a negligência e falta de instrução. Negligenciar é não levar a sério, as crianças acabam sendo expostas a várias situações de risco. Não significa que seja falta de amor à criança, às vezes acontece por falta de instrução e orientação sobre a gravidade do assunto.

As formas de abuso sexual são qualquer modo errado, injusto e exagerado de tratar outra pessoa, sejam essas pessoas crianças, adolescentes etc. Pode expressar-se por meio de atividades com contato físico ou sem contato físico.

O abuso sexual infantil é uma forma de abuso que inclui atividade sexual com menor. Uma criança não pode consentir qualquer forma de atividade sexual em qualquer idade.

Onde ocorre o abuso?

O abuso pode ocorrer em ambiente intrafamiliar, que se dá quando a violência ocorre dentro da família, ou seja, a vítima e autor da violência sexual possuem alguma relação de parentesco, por pessoas com quem a vítima convive e mantêm uma relação de confiança.

É muito grande o número de crianças e adolescentes que são vítimas dessa forma de violência. A idade de maior incidência é na puberdade (de 9 a 12 anos), mas a encontramos em qualquer idade, inclusive em bebês.

Abuso sexual extrafamiliar pode ser cometido por pessoa conhecida ou desconhecida da criança e do adolescente. O autor da agressão mantém uma relação de confiança com a vítima. São exemplos desse tipo de agressor: amigos, vizinhos, religiosos, médicos, professores, responsáveis etc.

Por ser a pessoa que violenta muito chegada à vítima e sua família, não levanta suspeitas. O espaço físico onde ocorre o abuso é, na maioria dos casos, o próprio domicílio da vítima ou do abusador.

Quem são os abusadores?

Não há um perfil único, porém se estamos munidos de informações, temos maior possibilidade de proteger nossos filhos.

> *Em algumas décadas anteriores, éramos advertidos a tomar cuidado com desconhecidos, estranhos que costumavam rondar as praças, parques ou ser identificados como "velhotes" sujos vestidos com uma capa de chuva. Hoje precisamos advertir as crianças não apenas sobre estranhos, mas também sobre adultos que podem ser seus conhecidos na vizinhança. O objetivo não é instalar medo e suspeita na criança de maneira que ela tenha receio de sair de casa, mas permitir que ela fique tenta aos perigos potenciais.*
> (SANDERSON, 2008)

Sinais de alerta para os pais

Crianças "avisam" de diversas formas que estão vivendo situações de maus-tratos e abuso sexual. É fundamental acreditarmos nelas e ficarmos atentos aos sinais que elas apresentam, assim poderemos identificar os sinais de abuso sexual.

É muito importante que pais e todos que têm contatos com as crianças reparem nas condutas e comportamentos que são indicadores de que algo está acontecendo. São eles: sinais corporais ou físicos, sinais comportamentais, hábitos, cuidados corporais e higiênicos, frequência e desempenho escolar, relacionamento social e sexualidade, sinais emocionais etc.

Existem consequências para aqueles que são vítimas de abuso sexual

O abuso sexual afeta o desenvolvimento da criança e do adolescente de diferentes formas. Podem ter diversas consequências e deixar algumas sequelas como a perda da confiança, ansiedade, culpa, sentimento de inferioridade, prejuízo no desenvolvimento da sexualidade, erotização precoce, dificuldade no relacionamento interpessoal, gravidez, agressividade exagerada, comportamento autodestrutivo e suicida, depressão, fobias, transtornos da ansiedade, alimentares e de personalidade, e muitos outros.

Como prevenir?

A prevenção é simples. Por isso podemos ensinar crianças e adolescentes como se protegerem. Um dos passos é conhecer as partes íntimas.

Algumas dicas importantes que os pais podem seguir.

A criança precisa conhecer e nomear as partes do corpo corretamente. Mesmo que algumas pessoas usem outros nomes diferentes para as partes íntimas, devemos ensinar os nomes corretos. Meninos (mamilos, pênis, bumbum/nádegas). Meninas (seios/mamilos, vulva, bumbum/nádegas). Recomendamos que, a partir dos 6 anos, a criança passe a ter contato com o nome científico, para se acostumar com os termos adequados e usá-los naturalmente.

As partes que não mostramos, cobrimos com roupas íntimas e ficam cobertas por fraldas, cuecas, calcinhas, sutiãs, tops, biquínis e maiôs, estas partes privadas do nosso corpo ninguém pode tocar e mexer.

Podemos, por meio de uma conversa informal no momento da higiene no banheiro, trocando de roupa se preparando para piscina e praia, orientar nossos filhos. Existem algumas situações em que podemos precisar da ajuda de uma pessoa de confiança, por exemplo, depois da higiene do banheiro, ao tomar banho ou quando não conseguimos trocar de roupas sozinhos; quando o médico precisa examinar o nosso corpo para cuidar da nossa saúde.

É importante a criança saber identificar as diferenças dos toques.

Os *bons toques* fazem a criança se sentir bem, feliz, amada e protegida, como quando recebemos um abraço, um beijo de uma pessoa que nos ama e nos quer bem.

Já os *maus toques* deixam a criança confusa. Não sabemos diferenciar se o que está sentindo é bom ou ruim. São feitos às escondidas e é pedido silêncio.

Se alguém quiser mostrar ou mexer em suas partes íntimas ou ver as suas, **não** permita. Não deixe ninguém colocar nada em sua boca. Se precisar, grite, corra e conte para alguém.

Ensinar a cuidar, valorizar, respeitar e proteger o corpo.

Você sabe o que é alguém de confiança?

É aquela pessoa que, quando acontece uma coisa muito boa ou difícil, você conta para ela o que aconteceu.

Se alguém quiser tocar nas suas partes íntimas, isso é uma coisa difícil e chata.

A criança precisa compreender que existem segredos que são bons e segredos que são ruins, ou seja, alguns segredos podem ser guardados e outros não. Um segredo pode ser considerado bom quando traz alegria, quando nos sentimos bem em guardá-los. Já um segredo ruim é aquele que nos causa desconforto, medo e angústia, mesmo se uma pessoa disser que é um segredo, e que não pode contar.

Não pode ter segredo que nos incomode entre adulto e uma criança. É muito importante que as crianças tenham informações e saibam pedir ajuda quando necessário.

Como pais protetores, devemos:

- Proporcionar à criança um ambiente aconchegante.
- Ouvir e acreditar quando a criança está incomodada por qualquer motivo.
- Sempre dialogar sobre gostos, brincadeiras, amizades e atividades.
- Ter sempre a melhor resposta às perguntas das crianças, principalmente as de conotação sexual.
- Estar atentos às atividades que tenham com aparelhos tecnológicos.
- Respeitar se a criança não quer abraçar, beijar ou acariciar parentes ou amigos.
- Conhecer os lugares que visitam e as pessoas que formam seu grupo de amigos.
- Conhecer o desenvolvimento sexual das crianças e adolescentes para ser capaz de identificar quais comportamentos são saudáveis e esperados para cada idade.

Como agir ao tomar conhecimento ou suspeitar de um abuso?

A denúncia é a forma correta de impedir que o abusador continue a praticar seus atos e que seja punido pela justiça. Temos vários canais de denúncias fundamentais para evitar que a criança ou adolescente seja novamente vítima do abuso.

- Polícia Militar – Disque 100
- Delegacias – Conselhos Tutelares
- CREAS/CRAS – Ministério Público

- APP Proteja Brasil – http://www.protejabrasil.com.br/br/
- Safernet Brasil – https://new.safernet.org.br/

Você protege alguém que não pode se proteger sozinho quando faz a denúncia.

A denúncia pode ser anônima e não precisa ter certeza. Basta desconfiar que a integridade física ou psicológica da criança esteja sendo violada.

Segundo Christiane Sanderson, "proteger é uma responsabilidade de todos os adultos e, como tal, da comunidade em que vivem".

Referências

ABIAH. *Manuais da série proteção à criança: para coordenadores; para pais e filhos*. 2012.

BRASIL. Lei n. 8.069, de 13 de julho de 1990. Dispõe sobre o Estatuto da Criança e do Adolescente e dá outras providências. Disponível em: <http://www.planalto.gov.br/ccivil_03/leis/l8069.htm>. Acesso em: 21 fev. de 2022.

GORGAL, A. C.; GOYRET, M. E. *Brincando nos fortalecemos*. Curitiba: Editora Esperança, 2016.

GUERRA, V. N. de A. *Violência de pais contra filhos: a tragédia revisitada*. 5. ed. São Paulo: Cortez, 2005.

SANDERSON, C. *Abuso sexual em crianças: fortalecendo pais e professores para proteger crianças contra abusos sexuais e pedofíli*a. São Paulo: MBooks, 2005.

SILVA, L. M. P. (Org.). *Violência doméstica contra crianças e adolescentes*. Recife: EDUPE, 2002.

35

O LÚDICO E O CORPO EM MOVIMENTO

Ao oportunizarmos um espaço rico em estímulos adequados e afeto às nossas crianças, fomentamos infinitas possibilidades que potencializam o desenvolvimento infantil de forma integral. Convido você para compreender como o movimento, por meio de vivências lúdicas e acolhedoras na infância, permite ganhos em diversos aspectos precursores a uma aprendizagem mais significativa.

NATÁLIA MORALES

Natália Morales

Graduada em Fisioterapia (UMC) e Pedagogia (FAPI), com pós-graduação em Psicopedagogia (UNICID), especialização em Educação Infantil, Fundamental e Inclusiva (FCE) e aperfeiçoamentos em Psicomotricidade, Neuropsicopedagogia e *Coaching* Educacional (FCE). Certificada como educadora parental em Disciplina Positiva pela Positive Discipline Association (PDA/USA). Atua como professora de Educação Básica e como facilitadora de oficinas e *Mindfulness* para crianças, valorizando o desenvolvimento das competências socioemocionais e incentivando relações mais harmoniosas entre pais e filhos. Mãe e apaixonada pelo desenvolvimento infantil, acredita que a educação positiva e a parentalidade consciente são a chave para um futuro pleno e feliz das crianças.

Contatos
nataliafrmorales@gmail.com
Instagram: nati_morales
Facebook: Natália Morales

Sem movimento não há progresso nem saúde mental.
MARIA MONTESSORI

Você já parou para pensar na relação que o corpo em movimento tem com o desenvolvimento e a aprendizagem das crianças?

Durante a primeira infância, do nascimento até os seis anos de idade, o desenvolvimento infantil se dá sob diferentes aspectos: motor, cognitivo e emocional, além do neurológico. Para que esse desenvolvimento seja pleno e haja efetivamente aquisição da aprendizagem, é fundamental que as crianças sejam estimuladas adequadamente nessa faixa etária.

É principalmente por meio da relação com o mundo, explorando ambientes e objetos por meio de vivências, experiências, trocas e ao brincar que elas aprendem e desenvolvem-se melhor, descobrindo por si mesmas como tudo funciona. O médico, psicólogo e filósofo francês Henri Wallon (1879-1962) já descreveu o desenvolvimento intelectual considerando a pessoa como um todo. Para ele, elementos como afetividade, emoções, movimento e espaço físico se encontram em um mesmo plano.

Segundo sua teoria, as emoções dependem fundamentalmente da organização dos espaços para se manifestarem, enquanto a motricidade tem caráter pedagógico, tanto pela qualidade do gesto e do movimento quanto por sua representação. Ou seja, percebemos e reagimos ao mundo não somente por meio do nosso cérebro pensante, mas também pelo corpo.

Assim como mencionava o psicólogo americano James Gibson (1904-1979), sempre que vivenciamos o mundo estamos vivenciando a nós mesmos, experimentando o que somos capazes de fazer e ampliando nossa capacidade de percepção e ação. O psicólogo Lev Vygotsky (1896-1934) foi pioneiro no conceito de que o desenvolvimento intelectual das crianças ocorre em função das interações sociais e condições de vida, e dizia que a capacidade para imaginar, fazer planos, apropriar-se de novos conhecimentos surge, nas crianças, por meio do brincar. A criança, por intermédio da brincadeira e das atividades lúdicas, atua, mesmo que simbolicamente, nas diferentes situações vividas pelo ser humano, reelaborando sentimentos, conhecimentos, significados e atitudes.

Maria Montessori (1870-1952), conceituada educadora, médica e pedagoga italiana, descreve as crianças como seres ativos que buscam sua independência e autonomia, sendo os adultos mediadores e catalisadores desse processo. Ela baseou o seu método na premissa de que as crianças se descobrem e descobrem o mundo movendo-se nele. Contudo, é preciso que haja movimento acompanhado de oportunidades que permitam que a criança evolua.

Refletindo sobre os pensamentos dessas grandes referências, é importante pensarmos que existem habilidades fundamentais que merecem a atenção dos pais, cuidadores e educadores para que os pequenos se desenvolvam de forma saudável, tais como:

- Habilidades motoras, que vão desde o desenvolvimento da força, equilíbrio, flexibilidade, lateralidade, consciência corporal, organização espaço-temporal, até a coordenação motora ampla e fina;
- Habilidades comportamentais voltadas à socialização, desinibição e vivências emocionais;
- Habilidades expressivas, relacionadas à comunicação, fluência verbal, dicção, ritmo e destreza manual;
- Habilidades cognitivas, como atenção, concentração, memória, raciocínio e linguagem.

Saber que podemos contribuir em todo esse processo nos torna protagonistas de uma linda história com infinitos ganhos junto às nossas crianças. Desde seu nascimento, podemos oferecer um ambiente rico em estímulos (motores e sensoriais) e oportunizar condições e atividades lúdicas que otimizem o desenvolvimento e o potencial cognitivo delas de uma forma integral.

O contato com a natureza e espaços ao ar livre, por exemplo, têm uma infinidade de estímulos corporais e sensoriais com os próprios elementos naturais:

- O espaço e a irregularidade do terreno permitem ganhos motores de força, equilíbrio e coordenação, além dos riscos que favorecem a autonomia, autoconfiança e resiliência;
- As diferentes "partes soltas", como as folhas e galhos, que podem ser transformados em brinquedos estimulam a imaginação e a criatividade;
- A percepção dos diversos sons, cheiros e texturas da terra, da água e do vento, oportuniza a concentração e a atenção plena, permitindo conexão e maior afetividade com o meio ambiente, despertando interesse na conservação e cuidado com o mesmo.

A interação com a arte também é fundamental para expressarem suas habilidades e individualidades, além de aguçarem os sentidos dos pequenos, provocam emoções e estimulam a criatividade. Há um universo de possibilidades que permite que as crianças:

- Ouçam música, cantem, dancem, criem sons com objetos e partes do corpo, estimulando a percepção sonora, a expressão corporal, o ritmo e a coordenação;
- Desenhem, pintem, recortem e colem, favorecendo a percepção visomotora e a coordenação motora fina;
- Apreciem esculturas e pinturas, assistam a filmes e peças de teatro, ouçam histórias, se apropriando de diferentes formas culturais e a imaginação.

Jogos e brincadeiras também contribuem para o desenvolvimento de múltiplas habilidades e competências, estimulando a capacidade de atenção, concentração, linguagem oral, raciocínio-lógico, percepção, memória e coordenação motora ampla e fina.

Jean Piaget (1896 - 1980), biólogo, psicólogo e epistemólogo suíço, considerado um dos mais importantes pensadores do século XX e principal representante da psicologia da aprendizagem, classifica as brincadeiras por categorias proporcionais às idades.

Até dois anos de idade

Jogos de exercício: acontecem no período chamado sensório-motor, envolvem movimentos musculares repetitivos de maneira espontânea, como quando as crianças jogam uma bolinha repetidas vezes e acham graça, sentindo prazer em dar continuidade a essa ação, elas estão descobrindo e explorando o mundo.

Nessa fase, é preciso estimular os sentidos e as habilidades corporais, com atividades que envolvam diferentes cores, texturas, formas, sons e que favoreçam a exploração também do espaço, como brincar no chão, correr, pular, rasgar, apertar, entre outras tantas possibilidades que promoverão experimentação e favorecerão o ganho de tônus muscular.

De dois a sete anos de idade

Jogos simbólicos: estão presentes no período pré-operatório e se caracterizam pelo uso de símbolos/materiais para criar/imitar ou ainda substituir um objeto por outro que o represente. Uma vassoura pode virar um cavalo, por exemplo.

É o momento das descobertas e também da imaginação, quando começam as brincadeiras de faz de conta, em que as crianças representam e criam histórias, imitam personagens, desenham, brincam de casinha, de trânsito, de escolinha, super-heróis, além de blocos e quebra-cabeças, que vão estimular a memória, a criatividade e a autonomia da criança.

De sete anos em diante

Jogos de regras: aparecem no período operatório-concreto, quando as crianças estão aptas a participar e se divertir com todos os tipos de brincadeiras e jogos aprendidos, com graus de dificuldade maiores. Sua evolução cognitiva se dá a partir dos estímulos e do manuseio com o concreto construído anteriormente.

Nessa fase, há evolução da criança no processo de socialização, surgem os jogos coletivos, as brincadeiras com regras como jogos de tabuleiro, cartas, bola, envolvendo interação e competitividade, as crianças exercitam a disciplina, autorregulação, empatia e aprendem também a lidar com a frustração.

Muito importante lembrar que todas essas experiências terão maior significado se houver atenção plena no momento em que estiverem sendo realizadas. Esse é um treino de consciência que pode ser estimulado nas crianças, para que elas percebam cada ganho, cada conquista e valorizem seu aprendizado. Chamamos essa prática de *mindfulness*, que pode ser praticada informalmente, durante as atividades do cotidiano, ou ainda, de uma forma mais formal, em um momento destinado só para este fim, após um dia repleto de atividades, por exemplo.

Isso nos leva a refletir a respeito da importância da meditação na infância, que pode ser incentivada por meio de estratégias lúdicas, no sentido de maior consciência da respiração, por exemplo, associada à percepção do som das batidas do coração. Essa prática favorece o equilíbrio entre o corpo e a mente, ajuda a controlar a ansiedade e a aprimorar a concentração, permitindo maior consciência dos sentimentos, contribuindo, assim, no desenvolvimento socioemocional e no processo de aprendizagem dos pequenos.

Com isso, percebemos que, quando relacionamos os aspectos psíquicos e emocionais do ser humano ao movimento, oferecemos possibilidades que favorecem o desenvolvimento de todas as habilidades que são precursoras de uma aprendizagem mais concreta e efetiva e que, mais tarde, se tornarão competências para as ações diárias do ser humano. Essas competências favorecem, inclusive, o desenvolvimento da capacidade de lidar com as adversidades da vida, consigo e com os demais.

É válido reforçar a importância da mediação durante todo esse processo, a presença dos pais e educadores nas experiências e conquistas citadas otimizam os resultados, reforçam os estímulos e favorecem o vínculo, a conexão, a interação, a linguagem e o aprendizado da criança, fazendo toda diferença na aquisição das habilidades, inclusive no desempenho escolar. Além, é claro, das memórias e sentimentos que estarão se formando durante esses momentos.

Portanto, não há aprendizado significativo sem movimento e estímulos que permeiem todas as áreas do conhecimento. Não há caminho sem o caminhar. Crianças precisam de movimento, brincadeiras e desafios para evoluírem e se desenvolverem bem, assim como as plantas precisam de água para florescerem.

Winnicott (2019, p.91), pediatra e psicanalista inglês, disse: "É no brincar, e talvez apenas no brincar, que a criança ou o adulto fruem sua liberdade de criação". Que possamos, então, participar de forma consciente e criativa desse momento tão mágico e grandioso que é a infância, estimulando e proporcionando voos extraordinários. Na mesma medida, acolhamos e nos permitamos ser livres ao lado das crianças que amamos.

Brincar é a forma mais sublime de descobrir.
ALBERT EINSTEIN

Referências

BRITES, L. *Brincar é fundamental*. São Paulo: Editora Gente, 2020.

LA TAYLLE, Y.; OLIVEIRA, M. K.; DANTAS, H. *Piaget, Vygotsky e Wallon: teorias psicogenéticas em discussão*. São Paulo: Summus Editorial, 2019.

MONTESSORI, M. *Educação para um novo mundo*. Tradução Sonia Maria Alvarenga Braga. São Paulo: Comenius, 2015.

VYGOTSKY, L. S. *A formação social da mente: o desenvolvimento dos processos psicológicos superiores*. Tradução de José Cipolla Neto, Luis Silveira Menna Barreto, Solange Castro Afeche. 7. ed. São Paulo: Martins Fontes, 2007.

WINNICOTT, D. W. *O brincar e a realidade*. Tradução de Breno Longhi. São Paulo: Ubu Editora, 2019.

CÉREBRO DA CRIANÇA
MANUAL PARA UMA VIDA FELIZ. COMO USÁ-LO?

Conhecerão aqui como o cérebro da criança aprende, desde a vida intrauterina até os cinco anos de idade. Verão como as ações dos pais interferem na formação de crenças limitantes ou fortalecedoras dos filhos. Entenderão que o amor desenvolverá habilidades socioemocionais adequadas para a família viver em equilíbrio físico e psíquico, sabendo resolver seus problemas sem sofrimento e inquietudes.

NERINHA LAGO

Nerinha Lago

Rosenéri Lago de Sousa Araújo, carinhosamente conhecida por Nerinha Lago, mãe, esposa, avó, apaixonada pelo cérebro da criança e do adolescente e pelo desenvolvimento humano. É mestre em Educação na área de formação de professores pela UNINCOR (2005), especialista em Neurociências Aplicadas - ênfase em aprendizagem (2012, UFRJ), em Química (2001, UFLA), Matemática, Docência do Ensino Superior, Neuropsicopedagogia, TCC (Terapia Cognitivo-comportamental - em curso), *Coach* Integral Sistêmico (FEBRACIS, 2018), *Coaching* infantil pelo método *kidscoaching* (Rio Coaching, 2017), Cursos de livre docência em Psicomotricidade, Inteligência Emocional, TDAH, Autismo, Dislexia, professora graduada em Matemática, Ciências da Natureza e Química, com mais de 30 anos de experiência com crianças, adolescentes e jovens. Professora universitária.

Contatos
www.oseucoach.com/nerinhalago
nerinhalago@gmail.com
Instagram: @nerinhalago
Facebook: Roseneri Lago
YouTube: Nerinha Lago

Uauuu!!!! Sou mãe! Sou pai! E agora, o que fazer? Esqueceram de me enviar o manual! Como educar o meu filho? Não quero que ele passe o que eu passei. Quero dar a ele tudo de bom e de melhor! Não estou sabendo lidar com ele. Esqueceram de me enviar o manual de como educar filhos. Socorro!!! Alguém me ajude!

Olá! Estou aqui exatamente para entregar a você o manual que o ajudará a educar seu filho para que ele se torne um adulto emocionalmente feliz. Esse manual é o cérebro da criança.

Mas será que é mesmo importante saber como funciona o cérebro da uma criança?

Vamos analisar uma situação. Um pequeno agricultor, com toda sua experiência de vida, tem um terreno apropriado para a plantação, mas não colhe o tanto que poderia colher. As técnicas que utiliza foram as que recebeu dos seus pais. Não estão erradas, mas será que poderiam ser melhoradas? Daí ele encontra um agrônomo que mostra o quanto poderia desenvolver o crescimento de sua colheita associando o que já sabia com conhecimentos novos, que facilitarão sua vida e trarão benefícios assertivos para seu sucesso. Será que esse agrônomo beneficiará o agricultor com seus conhecimentos? É claro que sim.

O mesmo acontece quando alguém se torna pai ou mãe. Passa a educar o filho com as experiências vividas, aprendidas com seus pais, utilizando de suas crenças emocionais fragilizadas, traumas infantis que o levam a viver uma vida limitante. Não está errado, mas poderá melhorar a cada dia suas experiências e passar a viver uma vida de abundância. Será que o conhecimento científico sobre o funcionamento cerebral ajudará a ser pais fascinantes? É claro que sim.

O desenvolvimento infantil, principalmente na primeira infância, é responsável por mais ou menos 90% da nossa vida adulta. Conhecer o cérebro infantil é ajudar o filho a ser um adulto emocionalmente feliz e proporcionar a ele uma viva equilibrada em suas habilidades socioemocionais, profissionais e muito mais. Os ganhos são grandiosos.

Os pais necessitam de fatos científicos comprovados para entenderem o desenvolvimento de seus filhos, e ajudá-los a terem ações certas. Muitos acreditam que a criança nasce com o cérebro totalmente em branco e que eles, os pais, que escreverão a história. Não é isso que se observa. A comunicação neuronal já inicia desde a 10ª semana de gravidez, fazendo com que os neurônios codifiquem percepções e sensações já no mundo uterino dando uma formação comportamental e emocional característica dela.

A genética é responsável por áreas predefinidas, inclusive comportamentais e emocionais, porém estudos mais recentes da *epigenética* mostram que o meio em que essa criança está inserida tem, em média, 40% de responsabilidade de mudanças comportamentais e socioemocionais no seu desenvolvimento. Isso se dá desde a gestação e segue por toda a vida.

Quando se faz uma pergunta clássica aos pais: "o que de mais importante você quer para o seu filho?", é comum obter a resposta: - "a felicidade". Então, pergunta-se: "o que é felicidade para você, mãe? E o que é felicidade para você, pai?", as respostas provavelmente são diferentes. E agora? Qual das felicidades eles querem para o filho? Verificando o conceito de felicidade, percebe-se que é bastante individual, subjetivo. Trazendo uma brincadeira na separação da palavra *felicidade*, tem-se *feliz idade*, ou seja, ser feliz a cada idade. Logo, a felicidade que os pais querem dar ao filho precisa ser entendida como aquela que o filho quer viver naquela idade em que se encontra.

Entendendo o manual da criança

O cérebro, principal órgão do sistema nervoso, localizado dentro da caixa craniana, regula todas as ações voluntárias e involuntárias do corpo humano. Ele é responsável pelas emoções, temperatura corpórea, pressão arterial, todas as atividades vitais, como: funcionamento dos órgãos, informações vindas dos sentidos, o andar, o correr, o falar, o sonhar, o raciocinar, o imaginar, registro das memórias, dentre mais ações.

O cérebro é formado de aproximadamente 86 bilhões de neurônios, células especializadas em receber e transmitir informações, proporcionando aprendizado. Existe outro grupo de células nervosas, as células glias, que são em número muito maior que os neurônios, mas a função delas é de nutrir, proteger, direcionar, sustentar, dentre outras funções específicas. Aqui será abordado o *neurônio* como *célula principal da aprendizagem*.

Quando o bebê nasce, todo o seu cérebro está formado, porém em tamanho e peso menor. O que o faz alcançar o tamanho real são as conexões neuronais, a quantidade de sinapse realizada, que é a comunicação elétrica e química entre as células nervosas, estímulos na velocidade e na intensidade certas. Existem neurônios que já estão codificados e mielinizados para atuarem. São aqueles de funções reflexas inatas, como batimento cardíaco, respiração, sucção, desenvolvimento neurológico, enfim, funções vitais. Os demais neurônios necessitam de aprendizagem adquirida, ou seja, ensinada.

Dentre os neurônios, existe um grupo que recebeu o nome de *neurônios-espelhos*, que são responsáveis pela aquisição de aprendizagem por meio da imitação. Pesquisas mostraram que o cérebro realiza atividades baseado no que está vendo, ouvindo e sentindo. E aqui já se tem grande entendimento do quanto são importantes as ações dos pais serem coerentes com o que falam e o que se manifestam sentimentalmente.

O cérebro de uma criança aprende o tempo todo pelo ver, pelo ouvir e pelo sentir. Os *neurônios-espelhos* são ativados durante todo o dia fazendo comunicações que geram códigos que serão gravados para serem utilizados todas as vezes que situações parecidas surgirem. Portanto, quanto mais inserir essa criança em um meio ambiente favorável a uma aprendizagem satisfatória, estruturada, com estímulos socioemocionais positivos, que geram atitudes tranquilas, acolhedoras, melhores serão para criarem memórias saudáveis e fortalecedoras nessa criança e promover a felicidade dentro dela.

Darei aqui um exemplo: se você está na sala e quer conversar com seu filho, que está no quarto, e o chama gritando, ele responderá gritando. Os neurônios-espelhos serão ativados e imitarão suas ações. Se isso acontece frequentemente, essa comunicação neuronal, no cérebro de seu filho, se fortalecerá até se automatizar. E quando em outro momento ele grita com você, e você diz que ele está desrespeitando, que não está sendo educado, e briga com ele, nesse momento o cérebro dessa criança entra em disfunção, pois ela aprendeu as ações com você. Ela cresce irritada, desacreditada de seus aprendizados, afinal todas as coisas que aprendeu foram erradas. Muito pior quando faz algo certo e recebe um "não fez mais do que a obrigação". Não recebe elogios pelo que sabe fazer, mas recebe críticas pelo que aprendeu com você e de forma errada. Situações como essa mostram o quão longe está a felicidade do seu filho.

As partes do manual

Uma das coisas que se precisa aprender nesse manual são as principais partes que o compõem, o cérebro. A maioria das pessoas não imagina como esse cérebro funciona e que há diversas partes diferentes com funcionamento diferentes.

Composto de lado esquerdo e direito, o lado esquerdo contém áreas com funções mais racionais, com pensamentos lógicos, organização de frases, compreensão de palavras e, o lado direito, com áreas mais emotivas, especializadas em leitura de sinais não verbais, mais lúdicas. Sendo assim, o lado esquerdo do cérebro é mais racional e, o direito, mais emocional.

Além das áreas citadas anteriormente, têm-se 3 cérebros funcionando em um só. É formado por três partes com funcionamentos distintos, conhecidas como cérebro primitivo ou reptiliano, cérebro límbico ou emocional, neocórtex ou cérebro pensante.

O cérebro primitivo ou reptiliano opera os reflexos e funções instintivas como as funções vitais do corpo e os comportamentos sexuais. Responsável por comportamentos de agressão, domínio, territorialidade e exibição ritual. É nosso animal interior. Impulsivo, com tendências violentas, que busca proteção, defesa e poder.

O cérebro límbico ou emocional lida com a vinculação familiar e a criação de filhos, capaz de gravar memórias de comportamentos que produziram experiências positivas e negativas, sendo o principal responsável pelas emoções. Uma estrutura que envolve o hipocampo, a amígdala e o hipotálamo e onde são realizados os julgamentos que afetam nosso comportamento.

O neocórtex ou cérebro pensante é responsável pelo desenvolvimento da linguagem, pensamento abstrato, imaginação e pensamento consciente. Realiza funções cognitivas de alto nível, fazendo comparações e buscando novos dados ao processar as informações oriundas dos sentidos.

O cérebro ainda tem as áreas de memória, de tomada de decisões éticas e morais, de atenção; algumas racionais e, outras, irracionais; algumas ponderadas e, outras, reativas, como se tivessem várias personalidades dentro dele. O segredo é fazer com que todas essas áreas trabalhem juntas, de maneira integrada, fazendo parte de um todo.

O pesquisador Daniel J. Siegel e a Tina P. Bryson classificam essa divisão cerebral de *cérebro do andar de baixo e cérebro do andar de cima*, para separar a parte primitiva e emocional (andar de baixo) da parte pensante (andar de cima). Eles mostram que na primeira infância esse andar de baixo, mais primitivo, explosivo, reativo, mas também emotivo, é o que mais está ativado. O andar de cima, responsável pelo pensamento mais sofisticado, complexo, está em pleno desenvolvimento na infância, tornando-se totalmente maduro por volta dos 24 anos.

Agora dá para entender por que uma criança faz birra ou pirraça quando é contrariada ou quer uma coisa. Nessa situação, o cérebro primitivo é ativado para proteger a vida da criança, fazendo-a ter reações de lutar, agredir, como um animal defendendo o que é seu, sua conquista. Esse andar de baixo do cérebro é bastante agressivo e, quanto mais é provocado, mais agressivo fica, por isso que a melhor estratégia durante uma birra é acolher o sentimento que a criança está tendo no momento, dando atenção a ela, conversando olho no olho, dizendo que a entende e que, quando ela estiver mais calma, conversarão para resolver o problema.

Conectando olhares, dando atenção de qualidade para a criança, acolhendo e dando segurança, faz com que ela ative o cérebro emocional e desligue o primitivo, possibilitando o neocórtex a formar pensamentos que ajudarão na compreensão da situação.

O que molda o cérebro é a experiência

O cérebro é moldável, é mutável, e isso se dá por meio de um mecanismo chamado plasticidade, que é a possibilidade de modificação da comunicação dos neurônios para gerar novas aprendizagens pelas experiências próprias e executáveis.

A reprogramação mental mostra que o ser humano não é prisioneiro de seus pensamentos para o resto da sua vida, se há vontade de mudá-los. E isso vale não só para crianças e/ou adolescentes, mas para qualquer idade.

São, portanto, as experiências que você, mãe, pai, cuidador, adultos de modo geral programam e reprogramam no cérebro da criança. A maneira que se expressa, o modo de falar, como tom, altura, suavidade ou agressividade, a atenção que é dada à criança, reconhecimento de gratidão, elogios, palavras positivas ou negativas, é que farão parte da integração ou não do cérebro.

Pesquisas mostram que pais que conversam com seus filhos sobre suas experiências de vida, não como cobrança nem como comparação e sim como história de vida, com sentimentos e emoções, têm filhos que desenvolvem inteligência emocional sabendo reconhecer melhor suas emoções. Filhos tímidos que recebem dos pais encorajamento solidário, realizando tarefas juntos, elogiando, dando segurança tendem a perder a inibição com mais rapidez.

Mas há também estudos que comprovam que filhos superprotegidos, negligenciados ou empurrados insensivelmente a executarem tarefas que julgam não darem conta sofrem de ansiedade, se isolam, apresentam quadros depressivos, aumentam a timidez, se anulam diante de outros aprendizados por medo de não saberem realizá-los.

É esse processo de programação e reprogramação mental que fará a integração do cérebro do seu filho com as experiências que ele vive. O que nutrirá essa integração é o pertencimento, a importância, o significado que essa criança construirá dentro dela. Você pode ter ações, atitudes que colaborarão para uma excelente integração, como olhar nos olhos do seu filho, com amor, carinho, quando estiver conversando com ele, abraçando-o, tendo empatia, validando as atitudes dele, elogiando, exercendo o perdão, realizando surpresa de amor, socorrendo seu filho em suas necessidades, proferindo palavras de bênção, de segurança, de ânimo.

Agora sim, você já começou a entender como seu filho funciona. Está pronto para nutri-lo de amor para que ele possa prosperar, ser atencioso, ter bom desempenho escolar, ser responsável, sentindo-se pertencente à família.

Referências

CARRAZONI, E. R. Neurociência, Infância e Educação Infantil. *RELAdEi (Revista Latínoamericana de Educación Infantil)*, 7(1), p. 67-77. Disponível em: <http://www.usc.es/revistas/index.php/reladei/index>. Jan 2018. Acesso em: 08 jun. 2021.

COLE, M.; COLE, S. R. *O desenvolvimento da criança e do adolescente.* 4. ed. Porto Alegre: Artmed, 2004.

COSENZA, R.; GUERRA, L. *Neurociência e educação: como o cérebro aprende.* Porto Alegre: Artmed, 2011.

COSTA, J.C. Neurodesenvolvimento e os primeiros anos de vida: genética vs. ambiente. *RELAdEI (Revista Latinoamericana de Educación Infantil)*, 7 (1), 52-60. Disponível em: <http://www.usc.es/revistas/index.php/reladei/index. 2018>. Acesso em: 15 jun. de 2021.

JENSEN, F. E. *O cérebro adolescente: guia se sobrevivência para criar adolescentes e jovens adultos.* Rio de Janeiro: Intrínseca, 2016.

LENT, R. *Cem bilhões de neurônios? Conceitos fundamentais da neurociência.* 2. ed. São Paulo: Atheneu, 2010.

LENT, R. *O cérebro aprendiz: neuroplasticidade e educação.* Rio de Janeiro: Atheneu, 2019.

SIEGEL, D. J.; BRYSON, T. P. *Disciplina sem drama.* São Paulo: nVersos, 2016.

SIEGEL, D. J.; BRYSON, T. P. *O cérebro da criança: 12 estratégias revolucionárias para nutrir a mente de seu filho e ajudar a sua família a prosperar.* São Paulo: nVersos, 2015.

SIEGEL, D. J.; BRYSON, T. P. *O cérebro que diz sim: como criar filhos corajosos, curiosos e resilientes.* São Paulo: Planeta do Brasil, 2019.

37

OS ESQUEMAS DO BRINCAR
O CONHECIMENTO PARA ENSINAR E APRENDER BRINCANDO

Já imaginou se você soubesse de algo sobre o desenvolvimento das crianças que fizesse com que sua relação com comportamentos desafiadores fosse bem mais leve e, de quebra, ajudasse a criança a compreender questões importantes para a vida e para a aprendizagem de forma geral? E a melhor parte: fazer tudo isso brincando? Então, não perca mais tempo e conheça os Esquemas do Brincar.

PAULA BORGES

Paula Borges

Sou mãe de uma pitoca que (no momento que escrevo) está com 2 anos e meio, e idealizadora de um projeto chamado #SemeandoBrincadeiras, que vem se tornando uma realidade. Ele me enche de orgulho e, ao mesmo tempo, faz me sentir humildemente honrada em poder executá-lo. O #SB tem como objetivo mudar os paradigmas da educação em nosso país, levando conhecimento de qualidade para pais, profissionais da educação e cuidadores de crianças em geral. Também sou bióloga pela PUC-CAMPINAS (Bacharel e Licenciatura) e mestranda no Laboratório de Eletrofisiologia, Neurobiologia e Comportamento da UNICAMP (espero já ter conquistado meu diploma quando o livro for publicado). Além disso, lecionei em escolas da rede estadual e particulares, fui "recreacionista" em eventos e condomínios. Acredito que toda minha jornada pessoal e profissional foi apenas um grande ensaio para o "Semeando", mas que dependeu do solo fértil da maternidade para que pudesse germinar.

Contatos
semeandobrincadeiras@gmail.com
Instagram: @semeandobrincaderias

O que são esses tais esquemas do brincar?

Os esquemas do brincar foram teorizados pela pedagoga inglesa Chris Athey, no livro *Extending thought in young children*. Ela se inspira na teoria de Piaget em que a criança se desenvolve por fases ao longo de determinadas idades, mas segrega as fases de aprendizado em grupos, independentes da idade do indivíduo, que ela chama de esquemas, em que a criança demonstra interesse por determinados padrões.

Então, quando você, que ainda não sabe disso, se depara com a criança pegando todos os potes do armário e levando para sala, tem vontade de arrancar os cabelos achando que está criando um pestinha: na verdade a criança está apenas explorando a sua capacidade de transportar objetos. A partir do momento que você começa a perceber esses padrões, fica fácil pensar em estratégias para redirecionar a necessidade que toda criança tem de aprender pela tentativa e erro. Nesse caso, por que não sugerir que a criança leve os blocos de brinquedo de um cesto lá no quarto até outro que você coloca na sala?

Athey, que inclusive trabalhou com Piaget e se baseia firmemente no construtivismo, teorizou 7 esquemas iniciais lá nos anos 90, após observar crianças por mais de uma década.

Os esquemas originais de Athey são:

Dynamic vertical;
Dynamic back and forth;
Dynamic circular;
Going over and under;
Going round a boundary;
Going through a boundary;
Containing and enveloping space.

Mas como tudo nessa vida tem que evoluir, esses conceitos foram reestruturados e atualmente fala-se em cerca de 9 esquemas mais conhecidos na infância (adultos também operam por esquemas, explico um pouco mais para frente), entretanto existem diversos outros. Pelo nome você já vai ter uma noção do que se trata, mas eu vou destrinchar cada um e explicar como você pode usar desse conhecimento no dia a dia.

Aqui, vou discorrer sobre esses 9 esquemas por serem mais comuns. Assim, você pode começar a identificá-los por aí e criar soluções que vão te ajudar a semear sonhos e futuros para os pequenos sob sua responsabilidade.

Os esquemas, ou *schemas* em inglês, da brincadeira são muito conhecidos no exterior, mas conversando com alguns pedagogos aqui no Brasil percebi que nem todo mundo está familiarizado com o conceito.

Na verdade, eu realmente não encontrei nada a respeito em português, então traduzi os termos livremente. Esquemas são padrões de comportamento que se repetem ao longo da infância. Eles permitem que a criança explore e expresse as ideias e pensamentos que estão desenvolvendo por meio da brincadeira.

Conhecer os esquemas se tornou uma ferramenta muito importante na minha busca por ser uma cuidadora intencional, fez com que eu enxergasse o comportamento das crianças de outra forma e desenvolvesse a habilidade de redirecionar aquilo que não e aceitável para algo completamente inofensivo sem travar grandes batalhas.

Trajetória

Vou começar falando do esquema de trajetória que, na minha opinião, é o esquema mais caótico por gerar muita bagunça. Quando você começa a observar que a criança corre de um lado para o outro, pula, empurra os móveis para lá e para cá, joga comida, joga brinquedo ("Socorro!") etc., essa criança claramente está explorando a trajetória dos objetos e do próprio corpo. Sua criança não é um pestinha. Até mesmo bebês exploram esse esquema.

Já reparou que, de tempos em tempos, o bebê quer ser balançado constantemente ou vem tentando alcançar objetos e fica longos períodos abrindo e fechando as mãos? Quando novinhos, as capacidades são menores, conforme crescem, a mobilidade aumenta e também as possibilidades. Então, vem o rótulo: a crise dos 2 anos ou a adolescência do bebê. Experimente dar um balde de bolinhas de papel (rascunho) para a criança jogar dentro de uma bacia que você provavelmente se surpreenderá. Quando a criança estiver vivenciando esse esquema, sugiro que remova os itens que você tenha apego do acesso dela, pois pode ser que eles venham a fazer parte do "método científico" da criança.

Posicionamento

No esquema de posicionamento, que a nível pessoal me identifico muito (pois sinceramente acho muito mais agradável entrar num lugar onde tudo esteja organizado e *clean*), você pode observar o pequeno organizando os brinquedos em fileiras, deixando o tapete impecavelmente esticado ou com aquela mania chata de não misturar alimentos.

Diferentemente do que você pode estar pensando, estimular isso não vai transformar o pequeno em um adulto fadado a ter TOC. Pelo contrário, proporcionará que ele se torne uma pessoa organizada, mas sem paranoia, por ter exercitado isso na infância, pois é essa a fase apropriada para testar e testar os limites e, assim, amadurecer de forma saudável.

Para esse esquema, tente semear uns bichinhos de pelúcia alinhados num canto e umas tampinhas plásticas de garrafas em outro e veja a criança entretida por um bom tempo.

Envelopamento

O esquema de envelopamento pode ser observado quando a criança começa a embrulhar os brinquedos, se cobrir com tecidos diferentes, se esconder em uma porção de lugares e pintar por cima de um desenho inteiro ou até mesmo a própria mão com tinta.

Esse esquema por ser algo bem contido não gera tanto transtorno, então é muito fácil de lidar, exceto pelo fato de que alguns objetos acabam simplesmente sumindo de vista.

Nesse caso, sugiro que tire do alcance da criança os objetos que você tem maior necessidade para que não desapareçam na hora que você precise usar. Normalmente eles acabam reaparecendo, com exceção daqueles que vão descarga abaixo.

Para esse esquema, gosto de ir na raiz do negócio e oferecer alguns envelopes com objetos e cartões antigos para ela brincar, mas em épocas de envelopamento acabo entrando na onda e o esconde-esconde rola solto aqui em casa.

Rotação

Na minha opinião, o esquema de rotação é um dos mais divertidos, pois acaba levando a muita dança e risadas por aqui. Não tem muito segredo, a criança começa a curtir tudo que gira, inclusive girar o próprio corpo.

O negócio é o movimento rotacional, seja na máquina de lavar roupa ou na almofada que o titio gira na ponta do dedo (*truestory!*), então é só caprichar na escolha dos brinquedos que estarão disponíveis e será sucesso.

Deixe carrinhos e bolas semeados pela casa. Na hora de sentar com a criança, proponha desenhos circulares e por que não oferecer alimentos que remetam a esse interesse, como espaguete, que tem de enrolar no garfo?

Orientação

Apesar do esquema de rotação ser um dos meus favoritos, o de orientação também não fica muito atrás.

Quando a criança quer observar o mundo de novas formas, buscando ficar de cabeça para baixo ou tenta subir em lugares diferentes para ter outra perspectiva e até mesmo olhar por baixo de lugares que não olhava antes, é porque chegou a hora de você desempoeirar o velho caleidoscópio e oferecer binóculos e lupas para essa criança.

Se tiver um CD velho com seu trabalho de geografia da 6º série, deixe-a usar de espelho e, se for possível, leve-a até um parquinho que seja seguro para que ela explore diferentes pontos de vista.

Não é sempre que conseguimos sair com os pequenos, especialmente em situações como a pandemia que vivemos, então que tal colocar a criatividade em prática e criar circuitos com diferentes níveis de altura usando o sofá e as cadeiras?

Transformação

Agora é a vez dele, o esquema que deixa todo pai e mãe enlouquecidos, o esquema de transformação, que faz seu filho misturar o suco com o arroz, jogar papel higiênico no vaso só para ver o que acontece e você gastar um mundo de dinheiro com a ração do cachorro, porque ela está sempre ensopada na água. Enfim, é o seu pequeno cientista em ação tentando entender no que vai dar misturar A mais B mais C e por aí vai.

Esse esquema é muito importante para a criança aprender habilidades cruciais na vida como cozinhar, por exemplo. Por isso, o meu melhor conselho é: transforme sua cozinha em um lugar seguro para crianças e chame os pequenos para fazer um bolo com você ou um cereal com leite, se quiser simplificar.

Mas montar um espaço da bagunça, em um lugar fácil de limpar, também pode ajudar você a proporcionar esse tipo de brincadeira sem muita preocupação.

Conexão

Já percebeu uma fase em que a criança fica superinteressada em abotoar um botão de encaixe simples de alguma roupa ou fazer colagens, e o mais tradicional de todos, os blocos de montar começam a receber muita atenção?

Bem-vindos ao esquema de conexão! Você vai poder ajudar a criança a explorar esse esquema de forma independente oferecendo garrafas plásticas de diferentes tamanhos com as tampas para a criança encaixar (também valem os potes).

Além disso, você pode caprichar nas cartelas de adesivos ou pode apelar para os clássicos, como os trilhos de trem encaixáveis.

Agora, se a criança for mais experiente, você pode motivar a solução de quebra-cabeças ou que tal oferecer para os maiores um guia de nós de marinheiro e algumas cordinhas pequenas para praticar?

Transporte

Já comentei algo sobre o esquema de Transporte lá no início do capítulo, mas agora quero aprofundar um pouquinho. Esse esquema é bem fácil de perceber.

Simplesmente, a criança começa a pegar objetos de um canto e levar até outro, seja com as próprias mãos ou utilizando-se de sacos, sacolas, cestos, bolsas, carrinhos etc.

Para redirecionar esse esquema, não tem segredo: basta usar desses mesmos recursos (bolsas, mochilas, cestas) e propor que a criança transporte algo que para você seja aceitável.

Acredite, o negócio dela não é com as suas meias não, é com o transporte mesmo.

Você também pode caprichar nas atividades sensoriais em que a criança vai transferir areia de um recipiente para outro, criar pequenos cenários onde um caminhão possa transportar algo pela cidade imaginária. Se você se animar, pode até montar um sistema de elevador com cordas e roldanas para a criança transportar objetos do chão até a cama, por exemplo.

Contenção

O último esquema que vou abordar neste livro é o de contenção.

Sabe aquelas bonequinhas russas que você coloca uma dentro da outra? Clássica brincadeira de contenção. Mas podem ser usadas para dar o suporte no esquema de envelopamento também.

Quando o interesse está em perceber como podemos conter objetos ou mesmo o próprio corpo em um espaço delimitado, é a esse esquema que vamos buscar atender.

Diferente do envelopamento, a criança não busca esconder nada, só conter mesmo. Então, caixas são o que eu mais recomendo (várias e de todos os tamanhos). Você também pode desenhar limites, quadrados, redondos, triangulares, com giz ou até fita crepe no chão, em folhas e propor que a criança organize objetos dentro desses limites.

E agora, você já está enxergando sua criança de uma forma diferente? Legal essa coisa de esquemas, né? Ajuda bastante.

Para concluir

Os esquemas que apresentei aqui são os mais comuns, especialmente na primeira infância, mas não são os únicos. Na verdade, nós operamos por esquemas a vida toda, conforme disse lá no início. Eles funcionam como atalhos no nosso cérebro para prever como a matéria se comporta e o mundo de forma geral, incluindo os padrões de comportamento das pessoas.

Já pensou se para tudo que fôssemos fazer, tivéssemos que testar e criar novas percepções o tempo todo? Se você sabe como abrir uma torneira, é porque testou isso um milhão de vezes ao longo da vida e em várias torneiras diferentes.

Quando você se depara com uma torneira, que não abre para a esquerda, meio que dá um nó no cérebro, certo? Até para saber qual é o lado certo, às vezes a gente para e pensa, mas no dia a dia, faz sem nem perceber.

Eu, também, queria acrescentar que, ao passo que nós nos desenvolvemos, os esquemas vão se tornando mais complexos e completos, e acabam se mesclando em nossas ações. Então, fique atento, pois a criança vai vivenciar mais de um esquema ao mesmo tempo.

Valeu por acompanhar até aqui, espero que tenham gostado e se inspirado para que da próxima vez que se depararem com um comportamento que considere ruim, pense que pode ser apenas um esquema que a criança está aperfeiçoando. E que com isso em mente, consiga redirecionar com a tranquilidade de alguém que agora sabe exatamente o que fazer nessas situações. Para mais dicas de brincadeiras e suporte para os esquemas do brincar, conheça nosso trabalho nas redes sociais.

Semeie sonhos e futuros, #SemeandoBrincadeiras.

Referência

ATHEY, C. *Extending thought in young children: a parent-teacher partnership*. 2. ed. London: Sage Publications Ltd., 2007.

38

NUTRINDO EMOÇÕES
A CHAVE PARA SE CONECTAR COM OS FILHOS

Validar as emoções na infância é uma ferramenta importante para o desenvolvimento de habilidades socioemocionais. A comunicação emocional consciente proporciona aos pais a compreensão de suas próprias emoções e as das crianças, por meio da criação de um ambiente emocional agradável e do fortalecimento dos vínculos afetivos à medida que os filhos se desenvolvem.

RITA DE KACIA PARENTE

Rita de Kacia Parente

Psicóloga e psicopedagoga, criadora da Turminha das Super Emoções, idealizadora da Oficina Nutrindo Emoções, criadora dos *e-books* de atividades: *Educação emocional na escola para crianças*; *Educação emocional na escola para adolescentes*. Certificada em Educação Parental em Disciplina Positiva pela Positive Discipline Association (EUA). Pós-graduanda em Neuropsicologia.

Contatos
ritinhaalves24@gmail.com
Instagram: @psicologaritadekacia
87 99954 8162

O mundo das emoções

As emoções são universais e fazem parte da nossa vida. Segundo Renato Caminha, em seu livro *Educar crianças: as bases de uma educação socioemocional* (2014), p. 68, as emoções são classificadas em dois grupos: emoções agradáveis de sentir e emoções desagradáveis de sentir. As emoções são humanas e não é errado senti-las. Sentir-se mal quando alguém está sendo injusto não é algo ruim ou negativo – é apenas uma reação natural.

A ideia de que as emoções são negativas ou positivas, boas ou ruins pode levar à falsa concepção de que um indivíduo é ruim ou que está errado por sentir emoções desagradáveis, tal como raiva, medo e tristeza. É normal sentir essas emoções. Seus sentimentos não são um problema – o mau comportamento, por outro lado, sim.

É essencial valorizar as emoções da criança, mas não necessariamente o seu comportamento. Quando a criança apresenta uma crise de raiva para não realizar as atividades escolares, você pode validar as emoções dos pequenos afirmando que é normal estar com raiva, que também já se sentiu assim e que todas as pessoas no mundo também sentem, mas que ela não pode deixar de fazer a atividade. É importante também que os pais observem a necessidade por trás desse comportamento. No exemplo citado, talvez essa criança esteja com dificuldade no conteúdo escolar.

Todas as emoções têm uma função nas nossas vidas: até mesmo a raiva, o medo e a tristeza podem ser adaptativas. As emoções são sentimentos que têm sentido para nós e estão ligadas a um significado em nossas vidas. Elas sempre vão nos acompanhar ao longo da nossa caminhada. Por isso, precisamos educar as crianças não apenas cognitiva, como também socioemocionalmente.

Um bebê já nasce com as cinco emoções primárias, sendo elas: alegria, raiva, medo, tristeza e nojo. Essas emoções se refletem no corpo: quando uma pessoa está ansiosa, sente seu coração acelerar, experimenta sudorese e até mesmo a sensação de falta de ar.

As emoções devem ser cuidadas desde sempre. É necessário que os pais criem espaços dentro do ambiente familiar para que as crianças nomeiem suas emoções e das outras pessoas. As crianças são capazes de compreender os próprios sentimentos, aprender habilidades para regular as emoções – esses fatores contribuem para fortalecer o vínculo familiar e a autoconfiança.

John Gottman, em *Inteligência emocional e a Arte de educar nossos filhos*, trata da importância de preparar os pais e os professores para aspectos emocionais, por meio da construção de um elo emocional entre pais e filhos, permitindo assim que, juntos, consigam lidar com as emoções difíceis e desagradáveis. Para o autor, é necessária uma dose de empatia e generosidade da parte dos pais para conseguir ouvir e levar a sério as emoções dos filhos.

Se queremos educar crianças emocionalmente inteligentes, é necessário que elas se conectem com o seu mundo emocional, compreendendo que seus sentimentos importam e que precisam ser expressados. Isso contribui positivamente para a sua saúde emocional. Trabalhar educação emocional de crianças é investir no futuro dos adultos.

Validando emoções

O primeiro som que um bebê emite é o choro. Já nascemos com a percepção de necessitarmos de conforto. O choro pode representar uma necessidade fisiológica: o recém-nascido pode estar com fome, sono ou dor. Além disso, também pode nos sinalizar uma necessidade emocional: me escute, me acalme, me coloque no colo, me conforte.

Assim como o bebê, as nossas emoções precisam ser acolhidas e confortadas. É necessário se conectar com o eu interior, dar voz aos sentimentos. As dores emocionais precisam ser validadas. Só é possível validar os sentimentos das crianças quando os adultos acolhem os seus próprios sentimentos.

Segundo Leahy, em *Não acredite em tudo o que você sente*, validar significa encontrar a verdade no sentimento de alguém, respeitando o seu momento, acolhendo os sentimentos, ouvindo com empatia e compaixão os sentimentos do outro, relatando que você está do seu lado. Dessa forma, a dor emocional dessa pessoa passa a ser acolhida e compreendida.

Quando validamos os sentimentos das crianças, estamos mostrando para elas que não é necessário negar ou reprimir emoções – pelo contrário: é indispensável dar significado ao que se sente. O caminho de cuidar das emoções proporciona aos pais estabelecer vínculos mais saudáveis e sólidos com os filhos.

Com o acelerar da vida diária, é comum que os pais não consigam reservar tempo de qualidade para os pequenos, tempo para refletir sobre a necessidade que existe por trás de um comportamento desafiador, como birra, agressividade, choro e desobediência. A cada desafio de comportamento, existe uma necessidade não atendida da criança, e essas necessidades podem ser tanto de ordem fisiológica quanto emocional. Por isso, é importante se conectar com as crianças e entender que, nesse comportamento desafiador, eles estão experimentando uma intensidade emocional que expressam pelo comportamento. Com esse olhar para as necessidades da criança, os pais vão poder ensinar as mesmas a se relacionar de forma saudável com os seus estados emocionais.

A invalidação emocional contribui para o desenvolvimento de uma mentalidade associada à ideia de que as pessoas não nos percebem ou não se importam com os nossos sentimentos. A invalidação pode trazer sérias consequências para o desenvolvimento das crianças – isso acontece quando as emoções são tratadas como erradas ou inadequadas para a ocasião. Isso pode acontecer em situações em que a criança sente medo, tristeza ou raiva, por razões que para os pais podem não ser tão importantes.

Em algumas situações, os adultos, com a intenção de confortar a criança ou acabar com os pensamentos negativos, podem fazer comentários que suscitam o pensamento de que as emoções não são importantes – ou erradas –, como: "isso é besteira, você não tem motivos para chorar". Esses comentários fazem com que os pequenos não aprendam a lidar com as próprias emoções, reprimindo-as.

A validação emocional é fundamental para uma boa regulação emocional. Por vezes, a forma como fomos educados pelos nossos pais envolveu um contexto de invalidação emocional, portanto tendemos a repetir esse padrão de subestimar situações e sentimentos que nos parecem tolos, mas que para o outro significa muito. É possível mudar esse padrão comportamental desadaptativo, ainda que no início seja difícil lidar com esses pensamentos automáticos, mas com paciência e dedicação é possível.

Inicialmente, é importante identificar e entender as próprias emoções por meio da conexão com você mesmo. É importante aprender a dar nome aos seus sentimentos, entender a causa das emoções e quais os pensamentos relacionados. Em seguida, valide, aceite e acolha, em vez de ir pelo caminho da repressão.

Elisama Santos, em *Educação não violenta*, compara os sentimentos com uma bússola, que nos sinaliza sobre as nossas necessidades: elas estão sendo atendidas? Seguir sem olhar para os sentimentos é como andar sem direção.

O psicólogo Rudolf Dreikurs defende que as crianças que se comportam mal são crianças que foram desencorajadas. Ou seja, quando as crianças acreditam que não são aceitas, elas "se comportam mal", escolhem um caminho equivocado para buscar aceitação e aprovação. Quando os pais enxergam apenas o comportamento de forma isolada, eles não dão a devida atenção ao contexto de desencorajamento por trás da birra, da teimosia. Ou seja, o problema não é a situação pontual, mas a crença, a necessidade por trás desse comportamento. Uma criança que apresenta o comportamento de chorar por não querer ir para a escola pode estar se sentindo insegura naquele ambiente, o que se revela em crises de choro e não cooperação – reprimir esse momento de forma violenta ou menosprezar e ignorar esse sentimento resulta na invalidação emocional de um indivíduo que já é capaz de entender tudo o que acontece ao seu redor.

Para Beck (2013), crenças surgem na infância. São determinadas ideias, pensamentos que desenvolvemos sobre nós mesmos, sobre os outros e sobre o mundo, são concepções duradouras e profundas consideradas como verdades absolutas ocorrendo de maneira automática.

Adultos podem encorajar crianças a expressar seus sentimentos, sem medo ou vergonha, em vez de desencorajar dizendo frases como "você não deveria se sentir assim, pare de chorar". Se aprendemos a acolher as dores físicas das crianças, como uma dor de barriga ou de dente, por que não acolheríamos as dores emocionais? Por que é tão mais difícil validar a dor que não conseguimos identificar fisicamente e logo medicar?

Os pais aprendem a ser mais encorajadores quando entendem esse sistema de crenças negativas que motivam atitudes como a birra. Identificar isso contribui para redirecionar o mau comportamento para um comportamento mais funcional. Validar os sentimentos, pedir um abraço, demonstrar carinho – são atitudes que ajudarão as crianças a se sentirem melhor e, consequentemente, agirem melhor.

As emoções são importantes e as crianças precisam aprender que têm direito a senti-las, esse é o primeiro passo para a validação. Em seguida, conforte-a, mostre compaixão e gentileza pelos seus sentimentos.

Brincando com as emoções

Trabalhar as emoções em casa por meio de brincadeiras ajuda na qualidade das relações, auxilia a expressão e comunicação de sentimentos, facilita possíveis mudanças

de comportamentos e aprimora as habilidades de regulação emocional.

Existem diversas possibilidades para trabalhar o acesso às emoções na infância. A turma das Super Emoções, se vale a dica, é um material lúdico eficaz na direção de conteúdos relacionados ao mundo das emoções. (Veja @psicologaritadekacia).

Conversar sobre as emoções com os pequenos, no ambiente familiar, vai ajudá-los a se sentirem seguros, reconhecendo que a sua casa é um lugar onde todas as emoções podem ser expressas, compreendidas, aceitas e respeitadas sem que haja críticas ou humilhações. Trabalhar a comunicação emocional consciente pode ser um desafio para os pais, diante das tarefas relacionadas à vida familiar, pessoal e profissional, porém é fundamental que os pais se organizem e reservem um tempo para seus filhos. Quanto maior o tempo de qualidade dedicado aos pequenos, maiores as chances de se tornarem adultos emocionalmente inteligentes.

Todas as pessoas no mundo querem ser compreendidas e expressar suas emoções de forma saudável. Com a educação emocional, isso pode ser oferecido às crianças. Quando os pais praticam e compreendem os próprios sentimentos e os da criança, não reduzimos o jogo de críticas e culpados e, juntos, é possível regular conflitos. A criança se sentirá segura para expressar sua experiência diante de uma emoção intensa por meio de uma escuta afetuosa.

Diante de tudo que foi abordado na leitura deste capítulo, fica claro que a conexão e a validação com as crianças são a chave para nutrir e amar as emoções, evitando assim psicopatologias e transtornos de personalidade. Quando a validação emocional faz parte do ambiente familiar, as crianças mudam a maneira como enxergam as suas próprias emoções e percebem que os outros também passam por momentos de raiva ou tristeza – sentem, portanto, menos culpa ou vergonha por expressar e compartilhar suas emoções. Elas compreenderão também que suas emoções não duram para sempre e que elas não saem do seu controle.

É necessário aprender sobre educação emocional. Perceber seus sentimentos, nomeá-los e se comportar de forma apropriada é uma importante lição e só traz benefícios – tanto para os pais quanto para os filhos. Quando a prática da inteligência emocional faz parte da rotina da família, as crianças aprendem a regular as suas emoções, se desenvolvem, expressam e compartilham seus sentimentos difíceis, se compreendem melhor e conseguem desenvolver a empatia e se sentem felizes em poder cooperar. O resultado será uma criança feliz, motivada, resiliente, com vontade de aprender e de criar, vivenciando conexão e confiança com os seus cuidadores.

A forma mais prática de trabalhar as emoções com as crianças é no dia a dia em família, perguntando para os pequenos o que estão sentindo, dando nome e voz aos sentimentos, trazendo alívio e conforto.

O brincar é o meio ideal para a criança se expressar. Mostrando os seus sentimentos e fantasias, ampliando suas habilidades de análise, comparação, criação. Assim, ela criará ferramentas próprias para desenvolver seu equilíbrio físico e emocional. É a atividade mais importante para o desenvolvimento infantil. A brincadeira é coisa séria para a criança assim como o trabalho é para os adultos.

Após a leitura deste capítulo, aproveite para refletir sobre o que você pode fazer para acolher suas próprias emoções e as dos seus filhos, como criar espaços dentro do ambiente familiar para conversarem sobre sentimentos, nutrindo assim suas emoções e fortalecendo a conexão com os filhos.

Referências

AFFONSO, R. M. L. *Ludodiagnóstico: intervenção clínica através do brinquedo*. Organizadora, Rosa Maria Lopes Affonso. Porto Alegre: Artmed, 2012.

BECK, J. S. *Terapia Cognitivo-comportamental: teoria e prática*. Tradução: Sandra Mallmann da Rosa; 2. ed. Porto Alegre: Artmed, 2013.

CAMINHA, R. M. *Educar crianças: as bases de uma educação socioemocional. Um guia para pais, educadores e terapeutas*. Nova Hamburgo: Sinopsys, 2014.

FAVA, D. C.; ROSA, M.; OLIVA, A. D. *Orientação para pais: o que é preciso saber para cuidar dos filhos*. Belo Horizonte: Ed. Artesã, 2018.

GOTTMAN, J.; DECLAIRE, J. *Inteligência emocional e a arte de educar nossos filhos: como aplicar os conceitos revolucionários da inteligência emocional para uma nova compreensão da relação entre pais e filhos*. Rio de Janeiro: Objetiva, 1997.

LEAHY, R. L. Não acredite em tudo o que você sente: identifique seus esquemas emocionais e liberte-se da ansiedade e da depressão. Tradução: Sandra Maria Mallmann da Rosa. Porto Alegre: Artmed, 2021.

LEAHY, R. L. *Terapia do esquema emocional*. Tradução: Carolina Gaio. Novo Hamburgo: Sinopsys Editora, 2021.

LHULLIER, R. B. *Pausa no cotidiano: reflexões para pais, educadores e terapeutas*. Novo Hamburgo: Sinopsys, 2014.

NELSEN, J. *Disciplina Positiva*. Tradução: Bernardette Pereira Rodrigues e Samantha Schreier Susyn. 3. ed. Barueri: Manole, 2015.

NELSEN, J; LOTT, L.; GLENN, H. S. *Disciplina positiva em sala de aula: como desenvolver o respeito mútuo, a cooperação e a responsabilidade em sua sala de aula*. Tradução: Bete P. Rodrigues, Fernanda Lee. 4. ed. rev. e ampli. Barueri: Manole, 2017.

PARENTE, R. de K. Turma das Super Emoções. Disponível em: @psicólogaritadekacia.

SANTOS, E. *Educação não violenta: como estimular autoestima, autonomia, autodisciplina e resiliência em você e nas crianças*. 9. ed. Rio de Janeiro. São Paulo: Paz e Terra, 2020.

39

A INFÂNCIA PRECISA REAPRENDER A BRINCAR

Neste capítulo, será abordada a importância do ato de brincar na primeira infância e sua contribuição para a autonomia e regulação emocional das crianças, apoiando a formação de indivíduos resolutivos e resilientes, assim como orientar os adultos para mediação desse processo.

ROBERTA ALONSO

Roberta Alonso

Psicóloga graduada pela USJT (2005), com pós-graduação em Terapia Cognitivo-comportamental (2013) e Neuropsicologia (2020). Apaixonada por desenvolvimento humano, atuou na área corporativa com foco em carreiras voltado para primeiro emprego, estágios e *trainees* de grandes corporações nacionais e multinacionais. Nos últimos anos, passou a se dedicar apenas à carreira clínica com supervisão de profissionais e atendimento a crianças, adolescentes e pais, o que demandou vários cursos nessa área, dentre eles de Desenvolvimento Infantil pelo CBI Miami e Engajamento Parental pela Universidade de Harvard. É uma entusiasta da educação e da ciência, acredita que esse é o único caminho para a mobilidade social que pode desenvolver o potencial humano e gerar uma sociedade mais justa e empática.

Contatos
roberta.alonso1@gmail.com
Instagram: @ecoandopsicologia
11 99321 5533

> *Brincar é a mais elevada forma de pesquisa.*
> ALBERT EINSTEIN

Para iniciar a nossa reflexão, tomarei como base a pesquisa do IBGE 2012/2019, na qual, entre outras informações, podemos acompanhar a distribuição da população brasileira.

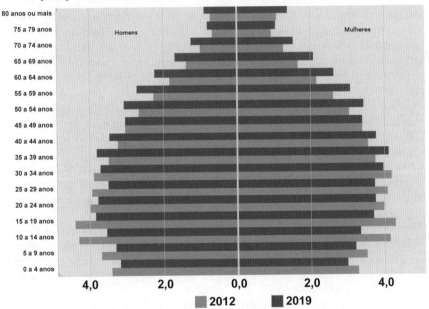

População residente, segundo o sexo e os grupos de idade (%)

Com o passar do tempo, nota-se a redução dos indivíduos que têm entre 0 e 14 anos, faixa que aqui nos interessa, uma vez que engloba a infância (período de 0-12 anos).

Pesquisas como essa servem de base para diversos tipos de empresas que têm o objetivo de desenvolver seus produtos a partir do conhecimento de seu público-alvo, seus hábitos e comportamentos de consumo. Mas como isso se relaciona com o brincar na infância?

Roberta Alonso | 287

Estudos que objetivam compreender hábitos de comportamento e consumo já apontam como uma tendência o fato de que a nova geração de jovens, os *millennials*, não tem como um sonho ou perspectiva de vida terem filhos. Com base nessa tendência comportamental, a economia tem se mobilizado e criado produtos como apartamentos menores, carros compactos e econômicos, desenvolvimento de outros meios de transporte, energia sustentável.

É a geração do propósito – o consumo não está pautado no momento presente. Deve gerar impacto positivo no futuro.

Como a futura geração não pensa tanto na reprodução da espécie, isso impacta outras indústrias, como a do entretenimento infantil. Menos crianças significa pouca demanda de áreas públicas de recreação, bem como a redução dos investimentos na educação infantil, entre outros impactos.

Outro fator importante a ser levado em consideração é o cenário brasileiro de segurança pública ineficiente, pois de 163 países avaliados com índices que classificam os países como pacíficos, o Brasil ocupa o 126° lugar. Essa sensação de insegurança gera mudança de comportamento social – com medo, as pessoas passam a ocupar menos os espaços públicos e as oportunidades de exploração natural de ambientes externos diminui. É aqui nosso ponto de convergência sobre esses impactos nas formas de brincar na infância.

Ao mesmo tempo, essa geração demanda um desenvolvimento tecnológico mais rápido, o que tem mudado de forma significativa o modo de brincar. Não é raro vermos famílias em que cada criança tem o seu próprio *gadget* e, da mesma forma, observamos o aumento dos investimentos na capilaridade dos serviços de internet. As crianças também estão consumindo muita tecnologia, gerando grandes desafios em seu desenvolvimento.

"Uma pesquisa da TIC Kids Online Brasil mostra que 69% das crianças e adolescentes entre 9 e 17 anos que têm acesso à internet a utilizam mais de uma vez por dia. Dessas mesmas crianças, 10% delas afirmam ter acessado a internet pela primeira vez com 6 anos de idade ou menos".

O fato que mais nos importa é que a tecnologia tem substituído o "brincar livre" - e a criança, tendo acesso à tecnologia cada vez mais cedo, tem a sua recreação modificada. O brincar livre é uma forma da criança se desenvolver em diversos aspectos: social, emocional, cognitivo, físico e simbólico.

Tomando como base as teorias sobre o brincar de Vygotsky (2008), é a brincadeira do "faz de conta" que impulsiona o desenvolvimento psíquico infantil. Para o autor, a criança, por não poder vivenciar a tal realidade que deseja, a cria por meio da brincadeira, sendo essa a principal motivação do brincar – a imaginação, portanto, é o elemento mediador desse brincar.

Para Vygotsky (2009), a brincadeira da criança não é uma simples recordação do que vivenciou, mas uma reelaboração criativa de impressões vivenciadas. O psicólogo defendia que a brincadeira não reflete de forma exata os acontecimentos reais, mas gera uma ressignificação das experiências que a criança viveu, sendo essa uma atividade psíquica que gera criatividade – fundamental para o desenvolvimento infantil. Naturalmente, interpretar e modificar as experiências desenvolve funções mais complexas do cérebro, que nessa faixa etária está em pleno desenvolvimento.

Ainda de acordo com Vygotsky (2008), na brincadeira, a criança está sempre acima da média da sua idade, acima de seu comportamento cotidiano; na brincadeira, é como se a criança estivesse numa altura equivalente a uma cabeça acima da sua própria altura.

Toda essa discussão diz respeito ao brincar instintivo, de forma natural. É importante que esse brincar seja mediado por um adulto que forneça a segurança para que o processo seja espontâneo e não didatizado.

Quando o processo é didatizado, com fornecimento de todos os passos e exposição das expectativas dos mediadores, tiramos da criança a capacidade de usar seus próprios recursos de descoberta. É esperado que, durante a brincadeira, a criança dê outros significados aos objetos a partir de sua imaginação, de seu processo psíquico.

> *A criança vê um objeto, mas age de maneira diferente em relação ao que vê. Assim, é alcançada uma condição que começa a agir independentemente daquilo que vê.*
> (VYGOTSKY, 1998, p. 127).

A você leitor, peço que imagine agora duas crianças brincando de preparar comida, simulando um momento de refeição em família. De forma concreta, temos areia e pedaços de folhas colocadas em uma embalagem de iogurte vazia. De forma simbólica, esses objetos combinados recebem a representação de uma saborosa refeição, porém não é consumido dessa forma, o que significa que há um jogo de realidade e fantasia em andamento durante a brincadeira, proporcionando diversas interpretações às experiências que se cria ao mesmo tempo em que se constrói esse brincar cujo único objetivo é existir.

O ato de brincar também desenvolve habilidades sociais, pois é preciso interagir com pares e aprender a conviver com as diferenças. É preciso aprender a ler e compreender as expressões faciais do outro, bem como desenvolver a capacidade de modulação de comportamentos verbais e não verbais a partir disso. A exposição de opiniões, construção de diálogos e busca de consenso a todo momento para que os objetivos daquela atividade sejam cumpridos são outros fatores fundamentais para o bom desenvolvimento infantil – e todas essas habilidades podem ser construídas no ato de brincar.

O brincar e as funções executivas

Segundo o núcleo Ciência pela Infância, funções executivas constituem habilidades que possibilitam uma reflexão atenta, isto é, deliberada e intencionada a alcançar um objetivo, uma meta. Elas permitem que haja reflexão, planejamento, organização, execução, flexibilidade de estratégias e controle mental mantendo seu foco de atenção. São habilidades fundamentais para autonomia e tomada de decisões.

As funções executivas se desenvolvem entre zero a seis anos de idade, período que corresponde à primeira infância e é fortemente influenciado pela qualidade e quantidade de experiências que as crianças podem ter, inclusive relacionadas aos aspectos biológicos e emocionais.

Essas habilidades evitam a realização de ações com consequências indesejáveis, tanto no trabalho e na escola, como no relacionamento com familiares e amigos. Não por acaso, as funções executivas encontram-se relacionadas a diferentes dimensões da vida das pessoas. Um bom funcionamento executivo está associado à qualidade de vida, por meio de mais saúde física e mental, também de melhor aproveitamento escolar e realização profissional.

Com base nessa definição, nas pesquisas sobre uso de tecnologia pelas crianças e a importância do brincar na primeira infância, podemos compreender a nossa responsabilidade de manter o brincar livre, sendo apenas mediado de forma segura. Garantir o brincar livre não significa negar os processos de evolução tecnológica, mas sim lembrar que o homem, mesmo sendo inundado de inovação nessa área, segue sendo o mesmo em termos de desenvolvimento neurobiológico e precisa de estímulos que o forme como um cidadão autônomo.

A partir de uma pesquisa sobre uso da internet no Brasil com suas respectivas idades, pode-se refletir sobre o uso da tecnologia na infância, período de intenso desenvolvimento de funções executivas.

"Entre os brasileiros com 10 anos ou mais de idade, a utilização da internet subiu de 74,7%, em 2018, para 78,3%, em 2019.". A pesquisa apresenta uma tendência crescente de crianças fazendo uso de internet, com destaque aos jogos eletrônicos. Diferentemente do brincar livre, os jogos eletrônicos já nascem com objetivos traçados. O jogo pode e tem um objetivo a ser alcançado, mas já traz uma limitação em si, como personagens, trilha sonora, cores e cenários. Mesmo sendo possível fazer escolhas dentro das plataformas, essas escolhas são limitadas pelos desenvolvedores dos jogos.

É nesse contexto que as crianças estão se desenvolvendo. Quando estão em seus próprios equipamentos, privam-se também das interações sociais e de naturalmente exercitarem as habilidades que essas relações exigem, como a negociação, comunicação assertiva, empatia e civilidade.

Não por acaso, estamos recebendo no consultório uma geração que tem apresentado baixa resistência à frustração com consequente baixa regulação emocional, pouca persistência diante de dificuldades e baixo enfrentamento de desafios.

Mediando a brincadeira com responsabilidade

De posse dessas informações, como nós, adultos de referência, podemos contribuir para essa fase tão importante e com tantos reflexos na vida adulta?

A seguir, seguem sugestões de atividades que, além de estimularem as funções executivas, contribuem para uma relação parental de mediação, cumplicidade e harmonia:

- Manter uma organização da rotina e da casa ajuda as crianças a construírem um senso próprio de organização, bem como entender processos e seus tempos de execução.
- Estimular as crianças a construírem seus próprios brinquedos faz com que planejem o que construirão, busquem por materiais compatíveis e projetem os passos para tal, além de desenvolverem tanto a coordenação motora fina quanto grossa nessa atividade.
- Jogos como quebra-cabeça, pega-varetas e de tabuleiros – desde que próprios para cada faixa etária – ajudam com a coordenação motora fina, estratégia, flexibilidade

cognitiva, bem como auxiliam no desenvolvimento da paciência enquanto espera o outro jogar e ensina a lidar com a frustração frente ao fracasso.
• Organizar um aniversário de boneca, uma festa do pijama, um estacionamento contribui com planejamento, criatividade e flexibilidade cognitiva.
• Brincar de faz de conta faz com que a criança se aproprie de "papéis" de outras pessoas, como um personagem, copiando gestos, fala, desenvolvendo sua flexibilidade cognitiva, controle inibitório e planejamento.
• Contar e encenar histórias: estimula as mesmas funções das atividades de faz de conta, contribuindo ainda mais com a linguagem.
• Vivo-morto, Seu Mestre Mandou, Dança das Cadeiras e Estátua apoiam no desenvolvimento da coordenação motora e controle inibitório.

São atividades que demandam tempo e paciência para orientação. Uma maneira de contribuirmos com atitudes simples e possíveis, gerando memórias e marcas especiais no desenvolvimento infantil.

Referências

DESCOLABS. *Millennials, entenda quem são e seus hábitos de consumo.* Disponível em: <https://www.descolabs.com/single-post/millennials-e-seus-habitos-consumo>. Acesso em: 29 abr. de 2021.

IBGE EDUCA. *Conheça o Brasil – população.* Disponível em: <https://educa.ibge.gov.br/jovens/conheca-o-brasil/populacao/18318-piramide-etaria.html>. Acesso em: 29 abr. de 2021.

NCPI. Funções executivas e desenvolvimento na primeira infância: habilidades necessárias para a autonomia. Disponível em:< https://ncpi.org.br/>. Acesso em: 16 maio de 2021.

VIDIGAL, L. *Brasil cai em ranking que mede paz no mundo; pandemia deve agravar violência diz relatório.* G1, 2020. Disponível em: <https://g1.globo.com/mundo/noticia/2020/06/10/brasil-cai-10-posicoes-em-ranking-sobre-paz-pandemia-deve-agravar-violencia-no-mundo-diz-relatorio.ghtml> Acesso em: 28 abr. de 2021.

VIEIRA, N. *Tecnologia tem limite: como deixar as crianças usarem gadgets de forma saudável.* Canaltech, 2019. Disponível em: <https://canaltech.com.br/seguranca/controlar-uso-internet-criancas-152459/>. Acesso em: 28 abr. de 2021.

VYGOTSKY, L. S. A brincadeira e seu papel no desenvolvimento psíquico da criança. *Revista Virtual de Gestão de Iniciativas Sociais.* 2008.

_____
40

CRIANDO UMA NOVA GERAÇÃO DE FILHOS

Por meio do meu aprendizado como mãe, acredito que podemos escolher uma metodologia de ensino mais respeitosa, diferente da tradicional, que mesmo assim teremos êxito, mas a longo prazo. A Disciplina Positiva dá oportunidades às crianças para desenvolverem habilidades como autonomia, autoconfiança, responsabilidade e independência, tão importantes na vida adulta. Ao permitir que as crianças sejam exploradoras, o seu potencial criativo é aumentado.

ROBERTA ALVES

Roberta Alves

Mãe do Henrique, de 2 anos e 6 meses, apaixonada por ensinar, estudiosa da Disciplina Positiva e Método Montessori, esposa, Engenheira da área de Óleo & Gás e adepta de atividades educativas que podem ser feitas em casa ou ar livre para estimular o desenvolvimento infantil. Cursos realizados: Criando Crianças Criativas, do Murilo Gun; Filhos Inteligentes, da Caroline Bitar; Educar Pelo Olhar Sensível: vivências práticas dos 0 a 6 anos; e Montessori na Prática: dos 0 a 6 anos do Cultivar Educação.

Contatos
robertalves@gmail.com
Instagram: @engenhosamãe
21 98206 2828

A maternidade é incrível e agradeço todos os dias pela oportunidade de ser mãe. Ter sido lar de um ser humano durante quase 9 meses é surpreendente. Antes mesmo do bebê nascer, nós criamos muitas expectativas em relação à gestação, ao quartinho do bebê, enxoval. Fazemos planos sobre o tipo de parto, amamentação – será exclusiva até seis meses ou não? Livre demanda? O leite será armazenado? Como será a rotina de sono? Como será a introdução alimentar? Além de inúmeras outras questões. Formulamos ideias que até mesmo escapam da realidade: imaginamos que daremos conta de tudo – casa, família, profissão, saúde, bem-estar. No entanto, depois que o bebê nasce, descobrimos que é impossível atingir a perfeição. Isso simplesmente não existe.

Hoje, com mais acesso à informação, tem aumentado bastante a preocupação dos pais para que o filho atinja os principais marcos de desenvolvimento, como sorrir, andar, falar, desfraldar, atender os comandos no tempo do adulto e sempre obedecer. Os marcos de desenvolvimento são importantes, sem dúvidas, mas será que estamos olhando também para como educaremos os nossos filhos? Será que olhamos para a forma como nós lidamos em situações de estresse e conflitos com eles? Isso tudo refletirá no comportamento do seu filho quando ele estiver na vida adulta.

Planejamos um filho bem-educado, que não faz birra ou grite. Contudo, não procuramos nos aprofundar na relação entre pai, mãe e filho no que diz respeito à educação que será dada e esse assunto é pouco abordado. Dessa forma, temos a tendência de repetir certos padrões de comportamentos que recebemos dos nossos pais, conhecidos como educação tradicional – de 30 anos atrás, ou mais – sem nos preocuparmos em nos atualizarmos e ver o que o que seria mais aplicado e apropriado nos dias atuais.

Depois que o bebê nasce, um ser único, percebemos ao longo do tempo que muita coisa não saiu conforme os planos. Ficamos frustrados por não estar conseguindo fazer tudo como idealizamos e continuamos sem nos aprofundar sobre metodologias e filosofias de educação, além dos meios de nos conectar com os nossos filhos. Nesse sentido, deixamos a vida fluir e o bebê crescer sem nos preocuparmos em nos prepararmos como ser melhores pais e pessoas.

Cada experiência gestacional é única, assim como o desenvolvimento de cada bebê e criança. No que diz respeito à educação, não existe uma receita de bolo, mas há ferramentas adequadas que podem ajudar muito os pais e, principalmente, as mães que ainda hoje ficam mais tempo com a criança – e podem se beneficiar de formas para tornar a maternidade mais leve, assim como a vida em família.

O livro o *Cérebro das Crianças* ajudou muito a entender a fase que meu filho se encontra. O livro *Disciplina Positiva para educar os filhos*: *52 estratégias para melhorar as habilidades de mães e pais* também é um ótimo começo para quem quer aplicar de forma prática as ferramentas da filosofia da Disciplina Positiva. O livro é em formato de baralho e cada dia você pode tirar uma carta e aplicar no seu dia a dia com seu filho.

Com a pandemia, tornou-se ainda mais primordial a participação dos pais no desenvolvimento dos filhos em todos os sentidos – não só referente à coordenação motora, fala, sentidos tato, visão, audição, paladar ou desenvolvimento cognitivo, mas também em relação à parte emocional das crianças, uma vez que passamos muito tempo em confinamento. É muito importante atentar também para o ensinamento dos sentimentos para que as crianças possam saber lidar com os diferentes tipos à medida que for crescendo.

Aqui conto sobre a minha experiência para que cada vez mais famílias consigam escolher educar os seus filhos de uma forma mais respeitosa e como as atividades realizadas em família durante a quarentena ajudaram no desenvolvimento do meu filho.

Disciplina positiva – um novo olhar sobre a educação

A forma de educar que era feita pelos nossos avós e nossos pais, quando éramos crianças, já tem sido alvo de questionamentos. Hoje, nós temos conhecimento para poder fazer diferente. Os métodos punitivos não são mais uma escolha viável, especialmente porque sabemos que existem outros meios sem punição, violência, ou sem recompensas – que são muito mais eficientes.

Contudo, esse outro método de educação, mais respeitoso, pode ser muito difícil para algumas pessoas, uma vez que precisamos olhar primeiro para dentro de nós e ver o que necessita ser mudado na educação que recebemos. Muitas vezes não queremos olhar para nós mesmos e para os erros que nossos pais cometeram, porque era a única forma que eles conheciam. Dessa forma, precisamos perdoar-lhes, amá-los e aceitá-los por tudo que são para nós, mas também nós precisamos ser respeitados por escolher um novo caminho de educar.

As gerações passadas não tinham o conhecimento que temos hoje. Por isso, podemos refletir e criar uma geração de filhos mais maduros emocionalmente, sem precisar punir, castigar ou dar recompensas pelo bom comportamento. Educar filho tem sido cada vez mais desafiador, principalmente porque os pais estão cada vez mais atarefados com as demandas do mercado de trabalho. Consequentemente, o tempo de qualidade com os filhos é reduzido.

Uma grande parte dos pais acaba cedendo ao uso das telas pelos pequenos cada vez mais cedo e de forma exagerada, não respeitando o limite de horas conforme a idade da criança. Devido à pandemia, o uso de eletrônicos pelas crianças foi inevitável. Como forma de evitar ao máximo o uso das telas, comecei a fazer atividades com meu filho durante a quarentena. O uso limitado de eletrônicos também é uma das ferramentas da Disciplina Positiva.

Para poder ter ideias de atividades, usava como referência o livro *125 Brincadeiras para Estimular o Cérebro do seu Bebê*, de Jackie Silberg, bem como o livro *a Criança Montessori*. Além disso, buscava referências no Pinterest para inspiração, canal da Flávia Calina no YouTube, onde eu aprendi muito sobre atividades do Método Montessori. O Instagram também foi uma ferramenta importante, e perfis como o da @brincarem123 e @brincandoecrescendo são recheados de conteúdo de valor. Com o tempo, criei autonomia e comecei a fazer atividades por conta própria, além de adaptar algumas ideias da creche. Eu revezava com meu marido para olhar o Henrique e aproveitava o tempo que estava com meu filho para fazer atividades sensoriais com gelo, espuma, tinta guache, pompom, objetos diversos – atividades para desenvolver a coordenação motora grossa como arremessar bolinhas, chutar bola, correr dentro de casa desviando de obstáculos e coordenação motora fina, como colocar feijões dentro do funil, pintar com os dedos usando tinta guache, amassar massinha, atividades para conhecer as cores, os números, as formas geométricas, também mostrava o painel dos sentimentos. Além de muita leitura e música instrumental. Depois de um tempo e com o acompanhamento da pediatra Dra. Priscila Mattos, já vimos uma diferença em seu desenvolvimento.

A cooperação por meio de uma educação que usa tanto a firmeza, quanto a gentileza, não é uma moda ou tendência nova, mas sim um caminho possível entre permissividade e o autoritarismo. Não significa que as crianças podem fazer tudo, mas também não utiliza do autoritarismo para ensinar por meio da dor e punição estratégias que são ultrapassadas.

A primeira coisa que vem à cabeça de muitos pais ao criar o filho é punição ou recompensa, que são estratégias antigas para impor o respeito. Alguns pais que não querem usar a punição, ou controlar demais, acabam indo para o extremo que é a permissividade, deixando os filhos fazerem tudo. Os pais ficam sem um caminho – não querem causar dor e não querem perder o amor dos filhos.

Quem olha de fora, como as gerações passadas, costuma questionar esses novos métodos. "Essa criança irá mandar em você!", "daqui a pouco estará te manipulando e dominando você, vai vira um bandido, ou coisa pior" são parte do senso comum. Depois que virei mãe e comecei a me autoconhecer, descobri que se existe esse caminho, o do meio, entre o autoritarismo e a permissividade, por que não tentar? Por que não evitar a repetição do mesmo padrão que recebemos? Os pais respeitosos são autoridades e buscam, por meio da conversa franca, dos limites e das escolhas desenvolverem um relacionamento de respeito.

É o caminho mais fácil? Definitivamente não, mas quando estamos dispostos, nós fazemos dar certo. Na fase em que meu filho está – 2 anos – é mais desafiador ainda aplicar todas as ferramentas, mas é possível permitir escolhas limitadas, dar certas responsabilidades conforme a idade dele, como arrumar os brinquedos, levar um copo à pia, abaixar e falar na altura da criança, escutar quando estiver chorando, acolher, conectar, encorajar em algumas situações que ele considera que não consegue fazer.

A Disciplina Positiva ensina sobre o respeito. E como ser mais respeitosos? Primeiro, nós adultos precisamos também ser mais respeitosos com as crianças e tratá-las como gostaríamos de ser tratados.

Outro ensinamento é o desenvolvimento do senso de aceitação e importância. Podemos evitar o mal comportamento evitando a dor emocional das crianças que fica registrada no cérebro no mesmo lugar que a dor física. A criança que se sente bem, amada e pertencente a um ambiente não sentirá rejeitada, fazendo tudo ao contrário para poder ser vista e comportará bem. A causa principal do que é considerado um mau comportamento é um pedido de ajuda da criança por atenção, é alguma necessidade que não está sendo atendida naquele momento.

A Disciplina Positiva é efetiva a longo prazo, ao contrário da punição, que é efetiva a curto prazo.

Quando o adulto pune uma criança que está se comportando mal, na mesma hora a criança parará de fazer aquilo que você está querendo. Contudo, você já parou para analisar efetivamente por que ela parou? A criança para porque tem uma reação imediata de evitar que o adulto a castigue, sente medo, ou susto – não para por respeito ou por aprender as consequências daquilo que ela estava fazendo. O adulto pensa que a criança obedeceu, se comportou bem – mas somente a curto prazo.

Os impactos negativos na vida da criança e futuro adulto serão imensos, como baixa autoestima, rebeldia, dificuldade de solucionar problemas, baixa confiança, entre outros fatores emocionais negativos. A criança não se sentirá segura, pois o porto seguro que deveria defendê-la está ameaçando e causando dor. As sensibilidades sociais e de vida são valiosas para a formação de um bom caráter.

Dar palmada não vai tornar a criança gente do bem, não vai ensiná-la a ser um indivíduo melhor. Em relação aos pais, em vez de punir, tem surgido esse movimento em defesa do desenvolvimento de outras habilidades, estratégias e princípios para ensinar, pois a punição gera rebeldia, retaliação, ressentimentos e abala emocionalmente a criança.

A Disciplina Positiva incentiva a criança a descobrir a sua capacidade interna e o seu poder pessoal. A resposta como adulto frente ao que a criança está fazendo é de extrema importância para aprender as habilidades que queremos ver nas próximas gerações.

É muito mais desafiador, pois não vemos resultado imediato e pode parecer que estamos sendo permissivos, por permitir que a criança também tenha opinião e poder de escolha. Em vez de gritar ou bater, existe primeiro o acolhimento, muita conversa. Isso demanda muito dos pais e, às vezes, dependendo do nível de estresse e carga emocional, o nível de empatia não está elevado e acabamos por não conseguir ser o melhor exemplo para os nossos filhos. O mais importante é refletir, aprender com os erros, pedir desculpa e trabalhar em si para que não se perca o controle na maior parte das vezes, pois a Disciplina Positiva começa primeiro com os pais e, para melhorar o comportamento dos filhos, é preciso primeiro melhorar o relacionamento que temos com eles.

Referências

BITAR, C. *Treinamento online Filhos inteligentes.*

CULTIVAR EDUCAÇÃO. *Curso educar pelo olhar sensível: vivências práticas dos 0 a 6 anos.*

DAVIES, S.; COSTA T. *A criança Montessori: guia para educar crianças curiosas e responsáveis.* São Paulo: nVersos, 2021.

GUN, M. *Curso criando crianças criativas.* Keeping Learning School.

NELSEN, J. *Disciplina positiva para educar os filhos: 52 estratégias para melhorar as habilidades de mães e pais.* São Paulo: Manole, 2018.

NELSEN, J.; ERWIN, C.; DUFFY, R. A. *Disciplina Positiva para crianças de 0 a 3 anos: como criar filhos confiantes e capazes.* São Paulo: Manole, 2018.

SIEGEL, D.; BRYSON, T. *O cérebro da criança: 12 estratégias revolucionárias para nutrir a mente em desenvolvimento do seu filho e ajudar sua família a prosperar.* São Paulo: nVersos, 2015.

41

AMAMENTAÇÃO E SEUS IMPACTOS NA PRIMEIRA INFÂNCIA

O objetivo deste capítulo é transmitir, de forma clara e simplificada, informações sobre os impactos da amamentação na primeira infância. Convido você para conhecer a atuação da fonoaudiologia na promoção, manejo, incentivo e apoio à amamentação e como amamentar impacta na respiração, fala, deglutição, audição, mastigação e aprendizagem da criança. Os benefícios dessa prática vão além das questões de saúde e das propriedades do leite materno. Amamentar é comunicar, vincular e nutrir.

ROBERTA GARCIA DE LIMA

Roberta Garcia de Lima

Fonoaudióloga pela PUC-MG. Especialista em Motricidade Orofacial pelo Conselho Federal de Fonoaudiologia. Consultora em Aleitamento Materno com capacitação em Laserterapia e Bandagem Elástica Terapêutica aplicadas à amamentação. Aprimoramento em Linguagem pela GEADCURSOS. Atua no Ânima Espaço Terapêutico na cidade de Itabirito/MG. Idealizadora e coordenadora do grupo multidisciplinar de apoio a gestantes Ânima Nascer. Mãe da Luiza e da Alice.

Contatos
roberta.garcia@gmail.com
Instagram: @robertagarciafono / @animanascer
31 98817 3773

> *A vida tem profundidades que as palavras não são capazes de alcançar.*
> *Compreendi que a amamentação não é uma ferramenta para obter saúde,*
> *mas uma parte da própria saúde.*
> CARLOS GONZÁLEZ

Afinal, o que é primeira infância?

A Primeira Infância é o período da vida que vai da gestação até os 6 anos de idade. Essa fase também pode ser subdividida em duas partes: a primeira fase, que vai da gestação aos 3 anos de idade; e a segunda fase, que se estende entre os 4 e 6 anos.

Durante toda a primeira infância, o desenvolvimento é muito acelerado, mas há diferenças significativas entre as duas fases. Os três primeiros anos de vida (incluindo a vida intrauterina) são determinantes para o desenvolvimento emocional, físico e cognitivo do indivíduo.

Entre a gestação e os 2 primeiros anos, o cérebro da criança passa por uma intensa fase de amadurecimento. Todas as nossas habilidades básicas fundamentais são aprendidas nesse período. Por isso, é preciso cuidado e atenção aos estímulos oferecidos.

Metaforicamente, o cérebro humano é como uma esponja absorvendo informações que são captadas pelos 5 sentidos (tato, paladar, olfato, audição e visão). As experiências vividas nessa fase modulam as sensações e respostas da criança e incrementam seu conhecimento de mundo.

Na fase posterior, que vai dos 4 aos 6 anos, por outro lado, a criança possui maiores habilidades. Isso quer dizer que, além de conseguir se expressar, ela consegue desenvolver diversas atividades com autonomia.

Nesse período, quando falamos em crianças neurotípicas, suas habilidades motoras, cognitivas, de linguagem e fala são resultado dos estímulos recebidos na primeira fase da primeira infância e seguem previsões dos marcos de desenvolvimento.

Amamentação e fonoaudiologia

Os benefícios da amamentação são abordados com grande proporção pelos profissionais de saúde, dando ênfase à importância do desenvolvimento infantil e seus aspectos nutricionais, imunológicos e psicossociais.

O fonoaudiólogo é o profissional envolvido com ações de saúde desde a gestação até o pós-parto, tanto no que diz respeito à amamentação quanto à realização de programas de triagem auditiva neonatal (PTAN), teste da orelhinha (EOA) e teste da linguinha. Além disso, o fonoaudiólogo é o profissional mais indicado para avaliar com precisão de detalhes o padrão de sucção e deglutição do neonato.

Para o sucesso da amamentação, é fundamental que a mulher obtenha orientação profissional para o esclarecimento de dúvidas e suporte frente às dificuldades que venham aparecer nessa etapa. Por isso, o profissional deve estar preparado para prestar assistência eficaz, solidária, integral e contextualizada – respeitando a história de vida de cada mulher, oferecendo suporte ajuda para superar medos, dificuldades e inseguranças.

A amamentação exige informação de qualidade e embasamento científico. É preciso desmistificar crenças para que as mulheres compreendam que amamentar não é um esforço e muito menos um sacrifício que ela faz para o seu filho – amamentar é uma parte natural do seu ciclo sexual e reprodutivo.

Pega incorreta e fissuras no mamilo, dor ao amamentar, dúvidas sobre a produção adequada de leite e a insegurança se o bebê está com fome são alguns dos aspectos levantados pelas gestantes e mães que amamentam durante as consultorias.

Por ser um profissional com formação na avaliação e reabilitação das funções estomatognáticas, o fonoaudiólogo pode detectar problemas que envolvem a sucção do bebê, o que inicialmente poderá dificultar a amamentação, podendo ocasionar o desmame precoce e que, futuramente, poderá acarretar danos nas funções de mastigação e fala.

Uma vez que a função da mastigação esteja alterada, o crescimento craniofacial também fica alterado, podendo gerar assimetrias faciais, mordidas abertas e/ou cruzadas, disfunções na articulação temporomandibular, distorções ou trocas na produção dos fonemas da fala.

O leite materno

O leite materno é o melhor e mais completo alimento a oferecer ao bebê cujos benefícios e vantagens para o âmbito mãe-bebê envolvem interação e fortalecimento do vínculo, além de proteger o sistema imunológico da criança contra doenças

Apesar do conhecimento dos inúmeros benefícios que a amamentação traz ao recém-nascido, nos deparamos cada vez mais com o expressivo número de casos de desmame precoce pelas nutrizes, com introdução de fórmulas artificiais, o que gera grande preocupação na saúde neonatal.

A Organização Mundial da Saúde (OMS) e o Ministério da Saúde recomendam aleitamento materno exclusivo por seis meses e complementado até os dois anos ou mais. Contudo, sabemos que a prevalência em território nacional sobre o aleitamento materno está aquém do esperado e preconizado.

Amamentação e seus impactos na primeira infância

Impactos na saúde

Estimativas recentes quanto as diversas formas de ação e suas consequências para a saúde da criança mostraram que a promoção da amamentação exclusiva é incontestavelmente a intervenção com o maior potencial para a diminuição da mortalidade na infância.

Há evidências de que, tanto em países em desenvolvimento quanto nos desenvolvidos, a amamentação protege as crianças contra infecções do trato gastrointestinal e do trato respiratório, sendo maior a proteção quando a criança é amamentada de forma exclusiva e por tempo prolongado.

Os efeitos protetores da amamentação contra infecções do ouvido e pulmões têm se tornado mais evidentes nos últimos anos. A amamentação exclusiva protege as crianças pequenas de evoluírem para quadros mais graves de infecção respiratória.

Com relação aos efeitos de longo prazo da amamentação, uma revisão sistemática com dados obtidos do MEDLINE (1966 a março de 2006) concluiu que as evidências disponíveis sugerem que ela oferece benefícios. Os resultados mostraram que crianças amamentadas a longo prazo apresentaram médias mais baixas de pressão sanguínea e de colesterol total e melhor desempenho em testes de inteligência. As prevalências de sobrepeso, obesidade e diabetes tipo 2 também foram menores.

Impacto na respiração, deglutição, mastigação, audição e fala

O sistema estomatognático (SE) é composto por ossos, músculos, articulações, dentes, lábios, língua, bochechas, glândulas, artérias, veias e nervos, que realizam funções de sucção, mastigação, deglutição, articulação e respiração. Tais estruturas não são individualmente especializadas em determinada função, ou seja, agem de forma conjunta, de maneira que qualquer modificação anatômica ou funcional específica pode levar a desequilíbrios e vários tipos de alterações.

A região bucal caracteriza-se por ser a primeira fonte de prazer e uma das primeiras de comunicação, uma vez que inicia o contato do recém-nascido com o mundo. O ato de sugar é uma forma encontrada pelo recém-nascido para acalmar-se e satisfazer-se.

O aleitamento materno permite o exercício necessário ao desenvolvimento do sistema estomatognático. Alguns dos músculos mastigatórios iniciam assim sua maturação e posicionamento.

Com o movimento muscular, ocorre o desenvolvimento ósseo. Assim, o retrognatismo mandibular que os bebês apresentam ao nascer deve ser corrigido até a época da erupção dos primeiros dentes decíduos para que sua oclusão possa ser correta.

Constata-se, portanto, que a amamentação é estímulo a todas as estruturas bucais, como lábios, língua, bochechas, ossos e músculos da face.

A importância do aleitamento materno para a fonoaudiologia justifica-se porque a amamentação é o alicerce para a formação, o preparo e o aprimoramento da condição neuromuscular das estruturas orofaciais.

A anatomia e a funcionalidade das estruturas bucais desenvolvem-se quando exercidas pela amamentação, o que aprimora as demais funções de mastigação, deglutição, respiração e articulação.

Chupetas e mamadeiras prejudicam a amamentação e estão diretamente relacionadas ao desmame precoce (que acontece antes dos 12 meses), por isso devem ser evitadas.

Para as mães que trabalham fora, existem possibilidades de extração do leite, armazenamento seguro, para que seja oferecido à criança nos momentos em que a mãe esteja ausente. O leite extraído deve ser oferecido com utensílios que não prejudicam as configurações musculares durante a ingestão (copinho, colher dosadora).

Além disso, é importante ressaltar que crianças alimentadas por mamadeira com leite artificial, na posição deitada, apresentam maior incidência de otites, o que pode causar perdas auditivas provisórias ou permanentes e afetar a produção dos sons da fala.

O problema é mais grave nos casos das otites de repetição, que são períodos repetitivos em que as crianças não escutam bem – ora escutam, ora não. Nesses casos, a perda auditiva, mesmo que seja leve e temporária, prejudica a decodificação dos sons, podendo causar prejuízos no desenvolvimento da fala, da linguagem e na aprendizagem.

É nos primeiros anos de vida que o processo de maturação do sistema auditivo central ocorre. Por isso, a estimulação sonora neste período de maior plasticidade cerebral é imprescindível, já que o aprendizado da fala, o desenvolvimento intelectual, emocional e de habilidades, depende dessas novas conexões.

Considerações Finais

O meu interesse por esse tema da amamentação surgiu ainda na faculdade, quando minha professora, odontopediatra, nos apresentou as complicações ortodônticas provocadas pelo uso de bicos artificiais, especialmente a chupeta, e os impactos dessas complicações na fala, na respiração e na alimentação das crianças.

Durante a especialização em motricidade orofacial, me aprofundei ainda mais sobre o tema e, quando me tornei mãe, vivi na pele as dificuldades, as expectativas, os medos e a montanha-russa emocional que nos acompanha nesse período. Eu pude amamentar minhas filhas por um longo tempo. O processo não foi fácil, mas foi possível. É preciso ter informação de qualidade com evidências científicas, conhecer e compreender os benefícios da amamentação e ter uma boa rede de apoio.

A partir daí, busquei cursos e formações específicas em aleitamento e me tornei uma consultora. Hoje, auxilio gestantes e puérperas, familiares e rede de apoio no processo de amamentação. Faço parte de uma equipe multidisciplinar de acompanhamento da gestação ao pós-parto.

Encorajar, acolher, ouvir, dar a informação precisa, oferecer auxílio quando necessário, não julgar, faz parte da minha atuação. Enfatizo aqui a importância de sempre olhar o binômio mãe-bebê, na sua individualidade, na sua singularidade, pois um aleitamento eficaz e duradouro sempre vai depender de ambos. Dúvidas e dificuldades vão sempre surgir, para isso é tão importante o apoio especializado. Pequenos ajustes podem ser fundamentais para que a amamentação aconteça da melhor forma possível; para a mãe e para o bebê.

É fundamental que a mulher-mãe tenha acesso facilitado a serviços de saúde de qualidade e às informações necessárias para suprir os possíveis desconhecimentos existentes acerca do processo de amamentar.

O meu grande desejo é que mais pessoas estejam envolvidas nessa rede de apoio e que mais mães acreditem no poder de amamentar, porque quando entendemos o que é melhor para nossos filhos, passamos a lutar pelo que é melhor para todas as crianças.

Referências

CARVALHO G. D. *SOS respirador bucal: uma visão funcional e clínica da amamentação*. São Paulo: Lovise; 2003.

CASAGRANDE, L.; FERREIRA, F. V.; HAHN, D.; UNFER, D. T.; PRAETZEL, J. R. Aleitamento natural e artificial e o desenvolvimento do sistema estomatogmático. *Rev. Fac Odontol Porto Alegre*. 2008; 49(2): 11-7.

GONZÁLEZ, C. *Um presente para a vida toda: guia de aleitamento materno*. São Paulo: Editora Timo, 2019.

KURTZA, L. et al. Promoção ao aleitamento materno em um contexto interdisciplinar. *Rev. de Atenção à Saúde*, vol. 13, n. 43, 2015, pp. 46-52.

MACEDO, A. R. V. C. *O desenvolvimento das habilidades de alimentação do bebê no primeiro ano de vida: uma perspectiva fonoaudiológica de promoção de saúde*. São Paulo, 2012. 140f. Tese (Doutorado em Enfermagem) Faculdade de Medicina da Universidade de São Paulo, Universidade de São Paulo, 2012.

MARCHESAN IQ. *Motricidade oral: visão clínica do trabalho fonoaudiológico integrado com outras especialidades*. São Paulo: Pancast, 1993.

MINISTÉRIO DA SAÚDE (BR), Secretaria de Atenção à Saúde. *Promovendo o aleitamento materno*. 2. ed. rev. Brasília, DF: Ministério da Saúde; 2007.

RODRIGUEZ, C. C. T.; PETER, M. M. A.; TAMANINI, A. S. Identificação das dúvidas e dificuldades de gestantes e puérperas em relação ao aleitamento materno. *Rev. Cefac*. vol.16, n. 4, São Paulo, 2014.

42

MEU QUINTAL É O MUNDO
A IMPORTÂNCIA DO BRINCAR NA PRIMEIRA INFÂNCIA

Brincar é feito mágica: permite à criança comunicar-se consigo mesma e com o mundo e aceitar a existência dos outros. Por meio das brincadeiras, a criança estabelece relações sociais e constrói conhecimentos, desenvolvendo-se integralmente. Mas o brincar não acontece automaticamente, necessita da intervenção inicial de um adulto. É preciso aprender a brincar. Torna-se então fundamental compreender o universo lúdico, os benefícios que o brincar proporciona no ensino-aprendizagem infantil e como esse processo acontece. Este capítulo é um convite para que mergulhem conosco nesse universo de lembranças, aprendizagem e conexões da infância com a vida adulta.

ROBERTA SOARES E SÍLVIA FAVERI

Juntas, dedicam-se à educação na primeira infância. Roberta é mantenedora e diretora escolar na Baby Prime Berçário e Educação Infantil. É psicóloga, pedagoga com especialização em administração escolar e consteladora familiar sistêmica. Sílvia é coordenadora pedagógica, psicopedagoga e terapeuta reikiana.

Roberta Soares e Sílvia Faveri

Contatos
www.babyprime.com.br
diretoria@babyprime.com.br / silvia.faveri@hotmail.com
Roberta: 11 99627 8888
Sílvia: 11 99297 2574

Minha infância tem cheiro de alguns elementos que conheci nessa fase incrível. Tem cheiro de terra molhada, cheiro de mar, cheiro de mato e de gelinho de goiaba.

O brincar livre me conectou com a minha essência e criatividade. Fez-me criar castelos e histórias com as conchinhas do mar e grandes expedições pelo mundo nas terras das fazendas de café da titia. O quintal com baldes espalhados virou minha primeira sala de aula. Eu era a professora que contava histórias e criava desenhos na lousa preta que ganhei do meu avô. Eu tinha giz colorido e isso me deixava feliz.

De pulos do colo do meu pai nas ondas do mar até as brincadeiras com pó de tijolos vermelhos são momentos guardados num cantinho especial da minha memória. Da bicicleta compartilhada com o irmão, dos tombos, das bolinhas de gude e dos pés cheios de barro. Acredito até que minha predileção por quebra-cabeças contribuíra para minha profissão.

A infância é o momento mágico da vida. É o cantinho cheio de cor e de significados. Aos 11 anos, ganhei uma máquina de escrever Olivetti marrom. Com ela, criei superpoderes que me deram a coragem de brincar de ser escritora. Eu ouvia as músicas da Xuxa numa vitrola vermelha. Gostava de fazer isso sozinha. Eu voltava nas músicas preferidas e tentava decorar as letras.

Contos de fadas, heróis, monstros e duelos de espadas faziam parte das minhas manhãs. Fossem eles nos livros, na TV ou nas conversas de quintal.

Nos dias de chuva, minha mãe contava histórias. Eu e meu irmão nos deitávamos ao lado dela na cama e nossos olhos nem piscavam. Contos populares como mula sem cabeça, pegadas gigantes (que ela mesmo disse que via do lado de fora da casa dela quando criança), ela contava sobre a minha avó que não conheci. Falava das brincadeiras, das comidas, dos seus brinquedos inventados e como cuidou dos seus irmãos mais novos. Depois das histórias, a gente cochilava com o barulhinho da chuva.

Sempre tinha café da tarde.

Em dias de sol, ela levava a gente num parque que tinha um escorregador de foguete gigante. Um labirinto que eu já sabia o caminho e fingia que me perdia. Tinha uma casa na árvore.

A gente voltava para casa tomando sorvete e com a roupa toda encardida.

Tristezas também fazem parte da infância. O dia em que perdi meu cachorrinho Pluto foi uma coisa estranha no meu coração. Ele ainda era um filhote e eu ganhei dos meus pais numa visita que fizemos na casa de uns amigos. Eu cuidava dele. Colocava água e comida, o fazia dormir. Arrumava a casinha dele.

Um dia, ele ficou doente. E não melhorava. O papai levou no veterinário e ele não melhorava e estava ficando muito magrinho.

Até que numa manhã eu acordei e soube a notícia que ele tinha partido. Dia de céu cinza. Chorei sem parar na cama beliche. Parecia que eu nunca conseguiria parar com aquele choro. Escrevi num caderninho de anotações sobre este dia. Lembro-me de colocar o nome dele e fazer um coração.

Essa é a resposta da criança para essas situações, simples, afetuosas e infinitamente diferentes dos adultos.

Por que Sílvia, hoje com 43 anos, discorre tão facilmente sobre sua infância?

Isso ocorre quando recorremos às memórias afetivas.

A riqueza de detalhes é possível, pois essas vivências geraram a tão falada aprendizagem emocional, processo pelo qual os indivíduos reconhecem e administram as emoções, aprendem a estabelecer relações saudáveis, comportar-se de forma ética e responsável.

E saber que tudo isso nasce, cresce e se apoia nas vivências que temos nos primeiros anos de vida, enquanto brincamos, é a mais sensacional descoberta dos últimos tempos.

E é o que nos leva a mergulhar nesse universo.

É principalmente por esse motivo que, como educadoras, somos essencialmente mediadoras do brincar, de maneira rica e integral, na primeira infância.

Comprovadamente, o brincar é uma importante forma de comunicação, é por meio dessas ações que a criança pode reproduzir o seu cotidiano. O ato de brincar possibilita o processo de aprendizagem da criança, pois facilita a construção da reflexão, da autonomia e da criatividade, estabelecendo, dessa forma, uma relação indissolúvel entre o brincar e a aprendizagem.

Na brincadeira, a criança aprende a expressar sentimentos de alegria, tristeza, angústia, pois é nesse momento que desenvolve habilidades sociais, psicomotoras, físicas, afetivas e cognitivas.

Sabemos que o brincar livre deve ser tratado como prioridade e responsabilidade. Precisamos acompanhar e "ensinar" nossas crianças a brincar.

Para isso, o "ócio" precisa ser cultivado, ou seja, o tempo livre cada vez mais escasso nos dias atuais precisa ser estimulado e até criado.

O que antigamente era feito como simples lazer, hoje requer certa programação e priorização nas agendas familiares.

Isso tudo com o objetivo de criar condições favoráveis para que crianças, em especial as que estão inseridas em contextos urbanos, tenham possibilidade de experimentar brincadeiras, inclusive em contato direto com ambientes naturais, que estimulam o surgimento de memórias afetivas importantes e primordiais para a aprendizagem e o desenvolvimento. Falamos aqui do velho e bom passeio ao parque, com aquela roupa "que pode sujar".

O brincar faz parte de uma atividade prazerosa e não é apenas lazer, mas sim um ato de aprendizagem.

A brincadeira faz parte da educação da criança. Seja ela com a família, com a escola, com os seus núcleos sociais.

É um direito da criança ter acesso a esse mundo de imaginação e a infinitas possibilidades de vínculos afetivos em que ela se sinta parte de toda criação e do processo de desenvolvimento da sua vida.

O brincar proporciona isso.

O faz de conta, as brincadeiras coletivas, o correr, o saltar, aprender a cooperar, com o desenvolvimento de habilidades socioemocionais, são imprescindíveis na educação oferecida pelas escolas atuais, em conjunto com as famílias.

Para muitas crianças, as escolas infantis são os únicos "quintais" possíveis. Portanto, espaços que servem muito além do aprender pedagógico, alcançando o aprender social, emocional e afetivo.

Nesse contexto, o brincar na educação infantil proporciona à criança estabelecer regras vivenciadas por ela e em grupo, o que contribui com sua integração na sociedade.

Encontram-se nos primeiros anos de vida e em nenhuma outra fase mais, as maiores janelas de oportunidade que são fundamentais para criança aprender a resolver conflitos e para criar hipóteses de conhecimento e, ao mesmo tempo, desenvolver a capacidade de compreender pontos de vista diferentes, de fazer-se entender e de demonstrar sua opinião em relação aos outros. É importante perceber e incentivar a capacidade criadora das crianças, sabendo que essa é a via principal de relacionamento e recriação do mundo, na perspectiva da lógica infantil.

Descortinar questões sensíveis à criança e iluminar valores humanistas como a interdependência, a beleza, o entusiasmo, a inovação e a profundidade, conectados com a dimensão socioambiental, reconhecendo a potência de cada pessoa e das ações coletivas, cocriando e disseminando conteúdos capazes de construir imagens que inspirem um futuro melhor para todos.
INSTITUTO ALANA

O brincar traz a liberdade de expressar os conhecimentos e propicia a expansão da imaginação.

É pelas vivências obtidas pelo brincar infantil que ainda lemos livros e somos capazes de, ao sentir o cheiro de suas páginas, criarmos conexão com a infância em que fomos incentivadas a ler e a criar os nossos mundos, por exemplo. Isso permite ao adulto ser livre e transitar pelo mundo real e imaginário.

Faz com que ainda tenhamos convicção de sonhar e criar novas pontes com a imaginação.

Apoia-nos quando as ideias se esgotam.

Leva-nos a buscar recursos para transformação.

Tudo o que aprendemos enquanto brincamos, fantasiamos, vivenciamos e trocamos experiências são alicerces do desenvolvimento humano.

E não há outra idade para essa mágica acontecer.

Importante ter clareza que esse brincar, que parece algo tão natural na criança, não acontece automaticamente sem a intermediação de um adulto. As primeiras brincadeiras e jogos são construídos por meio das relações das crianças com seus cuidadores. Para que a criança brinque, é importante que os pais e/ou cuidadores tenham brincado com ela desde os primeiros meses de vida. E pensando especialmente na rotina da vida moderna das grandes cidades, em que as crianças estão cada vez mais sedentárias, ligadas às telas, sem movimentar-se adequadamente, que o estímulo ao brincar ganha ainda mais espaço, requer dedicação e tempo de qualidade compartilhado com os pequenos.

> *[...] A criança brinca e joga, e mais que o adulto, porque tem em si um potencial de vida que a faz procurar maior amplitude de reações: ela grita naturalmente em vez de falar, corre sem parar em vez de andar, depois adormece profundamente, com a colherada de sopa na boca, e nada a despertará até a manhã seguinte. A atividade que lhe é permitida ou tolerada pelos adultos e pelos elementos não basta para gastar todo esse potencial de vida, ela precisa de um derivativo que não pode imaginar totalmente, que se contenta em copiar da atividade dos adultos, adaptando-o à sua capacidade.*
> (FREINET, 1998, pp. 179-180)

Hoje, adultas e parceiras de educação que somos, temos a convicção de que em todas as adversidades que se apresentaram na vida fomos salvas por nossa criança interior. Aquela que experimentou diversos papéis, aprendeu as regras do jogo, aprendeu a respeitar o coleguinha, resolveu problemas com leveza, levantou-se após o tombo e foi tentar de novo.

> *Atuar na educação da primeira infância é um privilégio. Quisera que todos tivessem acesso a este mundo tão incrível.*

Cuidemos enquanto adultos para que não se perca a oportunidade de propiciar momentos para a criança brincar e de priorizar os espaços que têm essa convicção. Que por muitas vezes possamos colocar a nossa criança interior no jogo, liberando-a para relembrar a leveza dessa época ao interagir e brincar com nossos filhos, nossos alunos, sobrinhos, vizinhos.

Vista seu sorriso, pegue suas cores favoritas e mãos à obra.

> *Quando tudo ficar cinza, deixe sua criança lhe trazer de volta aquele céu azul, onde voam pipas cor-de-rosa, onde unicórnios são reais, é possível voar na cauda de um cometa e os foguetes podem nos levam a qualquer outro mundo.*

Referências

ALMEIDA, N. P. *Educação lúdica: técnicas e jogos*. São Paulo: Loyola, 1998.

FREINET, C. *A educação do trabalho*. São Paulo: Martins Fontes, 1998.

INSTITUTO ALANA. *Página inicial – Sobre nós: missão*. Disponível em: <https://alana.org.br/saiba-mais/>. Acesso em: 05 nov. de 2021.

PIAGET, J. *A formação do símbolo na criança*. Rio de Janeiro: Zahar, 1975.

43

POR QUE SER FIRME MAS COM GENTILEZA?

Neste capítulo, iremos refletir sobre a importância de uma educação parental baseada na firmeza e na gentileza, sobre seus benefícios comparados a um estilo tradicional ainda pautado na punição e suas consequências para a infância e a vida adulta.

VANIA SOUZA

Vania Souza

Graduação e pós-graduada em Direito e Psicologia (CRP 04/37932); especialista em psicologia clínica e educação; pós-graduanda em sexualidade humana; conselheira em dependência química, terapeuta familiar, educadora parental em disciplina positiva. Atuou por 20 anos em desenvolvimento de pessoas; orientadora vocacional e consultora de carreira; palestrante e docente de cursos livres, presenciais e EAD. Atualmente trabalha com orientação de pais e psicoterapia de crianças, adolescentes e adultos, com ênfase em atendimento de casais e famílias (presencial e on-line).

Contatos
www.psicologiaviva.com.br/psicologos/vaniasouza
vaniaapsouza@gmail.com
Instagram: @comportamentoeplenitude

Por muito tempo a infância não foi considerada como uma etapa significativa da vida. As crianças não eram percebidas em sua condição frágil, repleta de distintas necessidades físicas e emocionais. Eram tratadas como adultos em miniatura, porém, sem vez e sem voz. Era mais fácil para os pais nessa época? Pode ser que sim. Mas não gosto do que sinto ao me colocar no lugar dessas crianças. Tanto tempo se passou e ainda olhamos para a infância como uma fase menos importante. E mesmo com tantos progressos, quantas vivências cheias de dor e desrepeito ainda permeiam a vida de muitas crianças nos dias de hoje.

Devido ao que nossa cultura nos ensinou sobre "crianças", é muito fácil desumanizar alguém que é visto como tal. É um risco imenso pensar nos outros a partir de rótulos, em vez de levar em conta a sua humanidade. (ROSENBERG, 2019).

Mesmo com todos os avanços ocorridos nas últimas décadas, ainda me surpreendo com a dificuldade de muitos pais que me procuram em entender a importância de serem gentis com seus filhos. Ser firme não lhes parece ser tão difícil compreender, uma vez que acreditam que certos comportamentos inadequados dos filhos acontecem "pela falta de firmeza dos pais".

Para o exercício de uma parentalidade responsável, é imprescindível tomar consciência de si mesmo, da própria infância, da educação recebida, dos vínculos que se estabeleceu (ou não) com seus genitores e/ou cuidadores. Todo repertório vivido projeta uma luz sobre quem somos hoje e, por consequência, sobre o que pensamos e decidimos fazer sobre nossos próprios filhos.

Uma reação comum dos pais quando falamos sobre a educação firme e gentil ao mesmo tempo é o modo como se sentem perdidos se não puderem "punir" seus filhos, pois essa é a única forma que conhecem de interromper o comportamento inadequado. Pergunto nessa hora o que é mais importante para esses pais: a atitude do filho em um dado momento, ou por toda a vida. Porque é disso que estamos falando: da necessidade dos pais investirem na construção de habilidades dos filhos que favoreçam o desenvolvimento e o crescimento, que impactarão por toda a vida deles e não apenas na interrupção de um comportamento indesejado.

Grande parte dos pais que chega ao meu consultório queixa-se da falta de uma relação mais próxima com os filhos hoje. Reclamam da desconexão entre eles, da falta de diálogo, do filho que não sai do celular, nem do quarto, que não compartilha nada, que vive em um mundo de tal isolamento que chega a assustá-los. Mas quando ouço esses filhos, o que escuto com frequência é que eles não tiveram, na infância, pais acessíveis, encorajadores e dispostos emocionalmente. Os pais permissivos não se mostraram atentos e próximos o suficiente para encorajarem e dedicarem tempo para treinar habilidades importantes de seus filhos. Enquanto os pais autoritários afastaram os filhos de si, impossibilitando os caminhos para a aceitação e o diálogo.

Para Nelsen (2015), gentileza e firmeza juntas não podem ser tratadas como uma questão de vida ou morte, mas podem representar a grande diferença entre o sucesso e o fracasso de nossa parentalidade.

Uma das ferramentas mais potentes que temos na relação com os filhos é a nossa conexão com eles. Nossa aproximação, receptividade, vínculo confiável, bem construído e fortalecido nas adversidades. Laço forte capaz de criar pontes em vez de muros. Quando há uma ponte entre pais e filhos, estes não precisam estar sempre de um mesmo lado, mas podem, sempre que necessário, se reaproximar para que juntos consigam apoiar-se e olhar a vida da mesma perspectiva.

As dificuldades e os erros cometidos pelos pais são oportunidades para ajudar os filhos a crescerem de modo saudável e feliz. O compromisso dos pais não deve ser evitar que suas crianças passem por dificuldades, mas sim estar presente e conectado a elas durante o percurso. É nossa presença e conexão familiar que transmite acolhimento. (SIEGEL, 2015).

Uma conexão verdadeira nasce de uma relação de absoluto respeito, em que pais e filhos respeitam um ao outro tanto quanto respeitam a si mesmos.

Reflita: como você se sente quando é tratado com gentileza? Fica mais disponível? Mais acessível? Mais disposto a colaborar? As crianças também. Em geral, a gentileza nos "desarma". Já teve a experiência de ir furioso resolver algum assunto e a gentileza com que você foi tratado diluiu a sua raiva? É um poder gigantesco. Ser gentil é agir de modo cuidadoso a não ferir ou ofender o outro. Para que agir no momento da raiva se quando nos acalmamos e nos reconectamos emocionalmente os resultados são muito melhores para todos?

A firmeza sem gentileza representa a ordem sem liberdade. A gentileza sem firmeza caracteriza a liberdade sem ordem. Mas firmeza com gentileza possibilita escolhas dentro de limites que consideram a todos. (NELSEN, 2015).

Acredito que, em toda relação, o respeito é um dos valores essenciais. Respeitamos alguém quando damos a essa pessoa o pleno direito de ser quem é, de se expressar quando a escutamos empaticamente, quando não banalizamos sua dor, não diminuímos suas necessidades comparadas às nossas, mesmo sendo diferente de nós. Respeitar é incluir, tornar o outro pertencente e aceito simplesmente por que ele é único. O respeito é um olhar generoso à individualidade e à subjetividade humanas, em que não há julgamento, mas acolhimento e o que prevalece é a promoção do bem e não a defesa da razão.

A firmeza é um ato de respeito próprio, requer a capacidade de frustrar os filhos quando necessário for, mas fazer isso de modo autoritário e punitivo em nada contribui. Tem a ver com a consistência na manutenção do que foi acordado (por todos), sem necessidade de falas desrespeitosas ou autoritárias. Somos resistentes às imposições que violem nossa liberdade, independente de nossa idade. Somos sempre mais abertos à colaboração e à cooperação quando nos sentimos pertencentes, incluídos e aceitos.

Tenho observado que os filhos da educação predominantemente autoritária são muitas vezes pessoas que crescem sabendo obedecer, seguem regras, não descumprem o combinado e são demasiadamente responsáveis. Em geral, são bons colaboradores, cumpridores de seu dever, mas nem sempre é fácil ser subordinado a eles nem se relacionar afetivamente com os mesmos. Sofrem, porque há uma voz interior que constantemente lhes determina o que têm que fazer, mesmo que isso sacrifique outras prioridades, pessoas, relações. Quase não aprenderam a se ouvir, nem a reconhecer o que sentem ou necessitam. Têm, por consequência, dificuldades em generalizar para suas outras relações o que não praticam consigo.

Os filhos da educação predominantemente permissiva frequentemente tiveram muitas escolhas ao seu alcance e quase nenhuma exigência, seguem suas vontades, podem ser livres e criativos, mas têm dificuldades em incluir e considerar os desejos e necessidades de outras pessoas, em cumprir prazos e em serem totalmente responsáveis, procrastinam aquilo que lhes cause desprazer. Não toleram frustrações pois não tiveram grandes oportunidades de aprender como responder a isso desde pequenos.

Contudo, se reconhecermos que ser gentil e firme são como ingredientes essenciais de uma receita, saberemos também que, quando erramos na quantidade, prejudicamos o produto. O importante não é decidir ser autoritário ou permissivo na educação dos filhos, mas ser firme e gentil ao mesmo tempo.

Tenho ouvido de muitos pais a seguinte colocação: "Pais e filhos não têm o mesmo lugar na hierarquia familiar". Nessas horas recordo o que ensina Dreikurs e Soltz (1964) sobre o fato da igualdade não significar uniformidade e sim que, apesar das diferenças e capacidades de cada um, todos merecem respeito e dignidade. Acreditar que pais são superiores aos filhos, por isso podem decidir o que for, sem considerá-los, decorre de nossa herança cultural. Nenhuma capacidade deveria dar a outro direito de dominação ou superioridade sobre aquele que julgar inferior. A contribuição dos pais é infinitamente maior quando estes passam a encorajar os filhos em vez de se impor autoritariamente a eles.

Quando somos gentis e firmes, ensinamos algo fundamental para nossos filhos: a importância de fazer o bem pelo bem em si mesmo, não pelo medo de ser punido. Isso os habilita a fazerem as melhores escolhas, principalmente na nossa ausência, por meio dos valores aprendidos e internalizados e não pela exigência e determinação externas.

Não punir não significa que não haverá a reparação do erro e a responsabilização pelas consequências. Mas essa reparação será pensada e elaborada para gerar aprendizado, amadurecimento e responsabilidade. E nunca para causar humilhação, constrangimento ou dor. Isso faz uma enorme diferença.

Sempre uso com pais a analogia do adulto no mercado de trabalho. Imagine que você cometeu um erro no seu trabalho, como você gostaria que seu chefe agisse a respeito? Que gritasse com você? Que te constrangesse? Que te humilhasse na frente de seus colegas? Ou que te chamasse para entender suas dificuldades na execução da tarefa e te desse nova oportunidade? Não é difícil saber como responderíamos perante uma postura ou outra. E se nós, adultos, nos sentimos mal quando não somos considerados, como se sentem nossas crianças e adolescentes quando tratados com desrespeito? Filhos não são propriedade dos pais, como também não são uma extensão deles. Mas como pais, o que fazemos os impacta, e não somente na infância.

Precisamos, sobretudo, estar atentos às nossas expectativas com relação aos filhos, elas podem tornar-se critérios com os quais mediremos nossas crianças. Saber o que queremos e por que queremos é fundamental para repensar esses critérios. O fato cruel é que as crianças raramente questionarão nossas expectativas, elas questionarão a si mesmas e se sentirão inadequadas todas as vezes que não forem capazes de correspondê-las. (BRIGGS, 2002).

Compreendo os desafios dos pais que me dizem que toda essa proposta de ser firme e gentil é muito trabalhosa. De fato, fazer o que já sabemos nos exige menos. Mas está sendo eficaz? Na verdade, os pais de hoje já viveram o suficiente para perceber que a educação baseada no medo, na repressão e na punição não contribui em nada para o desenvolvimento de pessoas emocionalmente saudáveis e afetivamente maduras. Então, por que ainda acreditar nesse modelo?

Quando nos falta gentileza e sobra raiva, descontamos nos outros nossa irritabilidade. Ao fazer isso com uma criança, é ainda pior. Filhos aprendem a se enxergar pelos olhos de seus pais. Quando os pais fazem os filhos sentirem-se como crianças más, inferiores, culpadas por tudo, elas passam a se ver como pessoas inadequadas, insuficientes, incapazes ou indignas de serem amadas.

É um grande erro acreditar que os filhos aprendem coisas boas quando sofrem. Já atendi mais de mil pessoas cujos relatos eram de uma vida na qual foram expostas às situações de extremo sofrimento, em grande parte causado pela própria família. O que elas tinham aprendido? A odiar aos outros e/ou a odiar a si mesmas. O grande professor não é o sofrimento, principalmente se ele puder ser evitado, mas sim a reflexão genuína, empática e acolhedora que fazemos com nossos filhos, inclusive sobre toda a dor inevitável que a vida nos proporcionar. Só se ensina um filho a amar, vivendo e educando com amor. E o amor será sempre o pleno equilíbrio entre afeto e limite juntos.

Parentalidade é investimento. O que fazemos não é nada menos que formar pessoas para este mundo. E o modo como nossas crianças viverão, em grande parte, é fruto do que semeamos desde que as concebemos.

É possível mudar. E embora a mudança seja um processo difícil, nosso cérebro faz novas conexões sempre que nos dispomos a aprender e reaprender. Ao mudar, as crenças antigas não desaparecem, mas na medida em que adquirimos novas crenças e as colocamos em prática, elas se fortalecem e modificam nosso jeito de pensar, sentir e agir. (DWECK, 2017).

Uma educação gentil, firme e respeitosa contribui e muito para uma sociedade mais justa, harmoniosa, pacífica, solidária e humana. E sem dúvida, é nesse mundo que merecemos viver.

Referências

BRIGGS, D. C. *A autoestima do seu filho*. Tradução de Waltensir Dutra. 3ª ed. São Paulo: Martins Fontes, 2002.

DREIKURS, R; SOLTZ, V. *Como educar nossos filhos nos dias de hoje: liberalismo x repressão*. Tradução de Sonia Miranda. Rio de Janeiro: Distribuidora Record de Serviços de Imprensa S.A., 1964.

DWECK, C.S. *Mindset: a nova psicologia do sucesso*. Tradução de S. Duarte. 1ª ed. São Paulo: Objetiva, 2017.

NELSEN, J. *Disciplina Positiva*. Tradução de Bernadete Pereira Rodrigues e Samantha Shreier Susyn. 3ª ed. Barueri: Manole, 2015.

ROSENBERG, M. *Vivendo a comunicação não violenta*. Tradução de Beatriz Medina. Rio de Janeiro: Sextante, 2019.

SIEGEL, D; BRYSON T. *O cérebro da criança*. Tradução de Cássia Zanon. 1ª ed. São Paulo: nVersos, 2015.